HISPANIDAD PLUS FUTEBOL

# 25 ANOS DE TELEVISÃO VIA SATÉLITE

JOSÉ DE ALMEIDA CASTRO

ORGANIZACION DE LA TELEVISION IBEROAMERICANA

EDIPROMO, Edições e Promoções Ltda
R. Joaquim Távora, 143 - Vila Mariana
04015-000 S.Paulo - Brasil
Tel. (011) 571.2477/572.9744 - Fax.: (011) 570.4325
ISBN 85-7369-021-6

TALENTO, Edições, Publicidade e Promoções, Lda.
Av. Gen. Norton de Matos, 63B
Miraflores - 1495 Algés
Tel: (01) 412.0535/42/63 - Fax: (01) 412.0553
E-mail: 100622.1453@Compuserve.com
ISBN 972-8005-59-0



Um registro CIP deste livro está disponível na Biblioteca Brasileira

**Editor:** Francisco Santos
**Design de capa:** Arnaldo Escolano
**Produção:** Talento, Lda
**Impressão e acabamento:** SIG - Sociedade Industrial Gráfica, SA. – Portugal

1ª edição: março 1997 – 2.000 exemplares

Depósito Legal nº 107566/97

# ÍNDICE

"Uns se alegram apenas porque conseguiram realizar. Outros vivem contentes e ficam ricos enganando aqueles que acreditam no que eles dizem terem feito."
*(Da sabedoria sertaneja do interior da Bahia, nas chapadas do Orobó).*

*A impressão deste livro já havia sido iniciada, quando fomos surpreendidos pela morte repentina de Guillermo Cañedo, no dia 21 de Janeiro deste ano. Nada alteramos do que estava pronto. Apenas incluímos este breve resgistro. A nossa admiração por Cañedo e seu trabalho justificaram o capítulo que lhe dedicamos: O "Gran Señor". Sem dúvida, a televisão, o esporte e os homens de bem perderam de seu convívio diário um grande companheiro e amigo, entusiasta e realizador. Mas jamais esquecerão a honra e o prazer de ter estado com ele por décadas.*

*Almeida Castro*

*São Paulo, janeiro de 1997*

*O autor recebe das mãos do presidente Guillermo Cañedo a caixa de prata com o logotipo OTI, na sessão de homenagem aos fundadores, no México, em 1996.*

# DEMONSTRAÇÃO DE AFETO E CARINHO

De: Guillermo J. Cañedo
Presidente de la OTI

Para: Don José de Almeida Castro

Meu querido Almeida Castro
Recebi teu fax em que me informas que estás escrevendo um livro sobre a história da OTI, nestes seus 25 anos.
Desde logo, contas com toda a minha colaboração e a de Amaury, pois é um gesto muito nobre de tua parte, que ademais demonstra, mais uma vez, o afeto e o carinho que sempre tiveste por esta organização.

Mando-te um forte abraço

Guillermo Cañedo.

# TAMBÉM EM TELEVISÃO A UNIÃO FAZ A FORÇA

*LUÍS EZCURRA*
*Ex-diretor da Radio Televisão Espanhola, fundador da OTI e atual diretor da cadeia privada de Televisão da Espanha - "Antena 3".*

A Televisão Espanhola iniciou suas transmissões regulares em 1956. Quatro anos mais tarde ingressou na União Européia de Radiodifusão (UER). O primeiro programa oficialmente recebido da Eurovisão foi a retransmissão em direto, de Bruxelas, das bodas do Rei Balduíno I, da Bélgica, com a espanhola Fabiola de Mora y Aragón (15 de dezembro desse mesmo ano).

O êxito desta retransmissão, a que se seguiram muitas outras, entre elas de jogos em competições internacionais de futebol (Copas Européias de Campeões de Liga e de Copas e os Mundiais de equipes nacionais) e o sistema de intercâmbio de notícias entre as diversas televisões nacionais européias incrementaram o interesse dos espanhóis pela televisão e facilitaram o rápido aumento de vendas de receptores e, em conseqüência, a audiência. Também permitiram a recepção de programas espanhóis na Europa em momentos em que o nosso país necessitava abrir-se ao Exterior.

Quem subscreve estas linhas teve a alta honra de representar a Televisão Espanhola no Conselho de Administração da UER, chegando a ocupar a Vice-Presidência. Por outro lado, a TVE, em seu decidido e duplo propósito de elevar os conteúdos de sua própria programação e de contribuir para a abertura de seu país ao mundo, organizou uma série de reuniões internacionais para intercambiar pontos de vista sobre a gestão dos organismos e empresas de televisão e o intercâmbio de programas. Estas reuniões começaram na Espanha e sem solução de continuidade chegaram à Iberoamérica.

Foi nesta segunda fase que os intercâmbios de idéias se tornaram serenas reflexões sobre a possibilidade de melhorar os sistemas e programas de televisão imperantes nos países dos dois lados do Atlântico.

Deslumbravam a nós, espanhóis, os efeitos favoráveis derivados do espírito de livre e leal concorrência dominante na América Latina; aos ibero-américanos o sistema de intercâmbio de programas e de notícias da Eurovisão.

A primeira questão não pôde ser transplantada para a Espanha até 1988, ano em que foi aprovada a Lei da Televisão Privada. A segunda requereu prazo inferior, porque quando foi criada a OTI, em março de 1971, já operava em provas regulares o sistema de intercâmbio diário de notícias entre parte das empresas integradas à OTI e os organismos da UER-Eurovisão, com a TVE de intermediária e ponto de controle.

A partir de sua constituição, a OTI começou a voar sozinha, sem ajudas e a grande altura, com o serviço de intercâmbio de notícias já operando. Cañedo, Palli, Pepe Almeida, Eduardo Reyna, Amaury Daumas e alguns outros o conseguiram.

Comigo, no lado espanhol, trabalharam tão competente quanto esforçadamente, o embaixador Felix Fernandez Shaw, Eduardo Gavilán, Tomás Garcia, Manolo Romero e Maria José Martinez. Mas nada teríamos conseguido sem a ajuda de Adolfo Suarez, Diretor Geral de Radiodifusão e Televisão à época principal da aproximação da RTVE à televisão iberoamericana e, mais tarde, artífice da transição espanhola e primeiro Presidente de Governo Espanhol da nova era democrática. Nesta mesma ordem de valores é obrigatório reconhecer a perseverança, capacidade e paciência – infinita por certo – de Guillermo Cañedo, que cumpre, neste 25º aniversário da OTI, suas bodas de prata com a televisão intercontinental.

Quantos participamos da grande aventura da OTI nos devemos sentir agradecidos pelo imenso, documentado e perfeito trabalho realizado por José de Almeida Castro nas páginas que se seguem a estas apresentações.

Madríd – 29.01.96

## PRIMEIRAS PALAVRAS

# RELATO EMOTIVO, MAS FIEL À VERDADE

A importância da OTI e sua marcante participação no mundo da televisão, 25 anos depois de sua fundação e com tantas realizações positivas a seu crédito, são pouco conhecidas fora do círculo de especialistas e estudiosos das comunicações. Até mesmo entre imensa maioria de profissionais, de modestos auxiliares a diretores de emissoras de rádio e de TV, o conhecimento da sigla OTI e do que ela representa pode ser considerado muito pequeno. Em determinados países – como o México e a Espanha – apenas em ocasiões especiais, – como durante seu Festival da Canção e a cobertura de eventos esportivos – o nome da Organização aparece com algum destaque. Mas, na verdade, os próprios canais membros ativos não lhe fazem menção, se o fazem não lhe dão nenhum destaque ou, simplesmente, como no Brasil, desconhecem todo o importante trabalho que a OTI vem realizando desde a sua fundação.

Se é assim nos próprios meios eletrônicos, no que se refere às outras midias e a meros registros públicos impressos, salvo alguma coisa esparsa, interna, produzida pela própria secretaria da Organização e distribuida em âmbito limitado, não há um trabalho consolidado sobre a OTI. A brilhante exceção é um livro do embaixador Felix Fernandez Shaw. Publicada em edição limitada, em Buenos Aires, por ocasião do quinto aniversário da entidade.[1] A obra traz a marca de competência e rigor de pesquisa do jurista, diplomata e professor laureado de comunicação espanhola. O livro, cuidadosa e didaticamente alicerçado

[1] - Intitulado "La Organizacion de la Television Iberoamericana - origenes y situación actual", o livro foi impresso por Castroman, Orbiz y Cia., em setembro de 1975, em Buenos Aires. É apresentado por Guillermo Cañedo e segundo seu autor, foi preparado em cumprimento a uma resolução do Conselho da OTI, reunido em Lima, em abril de 1974. Tornou-se uma edição rara e única.

em documentos reunidos por um dos mais ilustres fundadores da OTI, é, ainda agora, 21 anos depois, o único publicado sobre o assunto, por encargo do próprio Conselho Diretivo como informa o Autor.

Como um dos fundadores e entusiasta do trabalho desenvolvido pela OTI neste quarto de século, decidi, por conta própria, reunir notas, lembranças e documentos que pudessem, ajudar, de algum modo, a suprir a ausência de informações sobre a Organização da Televisão Iberoamericana. Algo que pudesse ajudar na melhor das hipóteses aos interessados ou mesmo servisse como simples referência da existência da entidade. Seria, para mim, agradável tarefa reviver as lembranças e refazer os contatos que tive durante um intenso período de muitas lutas e sucessos.

Surgiu-me, logo, á dúvida sobre a linha a seguir. Inicialmente, pensei que seria melhor fazer um relato impessoal da história da Organização da Televisão Ibero-Americana nos seus 25 anos. Reuni a minha papelada, não muito disciplinada, e separei atas, cartas, telegramas, documentos. Em seguida, saí procurando fotos e informações com velhos companheiros, pedi ajuda aos arquivos da OTI, no México. Viajei para realizar muitas entrevistas, para conversar sobre o passado. Quando já havia reunido um considerável volume de material de muita valia, comecei a refletir sobre a posição muito pretensiosa de historiador que parecia estar prestes a assumir. Veio logo a convicção de que faltava encontrar os caminhos para ser o contador de uma história de sucessos, não o historiador.

Pensei em um livro de memórias. Seria muito complicado, pois acabaria misturando tão marcantes e ricas recordações com muitas outras de minha longa e movimentada vida profissional de jornalista, advogado, homem de rádio e de televisão, todas elas naturalmente entrelaçadas.

Os amigos, consultados, insistiam e terminaram me convencendo: a história da OTI não deveria ser apenas a fria transposição de atas e documentos oficiais. A **parte não escrita**, aquela vivida nas conversas, nos entendimentos, nas composições, poderia constituir porção até mais atraente do relato. O depoimento pessoal seria tão importante quanto os registros oficiais. Estes estão nos arquivos, nos documentos guardados por participantes dos fatos, nas anotações dos estudiosos e organizadas nas coleções dos interessados. As entrelinhas, as razões não claramente reveladas – a favor e contra o projeto – as omissões e as resistências raras vezes, essas não apareceriam. Em documentos elas jamais foram claramente expostas.

Muito menos as motivações, de ordem política ou apenas julgadas práticas, de uns e de outros, não poderiam, nem deveriam estar explicadas na transcrição rotineira de atas de reuniões.

Optei, então, em definitivo pela adoção de um relato pessoal, usando a primeira pessoa, o que poderá parecer antipático para alguns. Como personagem atuante em muitas situações, considerei que eu deveria me identificar claramente, sem apelar para a falsa modéstia ou para o artíficio de fugir à responsabilidade de algumas definições necessárias. Além de acreditar ser esta a forma mais responsável, fico à vontade para divagar e fazer interpretações de cunho pessoal. Algumas vezes a expressão do pensamento e das convicções pode parecer mais emotiva, do que racional. Reconheço que isto acontece sobretudo ao relembrar fatos ou mencionar pessoas que merecem, por seus méritos, destaque na história da OTI e nem sequer aparecem em qualquer registro das referências feitas à história da entidade. Ou, se aparecem, não lhes é dada a importância que tiveram, ou ainda têm, em todo o processo. Há muita gente que aceitou o cone de sombra por timidez ou modéstia, ou por inexplicável temor aos poderosos – nem sempre tão poderosos como se imaginavam e se imaginam – e a seus áulicos. Existem hoje algumas pessoas afirmando terem estado onde na verdade se omitiram e reivindicando posições no passado, que jamais assumiram nas ocasiões devidas.

Escritos alguns capítulos, pedi a amigos que lessem e opinassem livremente sobre o trabalho. Jovens universitários, a quem às vezes, em suas escolas de comunicação, nas salas de aula, conto, a pedido de seus professores, e por exclusivo prazer, algumas das minhas experiências profissionais, leram, com atenção e muito interesse, diversos capítulos e também ajudaram com suas críticas.

A troca de impressões e a riqueza das opiniões conduziu-me, de forma natural e espontânea, a fazer várias modificações no texto, sem alterar os fatos em sua essência, mas, apenas, para tornar mais compreensíveis, aos leigos e aos mais jovens, certos episódios históricos, identificar organismos e entidades e até esclarecer de quem eram nomes citados, que, embora mundial e historicamente famosos, já foram esquecidos em nossos dias de tão curta memória. Para alguns pode parecer desperdício e pretensão insistir em explicar ou dar detalhes informações tidas como de amplo conhecimento público. Mas, em repetidos testes, comprovei que o procedimento é útil. Sabe-se, hoje, muito menos do passado do que toda a gente imagina.

Está claro que, no conjunto, sem fugir à verdade, os acontecimentos são vistos sob a minha ótica pessoal, do mesmo modo que muitas das minhas certezas podem estar equivocadas por questão de interpretação ou até mesmo por minha incapacidade em ir encontrar a informação mais completa. Jamais eles foram expostos de forma preconcebida ou intencionalmente distorcida.

Asseguro que, embora emoldurados por sentimentos pessoais, os fatos são sinceramente narrados.

A história da OTI, pelo que ela representa, terá um dia que ser, obrigatoriamente, contada e analisada por historiadores competentes. Este livro poderá vir a ser uma fonte de informação, um ponto de referência.

Desejo que ele seja útil, no mesmo grau de intensidade do prazer que senti ao relembrar e falar de amigos e de acontecimentos vividos, há tanto tempo, com profundo entusiasmo e muita alegria, durante muitos anos.

*José de Almeida Castro, 1996*

1971-1991
VEINTE AÑOS TRABAJANDO PARA
500.000.000 DE TELESPECTADORES
OTI
ORGANIZACION DE LA TELEVISION IBEROAMERICANA

CAPÍTULO 1

# PRENÚNCIOS DE NOVA ERA

Desde o dia em que os principais jornais mundiais abriram suas edições com minuciosos relatos do programa norte-americano de lançamento de satélites de comunicação, foram muitos os grupos de radiodifusão que se dedicaram ao estudo das perspectivas futuras do rádio e da TV como veículos de alcance mundial.

Hugo B. Terry, chairman de importante emissora regional de televisão, a KLZ – canal 7 – de Denver, no Colorado, emissora chave da rede de canais líder das Montanhas Rochosas, naquele distante 1955, era meu "sponsor" no curso de extensão universitária que fazia nos Estados Unidos. O anúncio coincidira com a presença do general Dwight Eisenhower, então presidente dos Estados Unidos, em Denver, internado num hospital militar por causa de um princípio de enfarte sofrido quando visitava a região. Mr. Hugh Terry conhecera detalhes dos planos do satélite durante uma visita protocolar ao Hospital; ao regressar, reuniu seus mais destacados auxiliares, transmitindo-lhes, em detalhes, as novidades. Tive a felicidade de ser incluído entre os ouvintes maravilhados com aquela história, que mais parecia ficção científica. Confesso que fiquei vivamente impressionado pelo que ouvi e pelo que se podia imaginar estava por vir, por muitos anos. O "artefato do tamanho de uma bola de basquetebol" – para usar a comparação mais utilizada à época, – foi lançado dentro das previsões e para muitos se confirmavam os prenúncios de uma nova era.

No início da década de 60, marcada em muitos aspectos por vários importantes acontecimentos, os grupos interessados nas comunicações via satélite, já se estruturavam de forma muito nitidamente baseada na conquista espacial como indiscutível via futura.

Estabelecer vínculos, relacionar-se, conhecer gente e países de todo o mundo era fundamental à sobrevivência das empresas e organizações. Fazer negócios e bons negócios, se possível, mas, sobretudo, não deixar de estar presente.

## O IMENSO VAZIO

O rádio e a televisão da Europa estavam bem estruturados em sua União Européia de Radiodifusão, a UER, mais conhecida mundialmente por Eurovisão, na realidade o nome de sua grande rede de programas. Fundada em 12 de fevereiro de 1950, na cidade de Torquay, na Grã Bretanha, por 23 países, a UER [2] realizou meses depois, em 27 de agosto, a primeira ligação de TV: Calais-Dover-Londres. Dois anos mais tarde, de 7 a 14 de julho de 1952, a BBC inglesa e a RTF francesa realizaram a semana franco-britânica de televisão e a primeira transmissão de TV em dois sentidos, com a colaboração do Centro Técnico da UER. Apenas um ano e já em 2 de junho de 1953, as imagens a cores da BBC levaram as cerimónias de coroação da Rainha Elizabeth II, da Inglaterra, para a França, Holanda, Alemanha e Bélgica.

Finalmente, vieram as transmissões de dez partidas do Campeonato Mundial de Futebol de 1954, disputado na Suiça, e levado, instantaneamente, ao vivo, a nove países europeus, com o aparecimento na imprensa, pela primeira vez do nome Eurovisão. Seguiram-se festivais de música, coberturas jornalísticas e outra Copa do Mundo de Futebol, a de 1958, na Suécia.

Em 1962, quando o Telstar tornou realidade o satélite de comunicação, a Europa já tinha grande experiência de intercâmbio e de ação conjunta das emissoras de televisão, reunidas em uma associação de classe poderosa e competente. Seus comitês técnicos e legal já haviam estudado, em seus mais importantes aspectos, todas as implicações da operação dos satélites artificiais de comunicação. Em 23 de julho daquele ano, a UER aliou-se às grandes cadeias norte-americanas e realizou um programa de televisão ao vivo, entre a América do Norte e a Europa, utilizando a nova tecnologia de segmentos espaciais.

Nas Américas, no entanto, não havia um organismo de caráter internacional que, congregando as empresas e homens da radiodifusão, se preocupasse basicamente com o desenvolvimento tecnológico e operacional das Emissoras. A Associação Interamericana de Radiodifusão, a mais antiga de todas as organizações internacionais, fundada em 1946, mantinha acesa uma luta incessante em defesa de seus princípios éticos e fundamentais: a manutenção da radiodifusão em mãos da empresa privada e a liberdade de expressão.

---

[2] - Também conhecida por EBU, de sua versão inglesa "European Broadcasting Union", a união das emissoras da chamada área européia de radiodifusão tem sua sede administrativa em Geneve, na Suiça; e o Centro Técnico em Bruxelas, na Bélgica. O britânico Ian Jacob, da BBC de Londres, foi seu primeiro presidente.

A luta política pela democracia, a exigir atenção permanente e que, nem sempre, tem reconhecida a sua importância, talvez tenha impedido a AIR de se preocupar em construir uma estrutura de apoio técnico e logístico suficientemente ágil para acompanhar a evolução tecnológica da radiodifusão.

O imenso vazio causado pela ausência de um organismo bem estruturado e coordenador de esforços e idéias, despertou logicamente o aparecimento de muitos interessados em ocupar o espaço. Das sondagens iniciais à concretização de muitos planos, foram ficando pelo caminho boas idéias e melhores propósitos, sacrificadas muitas pessoas sérias e tomados como sérios muitos aventureiros e mistificadores. Entre os anos de 1958 e 1970, vimos nascer quase todas, florescerem algumas, e morrerem infaustamente muitas iniciativas, mesmo aquelas encabeçadas por profissionais sérios e dedicados.

## ALGUMAS TENTATIVAS

É obrigatório mencionar entre as iniciativas merecedoras de todo o respeito, embora a grande maioria delas fracassasse, as redes internacionais de emissoras tentadas pela CBS, pela NBC, por Time Life e pela ABC, todas elas grandes empresas norte-americanas; o sonho de Donald Coyle de uma Worldvision, com a ABC no comando, mas independente em sua operação de grande cadeia nacional, há 20 anos um quase delírio e hoje, se quiserem, uma quase rotina. Finalmente, para falarmos apenas em gigantescas operações intercontinentais, a aparatosa "Holas", da Movierecord, da Espanha. Jo Linten, o belga presidente da empresa, dizia ter um grande Banco, de uma grande facção política de alto prestígio na Espanha, sustentando as compras de emissoras de televisão, equipamentos, imóveis, filmes e tudo mais que fosse necessário, que ele e José Mayá, um simpático e envolvente catalão, faziam nas Três Américas[3]. Com o apoio da Televisão Espanhola e do Ministério da Informação e Turismo, segundo um entusiasta e convincente Linten, a rede particular latino americana "Holas" viria para unificar programação, baratear custos, intercambiar notícias, comprar eventos e campeonatos esportivos pelos melhores preços. De sua base em Madri, em majestoso edifício na "carretera de Barajas", onde controlava, como concessionária, a publicidade nos canais de TV da Espanha e de Portugal, além da publicidade em centenas de salas cinematográficas e a produção de filmes comerciais e artísticos com os irmãos Moro, a Movierecord de Jo Linten estava descobrindo para a Espanha, mais uma

[3] - A Movierecord seguia os impulsos de Jo Linten. Por não ter sido possível adquirir um canal na Argentina, Pepe Mayá acabou descobrindo um casal que possuía uma concessão em Colônia, no Uruguai. Colocou os dois uruguaios, modestos e já não muito jovens, na primeira classe de um avião para Madri e na capital espanhola assinou um contrato de compra do canal, que deveria transmitir com antena dirigida para a grande Buenos Aires. Jamais soube de sua instalação.

vez, a América. Claro que nem todos estavam de acordo, dentro e fora da Espanha, com aqueles planos.

Muitos se sentiam ameaçados em seus negócios locais, outros não confiavam no futuro mas cobravam no presente tudo que pudessem receber de Jo Linten pelas fatias de seus negócios que eles consideravam disponíveis e, embora não revelassem, demandavam aporte de capital e muito esforço para recuperação.

Dentro do tumulto imposto pela pressa de Linten, mais paciente no jogo de bridge do que nos negócios, até que muita coisa foi para a frente, muitas vezes a peso de ouro, cobrindo despesas excessivas e certa ostentação. Emissoras chegaram a funcionar em alguns países americanos, excelentes executivos demonstraram seu talento em áreas especificas, mas, no final, a operação das Américas, da Movierecord jamais atingiu seus, pelo menos presumíveis, objetivos e foi um imenso fracasso financeiro, este sim sempre esperado, pelos observadores.

Entre os planos, tentativas, avanços e recuos de tantos interessados, havia razões de sobra para pensar e realizar na América hispânica algo sério e definitivo. Era um desejo unanime. Mais ainda, servia perfeitamente aos mais lícitos interesses de todas as partes envolvidas. Faltavam os elementos catalisadores. Para lembrar Pepe Mayá, "Holas" errara em jamais ter se preocupado seriamente com o futebol e o inesquecível amigo costarriquenho Mário Sotella olhava Jo Linten e me dizia: "Este nosso amigo é um belga intraduzível. Ele transpira "dólares", se move nos negócios e com as mulheres com a ligeireza de um toureiro espanhol que já domou o touro e agora joga para a platéia. Mas continua belga e não espanhol."

As outras tentativas enfrentavam sérias restrições de ordem legal, face ao sentido nacionalista bem definido da legislação dos diversos países. Todas traziam a marca de iniciativas expansionistas, no momento em que os norte-americanos sofriam as maiores campanhas no estilo "go home, yankees" e por mais que fossem operações com interesses maiores em mercados e negócios, a primeira reação era contra a chamada invasão cultural. Para muita gente, se não fosse o "tom imperial e exuberante de Linten" a melhor oportunidade teria sido aquela. A Movierecord esquecera ou subestimara a necessidade de parceria com Goar Mestre, com Emilio Azcarga ou com as lideranças mais fortes da América espanhola. Fizera duas ou três compras a grupos fortes. Ia tentar competir com as emissoras adquiridas e dentro do seu conceito seria imbatível, porque, estava convencido, tinha o melhor programa, pelo menor preço.

Agora, a situação era totalmente outra. Todo mundo ia ser sócio de todo mundo. Nada mais atraente. Finalmente iam poder juntar-se a hispanidade, que sempre fora esperada; e o futebol, que os mexicanos tinham descoberto ser a parcela que faltava. Em tempo recorde haveria a transformação completa.. A década de 70 marcaria o início do ciclo OTI.

Capítulo 2

# A ESPERADA SURPRESA

AEROPORTO DA CIDADE DO MÉXICO – 15 DE MARÇO DE 1971 – São pouco mais das 4 horas da tarde quando entramos na sala de Imigração. Elegantemente trajado e sorridente, um jovem representante do Comitê de Recepção das III Jornadas Ibero-Americanas de Comunicações via Satélite, nos dá as boas vindas ao México e solicita que lhe entreguemos os documentos. Ele mesmo vai se encarregar de levar o passaporte ao oficial do Governo, providenciar a liberação da bagagem na Alfândega, enquanto seguimos diretamente até a sala VIP para a breve espera pelo auto que nos conduzirá ao Hotel Fiesta Palace, escolhido como sede da reunião e local de hospedagem da quase totalidade dos participantes estrangeiros. Controle e eficiência em grau máximo. Um estilo, aliás, bastante conhecido dos convidados do Telesistema Mexicano, cujos representantes transitam pelo aeroporto, mesmo nas áreas chamadas restritas, com total liberdade e desembaraço. A única novidade, para os visitantes já acostumados com a fidalguia das equipes de mexicanas de recepção, é o broche dourado que nos entregam em nome dos organizadores da reunião: a pequena bijuteria reproduz o modelo de um satélite artificial, tendo logo abaixo. em maiúsculo, vazadas, as três letras: OTI.

Era impossível evitar o ar de surpresa. Com um sorriso meio maroto, Eduardo Reyna definiria, mais tarde, a entrega do broche ainda no aeroporto como apenas a "esperada surpresa", antecipada de algumas horas para que não ficassem dúvidas sobre os objetivos únicos das III Jornadas. Segundo Reyna – ele mesmo um articulador agitado e nervoso – Roberto Kenny, do Telesistema Mexicano desenhara o logotipo e, devidamente autorizado, providenciara sua confecção. Afinal, a grande maioria dos delegados convidados e esperados na cidade do México para aquele encontro internacional sabia muito pouco do que estaria por acontecer. Haviam transcorridos menos de 4 meses desde que, em Caracas, em 21 de novembro, no encerramento das II Jornadas Ibero-Americanas de Comunicações via Satélite, entre uma dezena de outros documentos especialmente técnicos, a principal conclusão dos representantes de 7 países presentes era constituir-se em grupo de trabalho permanente para redigir um projeto de Estatutos "com vistas à fundação de uma Organização da Televisão Ibero-Americana", a ser discutida na cidade do México, de 15 a 21 de março de 1971. O projeto deveria ser examinado e discutido (item 2 do documento); e "uma vez aceito – (Ver integra da Recomendação no relato das Jornadas de Caracas 1970, mais adiante) – pelos organismos que haviam estado em Santiago do Chile e em Caracas, devem ser convidados organismos e empresas"...para participar da OTI.

Um projeto básico de linhas mestras para estatutos apareceu entre os documentos finais de Caracas. Alguns dos mais destacados participantes mencionavam, nos corredores, o que chamavam de "ser práticos". Era assim como se fosse em um grande e fechado clube de milionários: bastaria a vontade de seus fundadores, ainda que poucos, para dar a estrutura que desejassem à OTI. Todos os demais, de acordo com suas conveniências, acabariam por decidir se iam ingressar ou não na sociedade, devendo aceitar as regras do jogo, se o desejassem. Os primeiros, aqueles que tinham vontade e estavam decididos a fazê-lo, assumiriam a responsabilidade de criar um organismo. Conheciam o risco de permanecer sozinhos, o que não acreditavam pudesse ocorrer. De qualquer maneira a intenção era ter um círculo bem amplo. Por isso todos seriam convidados a se reunir no México e, como sempre, os mexicanos os receberiam com todas as honras e simpatia. Amplas informações dos caminhos já percorridos seriam fornecidas e, sem dúvida, não faltariam as adesões. Haveria, como houve, uma belíssima reunião de confraternização de profissionais da televisão.

Tudo a ganhar, nada a perder.

Considerando-se a lentidão dos serviços postais, sobretudo na festiva época do fim de ano, a maioria das pessoas recebeu apenas telexes informando e convidando para as Jornadas, com uma sucinta pauta de trabalhos. Foram muitos os representantes de emissoras que acreditavam estar chegando ao México para mais um grande encontro profissional sobre intercâmbio e cooperação de emissoras de televisão, especialmente no campo das notícias via satélite, onde já operava em período de provas o SIN (Serviço Ibero-Americano de Notícias). Entre eles, alguns sentiram a importância do que iria logo acontecer e tentaram com a direção de suas Emissoras obter autorização para comprometê-las na iniciativa. Não chegaram por qualquer motivo a ser bem compreendidos ou não houve interesse dos dirigentes de suas Empresas em mudar o pré-estabelecido e eles permaneceram apenas como delegados às Jornadas.[4]

Estiveram presentes centenas de delegados e pessoas interessadas no grande salão de reuniões e festas do Hotel Fiesta Palace. Apenas 12 empresas, de 8 países, assumiram, perante as leis mexicanas, a responsabilidade de serem as fundadoras da OTI, uma delas, em fato inédito, a concessionária e operadora de uma estação terrena.

Vontade política, decisão, capacidade de trabalho, inteligência e recursos, muito especialmente da Rádio e Televisão Espanhola, com Luís Ezcurra e seus companheiros: do Telesistema Mexicano, à frente pessoalmente o próprio Emilio Ascarga Milmo; de Pró Artel da Argentina, com Juan Palli, e de Venevision, do grupo Cisneros da Venezuela, com Enrique Cuzco, Hector Pondsdomenech e Eduardo Reyna.

Um record imbatível: embora trabalhando sobre idéia maturada durante muitos anos, é inédito, e de difícil superação, constituir-se entre o mês de outubro de um ano e o mês de março do ano seguinte uma poderosa organização intercontinental de televisão. Se válidos eram os objetivos maiores, o êxito do processo parecia estar plenamente garantido ao seguirem o caminho similar ao de formação de uma grande sociedade de amigos, em que até a primeira sede é presenteada, como empréstimo de emergência, pelo amigo mais rico. Para completar a jornada e ultrapassar os obstáculos, em tão curto espaço de tempo, o galope foi contínuo. Andaluz e charro, ao som de bulerias e de mariachis. Completíssimo, no melhor e mais castiço estilo.

[4] Armando Nogueira, que dirigia a Central Globo de Jornalismo, do Rio de Janeiro, fora enviado ao México pela TV Globo. Jornalista brilhante, participou, ativa e eficazmente, de muitas reuniões sobre notícias na Televisão. Esteve presente na sessão solene de instalação da OTI, mas, convidado, disse preferir constar em tudo como simples observador. Jamais me revelou se seguia instruções ou era uma posição pessoal.

*O autor cumprimenta o Rei Juan Carlos II no Palácio das Zarzuelas, em Madri, Espanha.*

Capítulo 3

# "LA HISPANIDAD" EM MARCHA

Em 8 de maio de 1945, a vitória dos Aliados na Segunda Guerra Mundial criou uma situação extremamente delicada e sensível para a Espanha. Embora sempre reafirmasse, enfaticamente, sua neutralidade no grande conflito, o governo espanhol do general Francisco Franco era apontado, quase unanimemente, como colaborador do nazi-fascismo. Na América Latina, todos os governos, pelos menos oficialmente, se haviam declarado contra o Eixo, chegando alguns países a enviar tropas e corpos expedicionários para os campos de batalha da Europa.[5] Terminado o conflito, enquanto os americanos ajudavam, inclusive com os recursos do plano Marshall, a reconstruir os países da Europa devastada, a Espanha foi de tal forma hostilizada que não lhe permitiram a presença na formação da Organização das Nações Unidas, nem seu ingresso como membro quando da fundação da ONU, em 1946. O fato repercutiu intensamente em todos os setores internos do país colocando, segundo analistas, em risco a própria estabilidade da Espanha, já, então, politicamente muito dividida e com sérios problemas econômicos. O governo espanhol desenvolveu um notável esforço para tentar superar a situação, utilizando-se inicial e basicamente da diplomacia. Ao lado dos serviços exteriores, que sempre foram muito atuantes, a força cultural espanhola constituía um trunfo muito importante e foi, na melhor tradição, utilizada.

[5] - Alemanha, Itália e Japão eram os países conhecidos como o Eixo. O Brasil enviou um grupo de caças e pilotos de sua força aérea e batalhões de uma Força Expedicionária para a frente italiana, integrando o V Exército Norte-Americano, em 1943. O Japão continuou resistindo depois de 8 de maio, só se rendendo aos americanos, meses mais tarde, depois das bombas atomicas lançadas em Hiroshima e Nagasaki.

Anos mais tarde, demonstrando a coerência da postura histórica espanhola, ao analisar os problemas da América Central, o embaixador Felix Fernandez Shaw escrevia que "**a integração se busca não por um único caminho, mas por vários: o aspecto político deve ser considerado, mas não se deixam de lado os campos econômico e cultural e, em cada um deles, dentro de sua própria esfera, surgirão iniciativas em distintos níveis e por canais de atuação também diferentes. Se o ideal continua sendo o mesmo, mudaram os métodos de luta.**"[6]

No final dos anos 60, motivado por interesses profissionais, acompanhei mais de perto o esforço espanhol em se aproximar do resto do mundo, em especial da América Latina, via radiodifusão. Na ocasião, me veio à memória uma experiência ocorrida quase duas décadas antes. Era, então, um jovem repórter no Rio de Janeiro e fui designado, certa manhã, para cobrir a passagem pelo porto da cidade do primeiro navio espanhol que, com centenas de passageiros, retomava as travessias regulares do Atlântico depois da guerra. O "Cabo de la Buena Esperanza" re-inaugurava a ligação entre a Europa e a América do Sul, tendo saído de Barcelona com destino à Buenos Aires, onde seria recepcionado no rio da Prata pelo presidente argentino Peron. Quando saía da redação para o cais da praça Mauá, o chefe da reportagem, Paulo Silveira, deu o que, para mim, pareceu, naquele momento, ser uma intrigante instrução: "jogue limpo, garoto, mas não se deixe fascinar pelos traidores".

Jamais esperei que a reportagem feita no cais fosse a matéria principal do jornal aquela tarde. O editor Otávio Malta redigira para a primeira página do tablóide "Diretrizes", vespertino do Rio de Janeiro, [7] o título que me fizera recordar tudo anos mais tarde. Em letras enormes, lia-se: 'LA HISPANIDAD A CAMINHO DA AMÉRICA DO SUL" apresentando as entrevistas que fizera com Jacinto Benaventes e com Lola Membrives, dois dos mais ilustres passageiros a bordo do navio.

O teatrólogo e a atriz [8], a serviço da causa de reaproximação da Espanha com a América Latina, transitavam pelo porto do Rio de Janeiro, a caminho de Buenos Aires, onde iriam encenar obras do primeiro, sob o patrocínio do governo de Peron. Ambos, ao serem entrevistados, ficaram muito irritados e se negaram a responder às perguntas do repórter sobre Garcia Lorca e Dolores Ibarra.[9]

Passaram-se muitos anos até que eu pudesse entender claramente a manchete do jornal, sem dúvida o reflexo de uma época e das tendências esquerdistas de sua linha editorial.

[6] "La Integrácion de Centro América"- Felix Fernandez Shaw - Ed.Cultura Hispanica - Madri - 1965

[7] O diário "Diretrizes", em que se transformara um dos mais prestigiosos semanarios brasileiros, teve vida curta, mas, mesmo assim, marcou epoca na imprensa brasileira. Seus proprietários e a sua direção tinham tradição revolucionária e esquerdista. Um deles - Samuel Wainer - se tornou uma legenda como reporter. Foi ele quem reuniu na redação alguns dos nomes mais brilhantes do jornalismo brasileiro como Francisco de Assis Barbosa, Otávio Malta, Paulo Silveira, Joel Silveira, Mário Wilches, Brasil Gerson, Afranio Vieira e Prudente de Moraes Neto.

[8] Jacinto Benaventes ganhou o Prêmio Nobel de Literatura em 1933, era dramaturgo de grande prestígio e dos melhores do idioma espanhol, que, mais velho, começou a apoiar o Falangismo. Lola Membrives era atriz dramatica, aclamada como grande dama do teatro espanhol.

Considero legítimos e válidos todos os esforços para realçar raízes e vínculos históricos, dentro e fora de um país. Muito em especial quando idiomas, tradições e cultura se constituem em elementos fundamentais de formação de novas nações. A "Hispanidad" que o jornal usara em sua manchete daquela edição era o que costumamos chamar um bom "gancho" jornalístico, mas continha um evidente contexto ideológico e até mesmo um certo sensacionalismo. Era injusto o tom pejorativo, porque não se pode classificar a projeção da hispanidade ao Exterior como ação ilegítima ou incorreta. Quando muito, ao nosso gosto, naquela tentativa do após guerra, os portadores da mensagem não eram os melhores para os propósitos desejados.

Os espanhóis sempre estiveram conscientes da força secular de sua cultura e corretamente dispostos a usá-la em seus objetivos de "abrir-se ao Exterior". Volto à Felix Fernandez Shaw, estudioso e autoridade no assunto: "**Se se pertence, por origem ou vocação, a comunidades geográficas ou lingüisticas de maior ambição, os meios audio-visuais são instrumentos insubstituíveis de presença, informação e comunicação**". E logo adiante: "**...Para quem dispõe de um idioma compartido por tantos milhões de habitantes para quem os programas audio-visuais devem ser um veículo imprescindível daquela comunicação**" para em seguida enfatizar: "**para a Espanha, os instrumentos de comunicação, dentre eles os meios audio-visuais são de utilização inescusável em duplo alcance da nossa presença exterior, com premissas indiscutíveis por nossas raízes européias...e por nossa vocação americana. onde nossa comunidade de idioma leva a utilizar ao máximo quanto tenha relação com seu maior uso**".[10]

Eduardo Reyna[11] durante várias entrevistas, em Buenos Aires, com o autor destas notas, referindo-se ao período diretamente anterior à fundação da OTI, afirmou estar convicto de que a "**a Espanha tinha naquele momento, mais do que nada, um projeto político muito importante para o seu futuro, que era a reaproximação com os países da América. Havia após a Segunda Guerra Mundial um clima muito claro de afastamento dos espanhóis por parte dos ibero-americanos. Era algo quase hostil. A via mais direta para reverter a situação, eles sabiam, era o envolvimento com as emissoras de rádio e televisão. A tarefa foi**

---

[9] - Frederico Garcia Lorca, um dos maiores poetas e dramaturgos da lingua espanhola em todos os tempos, foi assassinado pelos nacionalistas; e Dolores Ibarra, conhecida como "La Pasionária", ativista comunista e companheira em lutas politicas de Lorca, foi presa e condenada à prisão perpetua, em agosto de 1936, em Granada, na Espanha, no inicio da Guerra Civil Espanhola. Versões muito divulgadas atribuiam à Benaventes e à Lola Membrives a responsabilidade pelas informações que levaram ao assassinato de Lorca, a quem a atriz teria, traído.

[10] Trechos do prefácio do Autor espanhol , segundo ele, básicamente os mesmos princípios de sua tese de doutorado apresentada à Faculdade de Ciências da Informação da Universidade Complutense de Madrid e aprovada "cum laude"em 31 de maio de 1970 - Felix Fernandez Shaw - "La diffusion internacional de los programas audio visuales"- ed. Tecnos - Madri - 1980.

[11] Argentino, àquela epoca radicado na Venezuela, um apaixonado pela Espanha e um dos articuladores "de campo" importantes na formação da OTI.

**entregue à Radio e Televisão Espanhola e diretamente comandada por Adolfo Suarez[12].O resultado desse trabalho apareceu logo: em 1969, com a transmissão do ato de posse do Rei Juan I Carlos; em 1971, com o Serviço Ibero-Americano de Noticias, via satélite, o SIN e a OTI; e em 20 de novembro de 1975, para surpresa de muitos, com a amplitude e participação numerosa na excepcional cobertura televisiva dos funerais de Franco."**

Em seus depoimentos, Eduardo Reyna afirma que mesmo antes das I Jornadas Ibero-Americanas de Comunicações via Satélite, em Santiago do Chile, ele, declaradamente pró-Espanha, já se empenhava na tarefa de reaproximação, como aliás, sabia, vinha fazendo Juan Palli. Integrado no grupo de Venevision, de Caracas, Venezuela, Reyna contava com o apoio de seu amigo Henrique Cuzco, diretor geral de televisão e de Gustavo Cisneros, o principal executivo do grupo Cisneros. Segundo ele, como Cisneros, Goar Mestre, com quem trabalhava Juan Palli, era francamente favorável aos movimentos de união operacional das tevês. "Utilizei – disse-nos – **todos os meus contatos nas Américas para esclarecer dúvidas e conseguir apoio para os planos de integração. Um dos novos aliados mais importantes foi Jacobo Aepli, diretor da CANTV – a Cia. Nacional de Telefonos da Venezuela – proprietária da estação terrena de Caracas. Antes um defensor de políticas rígidas com a televisão, Aepli se integrou de tal forma com os dirigentes espanhóis de Buitrago[13], que foi o anfitrião das II Jornadas na sede da CANTV em Caracas e passou a lutar, também, junto ao Intelsat pela redução de tarifas nas transmissões de televisão, via satélite, tornando-se um dos fundadores da OTI. "**

No início dos anos 50, a guerra fria entre as potências vencedoras da Segunda Guerra Mundial, o peso dos interesses estratégicos dos Estados Unidos e decisivas medidas internas na Espanha enfraqueceram a oposição ao Governo espanhol. Os espanhóis, que já vinham trabalhando ativamente para a aproximação onde era possível, redobraram seus esforços. Em 1953, um acordo de cooperação com os norte-americanos reabriu as portas. A Espanha, com inteligência e firmeza, acelerou seu trabalho. Grande êxito foi quase imediatamente registrado nas áreas de turismo receptivo e de comunicações. Os dois ramos já eram interligados no Ministério da Informação e Turismo, criado por decreto de 1951, e estruturado um ano depois, por decreto de 15 de fevereiro de 1952. O organograma implantado era encabeçado por uma sub-secretaria e cinco direções gerais. Uma delas era a de Radiodifusão, depois denominada de Radiodifusão e Televisão.

A Hispanidad tinha, agora, todos os requisitos legais para a jornada definitiva. Desta vez para o Mundo e não para a América do Sul. Sem os ventos contrários, sem o preconceito

---

[12] Adolfo Suarez, que foi diretor da Televisão Espanhola, mais tarde foi responsável pelo período de transição e chefe do governo da Espanha.

[13] Estação terrena de satélites espanhola, alugada, como a outra estação de Aguimes, para fins de Televisão, à Rádio e Televisão Espanhola.

ideológico, com a riqueza de sua cultura, seu fortalecimento econômico e, porque não, com a simpatia de esmagadora maioria.

## A JORNADA DEFINITIVA

Em 1960, a Televisão Espanhola foi recebida de braços abertos como sócia ativa da União Européia de Radiodifusão e logo se integrou à Eurovisão.[14] A diplomacia espanhola saiu na frente. Bem preparada, promoveu entendimentos e acordos. Afirmando nos preâmbulos dos seus documentos que **"as altas partes contratantes, convencidas de que a radiodifusão é um dos meios eficazes de aproximação dos povos"** o governo espanhol assinou convênios com a Colômbia e a República Dominicana (1953), Paraguai (1957) Bolívia (1966) e Chile e Argentina (1967). A Rádio e Televisão Espanhola, por seu lado, assinava contratos de cooperação e de assistência técnica com emissoras da Argentina e com o Telesistema Mexicano.

A recuperação econômico-financeira permitiu, logo depois, passar à ação mais rápida e direta da Rádio e Televisão Espanhola. É a grande fase das sucessivas reuniões e encontros ***hispano-americanos*** (O destaque é nosso) em que não se pensa ainda em Ibero-America e sim, única e exclusivamente, na comunidade de língua espanhola. Entre 1965 e 1970 foram realizadas reuniões na Espanha e na América, que culminaram com as Jornadas ***Ibero-Americanas***.

## SANTIAGO DE COMPOSTELA - 1967

Encontrei rapidamente Felix Fernandez Shaw, pela primeira vez, em setembro/outubro do ano de 1966, em uma das reuniões da União Européia de Radiodifusão. Foi um encontro formal e único. George Straschnov nos apresentou numa recepção dizendo-me ser ele o chefe de relações exteriores da Televisão Espanhola. No final daquele ano, jantei com Juan Palli em Buenos Aires, quando fui tentar incluir Pró-Artel nos planos de TV para grande cobertura da reunião de presidentes programada para Punta del Este, no ano seguinte.

Interessando-se pelo tema, Juan disse-me que iria levá-lo à Televisão Espanhola, pois, segundo ele, os espanhóis poderiam participar e colaborar de forma muito positiva. Na ocasião contou-me sobre uma reunião em Leon, na Espanha, intitulada I Semana Internacional de Estudos Superiores de Televisão, a que comparecera convidado pela TVE,

[14] A Espanha ingressou na União Européia de Radiodifusão, mencionada neste livro ora pela sigla UER, ora pela correspondente às iniciais inglesas EBU, no mesmo ano que a Iugoslávia, um ano antes do início da era dos satélites inaugurada com o Telstar.

onde Felix se destacara. Estivera presente o influente ministro da Informação, Fraga Iribarne, um dos maiores entusiastas da aproximação espanhola com os povos da Ibero-América.

Felix Felix Shaw foi o grande articulador diplomático do que se chamou a I Reunião de Produtoras Hispano americanas de Televisão. A convite da Televisão Espanhola foram recebidos, em julho de 1967, em Santiago de Compostela, por Luís Ezcurra e Felix Fernandez Shaw cerca de 10 delegados das Américas, entre eles Goar Mestre, Juan Palli,[15] Pedro Simoncini e Alberto Gollan, da Argentina; Emilio Azcarga e Luis de Llano, do México; Genaro Delgado Parker, do Perú; e Jimmy de la Guardia, do Panamá.

Houve muitos pontos importantes nas conversações de três dias, buscando-se encontrar a fórmula mais prática de aproximação entre a televisão espanhola e a televisão dos países de idioma espanhol, que todos desejavam. Emilio Azcarga oferecia programas para intercâmbio e considerava que esta poderia ser a maneira de entendimento; Palli reputava difícil funcionar um acordo multi lateral de intercâmbio, optando por convênios bilaterais; e Goar Mestre afirmava que o denominador comum de imediata compreensão e de resultados diretos era o dinheiro, sendo mais fácil comprar e vender, do que intercambiar na base de trocas.

Todos os movimentos envolvendo a televisão e as Américas eram sempre motivo de dúvidas e desconfianças. Como se havia estabelecido um clima de entendimento no grupo, foram muitas as perguntas à Luís Ezcurra, que oficialmente era a voz da Televisão Espanhola, sobre as atividades de Jo Linten nas Américas e da operação que a Movierecord conduzia sob a rubrica "Holas" e dizia ter associação com a TVE. Segundo alguns testemunhos, nada foi suficientemente esclarecido naquele momento, afirmando o Sr. Ezcurra que a TVE não tinha nenhum tipo de interesse comercial na Operação, mas de igual maneira não considerava carente de importância ou significado o que vinha fazendo a Movierecord. Apenas, aguardava o retorno de Jo Linten de mais uma de suas viagens à América para conhecer melhor o que ele realmente pretendia realizar. A maioria dos resumos sobre a reunião de Santiago de Compostela dá maior ênfase ao tema das dublagens, e às preocupações com a qualidade do idioma falado nas emissões da televisão ibero-americana. A delegação espanhola distribuíra, no início dos trabalhos, exemplares de um dicionário intitulado "Palabras malsonantes em Hispanoamérica", solicitando subsídios e informações, sobre o tema, dos outros países presentes. Houve acordo sobre a necessidade de eliminar a rigidez de uso do chamado espanhol neutro, admitindo-se acentos peculiares a alguns países ou regiões. A nota oficial distribuída à imprensa, no final da Reunião, dizia entre outros pontos, em dois dos seus parágrafos:

"No desenvolvimento das conversações foram intercambiadas informações sobre os vários aspectos relacionados com a produção de programas em suas respectivas áreas, sob o

[15] Goar Mestre e Juan Palli, como cidadãos cubanos, não podiam legalmente ser donos ou diretores do Canal 13, de Buenos Aires, oficialmente de propriedade da cidadã argentina sra. Alicia Mestre. Mestre e Palli eram os dirigentes de Producciones Artisticas S.A. (PRO-ARTEL), empresa contratada por Canal 13 para gerir toda a sua programação.

comum denominador da identidade do idioma, que vincula os países de Hispano-América."

"Foi considerado o tema das bases necessárias para se conseguir uma autêntica universalidade hispano americana na produção de programas, tendo em conta a crescente importância do mercado de idioma espanhol, que atualmente alcança os duzentos milhões de habitantes."

A Agenda prévia destinava um item às comunicações via satélite e à sua importância na Ibero-América. Ouviram-se as informações dos Srs. Luis Ezcurra e Manoel Romero, este engenheiro da TVE, conhecendo-se, então, também, os planos de estações terrenas e das transmissões de televisão via satélite do Panamá e do México. Gesto muito além de simples cortesia, mas de real interesse no relacionamento, foi, no último dia de sessões, a presença do Sr. Aparicio Bernal, diretor geral de Radiodifusão e Televisão da Espanha. Os temas centrais de exposições e debates abordaram principalmente a necessidade e o modo de futuros contatos, a possibilidade da realização de exibições de programas especiais, de um Festival e de um Programa Hispano-Americano via Satélite. O Sr. Emilio Azcarga declarou ser possível obter publicidade comum, de cunho internacional, para este tipo de programa, aceitando o encargo de estudar e de preparar projeto nesse sentido. Concretamente, ainda, a Televisão Espanhola ofereceu um intercâmbio de notícias, informando que iria ter correspondentes viajando por todo o continente hispano-americano.

Nova reunião foi marcada para o ano seguinte, na Argentina, a convite do Sr. Goar Mestre. Antes do encerramento, porém, os presentes discutiram, por sugestão do Sr. Mestre, como definir o perfil de produtoras. Diferentes critérios foram sugeridos e debatidos para caracterizar uma produtora, como o número de emissoras, número de horas de emissões e os meios técnicos de que dispusessem. Mas, não houve nenhum acordo. No final, os presentes adotaram uma regra geral assim redigida: "**São Produtoras de TV as empresas que, de forma regular e contínua, realizam programas comerciais de televisão para a sua exibição em suas próprias emissoras e para exportação para outros mercados, utilizando meios e instalações adequados.**" Nos Estatutos da OTI, quatro anos depois, as preocupações do Sr. Goar Mestre aparecem como normas para regular a categoria do sócio e sua filiação.

## MAR DEL PLATA - 1968

De 25 a 29 de novembro de 1968, Goar Mestre recebeu os espanhóis e demais convidados em Mar del Plata para a II Reunion de Productoras Hispano-americanas de Television. O número de delegados presentes era quase igual ao de Santiago de Compostela, mas os países representados eram cinco e não seis, desta vez, por não ter a Venezuela enviado representante. Juan Palli não pôde comparecer, pela Argentina, nem Emilio Azcarga, pelo México. Fernando Eleta representou o Panamá e houve uma "cara nova" para muita gente: Jorge Kanahuati[16], diretor geral de Telecadena Mexicana, do grupo Barbachano que lutava, há algum tempo, pela concessão de um canal da cidade do México, sem êxito. A televisão peruana reforçara seu contingente com Nicanor Gonzalez Vazquez, diretor gerente da Companhia Peruana de Radiodifusion (América). Os espanhóis reafirmaram seu interesse no assunto com a presença na chefia de sua delegação do Sr. Jesus Aparicio Bernal, diretor geral de Radiodifusão e Televisão. O secretário da reunião foi o Sr. Amaury Daumas, à época funcionário dos escritórios de Buenos Aires da Pró-Artel e do Canal 13.

As reuniões, oficialmente, não trouxeram muitos temas novos, nem soluções aos assuntos estudados anteriormente na Espanha. Mas foram muito frutíferas em termos de contatos e conversações para manutenção dos propósitos de reaproximação. Chamado em ata de "exploração internacional de programas de televisão" o intercâmbio foi considerado mais próprio para as transmissões via satélite e se recomendaram estudos sobre direitos autorais e de interpretes. Decidiu-se ainda manter entendimento direto com as dubladoras de programas e discutir com elas os problemas do idioma nas dublagens e suas possíveis soluções. Quanto à colaboração internacional na circulação de notícias expressou-se basicamente a preocupação na maior difusão de notícias sobre os países americanos, decidindo-se fazer chegar tal recomendação às Agencias de Notícias e Serviços de Notícias Filmadas.

Foi aprovado o projeto de realização do Festival da Canção Hispano-Americana em meados do ano seguinte e a sua realização posterior, a cada ano. Igualmente, se decidiu co-produzir, segundo um esquema próprio, uma série teatral, com 26 programas, de duas horas de duração cada um, denominada "Ciclo do Teatro do Século XX", a cargo de produtoras da Espanha, México, Perú e Panamá.

Em Mar del Plata, a Radio e Televisão Espanhola comunicou seu interesse em continuar a série de encontros que vinha realizando, tendo programado uma terceira reunião para junho-julho do ano seguinte, em local a ser determinado, na Espanha.

## SANTANDER – 1970

Os convites espanhóis foram expedidos para um encontro em Santander, entre 30 de junho e 2 de julho de 1970, para a III Reunião de Produtoras Hispano-Americanas de Television. Estiveram presentes os representantes dos mesmos países da reunião de Mar del Plata, reduzida a representação do Perú apenas ao Sr. Nicanor Gonzalez Vasquez, diretor-gerente de América TV.

Luis de Lhano, diretor de Produção do Telesistema Mexicano; Alberto Gollan e Goar Mestre, da Argentina sem contar os espanhóis naturalmente eram os três delegados que haviam estado presentes em todas as reuniões.

[16] Kanahuati, anos depois, quando Telecadena viu-se, em definitivo, impossibilitada de operar no Distrito Federal, foi trabalhar com Ascarga, já em Televisa.

Cuidados com o uso do idioma e dublagem, critérios para co-produções – foram os temas da reuniões anteriores que prosseguiram em pauta, na linha de novos debates e esclarecimentos.

O intercâmbio de notícias com o uso de satélites registrou um notável avanço. Depois de uma exposição dos delegados da televisão espanhola, em especial do relatório do engenheiro Eduardo Gavillan seu diretor técnico, ficou decidido: a) – Realizar entendimentos com o Consorcio Internacional de Satélites (Intelsat) para que, na recepção múltipla, o custo da perna de descida do satélite fosse pró-rateado entre todos os usuários e não em sua totalidade por cada um, como até então; b) – Tentar obter a aplicação de um regime de reciprocidade de tratamento no uso das estações terrenas, como já fazia o Chile. A Espanha e o Panamá poderiam pressionar para que se tornasse uma norma geral; c) – autorizar a Radio Televisão Espanhola a negociar com a UER a inclusão das empresas ibero-americanas de televisão, membros associados da UER, nos serviços diários de notícias da Eurovisão, intercambiados via satélite.

Referindo-se à realização do Congresso de Radio e Televisão Educativa no México em 1971, o Sr. Felix Fernandez Shaw demonstrou preocupação com a necessidade de ampliar a participação nas reuniões de produtores. A RTVE havia convidado venezuelanos, colombianos e porto-riquenhos, que, por diferentes motivos não puderam estar presentes. Ressaltou estar o esforço de coordenação concentrado exclusivamente no setor de atuação do diretor de Relações Internacionais da TVE, já naturalmente muito sobrecarregado. Como se pretendia realizar uma outra reunião mais ampla no México no ano seguinte, visando maior eficiência, sugeria se discutisse a criação de um pequeno escritório para esse fim específico, com pessoal remunerado e dedicado aos problemas que pudessem surgir nesta área. As discussões avançaram para outro rumo, recomendando-se a criação de uma Associação Ibero-Americana de Television – a AITEL – (**aqui já se falou em ibero e não apenas hispano, pela primeira vez**). Como haveria no México, em novembro de 1971, o anunciado Congresso de Rádio e Televisão decidiu-se convocar logo a IV Reunião da Associação Ibero-Americana de Televisão, para a mesma época. Por que IV Reunião ? Para que – justificaram – não se interrompesse a numeração iniciada em Santiago de Compostela. A resolução mostra preocupação com a AIR –a Associação Interamericana de Radiodifusão –ao expressar claramente que, "**por unanimidade se decide que os fins da Associação não duplicam os trabalhos da Associação Interamericana de Radiodifusão (AIR), nem pode esta ser interpretada como uma Associação competitiva, reconhecendo-se que os fins de AITEL e de AIR são perfeitamente compatíveis e têm campos de atuação diversos.**

Dario Castel, diretor de Programas do Canal 11, de Buenos Aires, presente à Santander, chegou a propor que a Radio e Televisão Espanhola designasse equipes para analisar a televisão em todo o mundo de idioma espanhol e reunir os códigos de ética existentes. Com todo o material a RTVE prepararia um código geral de ética que seria publicado pela nova Associação Ibero-americana de Televisão. (AITEL).[17]

Razões políticas as mais diversas levaram a sucessivos adiamentos e à não realização do IV Congresso de Rádio e Televisão Educativa no México, em novembro de 1971, como estava programado e fora anunciado. Evidentemente não é possível acreditar que a sugestão de fundar uma entidade, de lhe terem dado um nome e tudo mais foi gerado espontânea e acidentalmente dos debates ali em Santander. Nestas notas, o registro da decisão de fazer a AITEL ( de que pouquíssimas pessoas tomaram conhecimento) vale como um indicativo a mais de que, nos fins dos anos 60, já era impossível deixar de considerar a inquietude das emissoras de televisão do Continente americano, em torno da necessidade, em bases permanentes, de uma entidade operacional, prestadora de serviços, a nível internacional.

## SANTIAGO DO CHILE - OUTUBRO 1970

O ano de 1970 foi marcante para a televisão ibero-americana. As transmissões de mais de oito horas de programas uni e multi-laterais no dia do sorteio das chaves do Mundial, em janeiro, no México. Uma dezena de jogos internacionais amistosos antes da Copa, o turno final do Campeonato Mundial de Futebol, eventos esportivos de porte e acontecimentos de destaque, entre fins de maio e meados de junho, puseram à prova os sistemas de satélite a partir e para as estações terrenas das Américas Central e do Sul. Um engenheiro jovem, mas já experiente – Manuel Romero; e um produtor e diretor – Tomás Garcia – da Radio e Televisão Espanhola integravam o alto comando do grupo de operações da Eurovisão no México. Dias depois do encerramento do Mundial, houve a reunião em Santander (v. nota. anterior). Foram necessários somente mais 90 dias, e a Televisora Nacional do Chile, de parceria com a RTVE, já estava recebendo para o que, oficialmente, no gênero, deveria ser o reconhecimento de que os povos de língua portuguesa poderiam ser úteis em iniciativas conjuntas de comunicação em nosso Hemisfério. No entanto, apesar do novo nome da reunião, as chamadas I JORNADAS IBERO-AMERICANAS DE COMUNICAÇÕES VIA SATÉLITE, instaladas em 12 de outubro de 1970,(não por coincidência, mas para repetir Colombo descobrindo outra América) na capital chilena, não se preocuparam nem com o Brasil, nem com Portugal. Continuaram ibero na denominação, mas apenas hispânicas no conteúdo e na participação.

Sobre isso, para eliminar possíveis dúvidas ou falhas dos meus arquivos pessoais ou da memória, pedi à Embratel que me informasse se foi convidada para a reunião de Santiago do Chile. Havia anotado o que me dissera o coronel Aulio Nazareno, à época diretor da estatal brasileira de comunicações, de que a primeira notícia sobre a reunião foi recebida na

[17] Existe um samba brasileiro cujas palavras falam de uma Conceição que deixou o morro e teria ido para outros níveis sociais mais altos. O verso canta: "se subiu, ninguém sabe, ninguém viu". A AITEL foi fundada como 'ibero-americana. Pelo menos para a televisão de idioma português é a Conceição do samba.

sede da sua empresa, algum tempo depois de sua realização, por intermédio da Cia. Telefônica Nacional da Espanha, quando esta encaminhara consulta e pedido de apoio para a proposta de redução de tarifas para a televisão. E assim foi.

Pessoalmente, eu soube da reunião em comentário de Helios Alvarez, diretor da Screen Gems-Columbia Pictures para a América do Sul e amigo de Osvaldo Barzelatto, organizador oficial da mesma. As listas de presença e a integra de documentos e de algumas resoluções aprovadas foram conseguidas de Eduardo Reyna, que lá estivera como delegado de Venevision, de Caracas.

Em fins de outubro, Eduardo Reyna esteve no Rio de Janeiro para convidar as emissoras brasileiras já para as II Jornadas, programadas para o dia 19 de novembro, em Caracas. Na ocasião, mandou fotocopiar o resumo de todo o material que trazia sobre os encontros do Chile e fez questão de frisar não serem os documentos oficiais, cuja distribuição deveria ocorrer na Venezuela três semanas depois. Os papéis a que tive acesso e o relato de Eduardo Reyna me demonstraram a grande importância da Companhia Telefônica da Espanha, presente em Santiago menos como transportadora de sinais e muito mais como integrante da Radio e Televisão Espanhola, porque alugara à RTVE a operação total das transmissões de televisão das estações terrenas de Buitrago e de Aguimes. Foi, realmente, a Telefônica Espanhola o veículo acionador de todos as gestões positivas pela redução de tarifas de satélite e pelo estabelecimento de condições especiais para a TV, uma indiscutível vantagem, que viria a tornar mais atraente e definitiva a idéia de OTI.

De Santiago do Chile saíram com posições ajustadas e favoráveis à televisão: a Cantv, da Venezuela; a Secretaria de Comunicações, do México; a Entel, do Perú; a Entel, da Argentina; a Telecom, da Colômbia; a Intercomsa, do Panamá; a Entel do Chile e a Telefônica, da Espanha. Ou seja, todas as estações terrenas, no momento operando em nossa área de interesse, menos a Embratel, do Brasil.[18]

As emissoras de televisão presentes eram: a TV Nacional, do Chile; a TV Universidade Católica, canal 13; TV da Universidade do Chile, canal 9; o Canal 4, de Valparaiso; os canais 11 e 13, de Buenos Aires; o canal 5 – Pan-Americana, do Perú; canal 4, Venevision, de Caracas; Inravision, da Colômbia; Canais 2 e 4, do Panamá, Telesistema Mexicano e a Radio e Televisão da Espanha.

Rigorosamente não se podia dizer que Inravision era uma televisão. Dentro do regime único adotado na Colômbia, Inravision é um ente estatal proprietário de canais, transmissores, estúdios e equipamentos de televisão, mas fundamentalmente sua programação é feita por terceiros, num regime de quotas, distribuídas em licitação pública, com os concessionários limitados a determinado número de horas de transmissão semanal. A tal ponto, por exemplo,

[18] Lamentavelmente, Mexico e Panamá não prestigiaram seus representantes e suas estações terrenas não partiparam imediatamente das tarifas especiais para o SIN.

que, em certos casos, partidas de futebol necessitavam um acordo de várias produtoras para poderem ser transmitidos os 90 minutos de jogo.

O Chile fora o país pioneiro da América do Sul na operação de uma estação terrena para "rastreio de satélites artificiais", como se dizia na época. Mas a sua televisão adotara um regime completamente distinto dos demais países latino americanos, com preponderância para os canais destinados à operação, mesmo comercial, das Universidades. Destacava-se o canal 13, a Universidade Católica, que liderava as preferências com sua programação eclética e transmitia publicidade, competindo pela audiência com o principal Canal do Estado. O formato chileno favorecia os produtores independentes e distribuidores de programas estrangeiros. Alguns deles foram muito bem sucedidos, como Osvaldo Barzelatto, considerado entre os maiores e mais bem equipados produtores do país e líder de audiência.

Ao assumir a presidência da República, à frente do Partido Democrata Cristão, Eduardo Frei mostrou interesse pela melhoria do canal estatal e convidou Osvaldo Barzelato para ser o gerente geral da TV Nacional, função que tinha sob seu controle direto também as relações internacionais no setor de comunicações. Foi resultante de um contato com os espanhóis, em uma das viagens de serviço de Barzelatto à Europa, o oferecimento de Santiago para sediar a reunião que a Televisão Espanhola pensava realizar na América.

*O presidente Eduardo Frey, do Chile, tendo à sua esquerda, Osvaldo Barcelato, diretor da Televisão Nacional, fala aos participantes das I Jornadas Iberoamericanas de Comunicações, via Satélite, ao recebê-los em 16 de outubro, no Palacio de la Moneda, em Santiago do Chile.*

Coube naturalmente à TV Nacional do Chile, na pessoa do seu gerente geral, a presidência das I Jornadas Ibero-Americanas de Comunicações via Satélite. Luís Ezcurra, como RTVE, pelas emissoras; e Francisco Lozano, da Colômbia, pelas estações terrenas, foram escolhidos como Vice-Presidentes.

Quando os trabalhos iam ser instalados, em 12 de outubro, Osvaldo Barzelato já sabia que não continuaria na TV Nacional do Chile. O candidato governamental fora derrotado nas eleições gerais, dias antes, prevendo-se (como de fato aconteceu) uma completa reviravolta na vida do país. O marxista Salvador Allende havia sido o mais votado, mas obtivera apenas 36% dos votos. Para ser presidente dependia ainda de confirmação do Congresso, onde os conservadores e democratas cristãos, unidos, possuíam sólida maioria. Mas, quando o presidente Eduardo Frey recebeu, no Palácio de la Moneda, no dia 19 de outubro, os participantes das I Jornadas já se sabia que a tradição chilena de respeito ao mais votado nas urnas seria mantida. Cinco dias depois, Allende seria confirmado pelo Congresso Nacional como vitorioso e deveria assumir a chefia do Governo, como fez, dez dias depois, no dia 3 de novembro de 1970.

Se os compromissos da TV Nacional poderiam não ser tão definitivos, os acordos assinados com a Entel chilena teriam de ser respeitados se Allende – o primeiro dirigente marxista eleito livremente nas Américas – quisesse continuar a ter o Chile se comunicando normalmente com o resto do mundo.

O principal dos acordos de Santiago era o que estabelecia um período de provas, durante 90 dias, para o intercâmbio de notícias para televisão, via satélite, com tarifas reduzidas à metade, ou seja US$450,00 pelos 10 minutos iniciais e US$18,00 por cada minuto adicional. O noticiário seria baseado em cinco a dez minutos de notícias originárias da Eurovisão e complementadas até cobrir dez minutos mínimos por notícias provenientes da hispano-américa. Nascia ali o que viria a se chamar Serviço Ibero-Americano de Notícias (SIN), núcleo avançado da futura OTI, para o que estava plenamente preparada a Televisão Espanhola.

Outra decisão fundamental, sobretudo pelo número de estações terrenas presentes e que apoiavam a proposição, foi a comunicação oficial ao COMSAT do texto da recomendação nº 1, das I Jornadas, com comentários considerando elevadas as tarifas e afirmando que se tais preços não fossem revisados, seria o próprio Comsat que estaria impedindo o desenvolvimento das comunicações via satélite, "frustrando assim a difusão do conhecimento e do progresso dos povos, um dos postulados do Consórcio Intelsat."[19]

[19] INTELSAT, em rápido esclarecimento, é o organismo internacional de governos, responsável pelos segmentos espaciais e satélites; e o COMSAT o gerente do mesmo.

# RECOMENDAÇÕES CLARAS

As I Jornadas mantiveram suas duas preocupações de reuniões anteriores: criar uma entidade continental de televisão, mas não entrar em conflito com a Associação Interamericana de Radiodifusão. Estes foram os temas de duas recomendações.

A primeira dava ao Sr. Osvaldo Barzelatto a condição de coordenador geral efetivo "**até que surja um organismo permanente que sirva aos fins para que foi convocada esta primeira reunião**" e deixando o assunto ainda mais claro afirmava no segundo parágrafo, ao resolver constituir um grupo de trabalho permamente para assessorar o coordenador "**enquanto se decidia sobre a estrutura de um organismo permanente em reunião expressamente convocada para tal fim, que será sempre depois da já determinada para novembro de 1970, na cidade de Caracas**".

A outra recomendação era simples, direta e muito clara. Estava assim redigida, na íntegra:

**"Considerando: a informação da Televisão Espanhola de ter recebido o encargo da União Européia de Radiodifusão (UER) de contatar, em forma conjunta se possível, as estações de televisão latino-americanas; e a proposta da delegação da Televisão Nacional do Chile no sentido de incluir na agenda destas Jornadas Ibero-americanas de Comunicações via Satélite o ponto VII chamado "Análise da possibilidade de criação de uma União Latino-Americana de Emissoras de Televisão" e especificamente a sugestão de n. 4 sobre a "criação de uma comissão de estudos", mais as várias posições defendidas por diversos delegados durante os debates, que em geral se podem resumir nas seguintes:**

A – Buscar uma fórmula mediante a qual se agrupem todas as empresas de televisão latino-americanas, tanto privadas como estatais, para aqueles fins que lhes sejam comuns.

**B – Tratar de ver a possibilidade de compatibilizar esta idéia com a existência da AIR, ou seja tentar conseguir que a AIR modifique os seus Estatutos e receba sugestões neste sentido.**

SE ACORDA:

1 – Nomear um grupo de trabalho que analise as diversas necessidades operacionais do conjunto de empresas de televisão latino-americanas.

2 – Celebrar uma reunião deste grupo de trabalho em Caracas, nos dias 16 e 17 de novembro de 1970 para que, após ouvir o pensamento das diversas empresas que participam destas Jornadas, emitam um informe sobre as necessidades operacionais conjuntas.

**Estabelecidas estas necessidades no Informe antes descrito, contatar a AIR afim de que a mesma se pronuncie sobre a sua possibilidade de satisfazer estas necessidades. Para as gestões se contará com a ajuda dos atuais delegados que são membros da AIR.**

É impossível deixar de estranhar o texto desta recomendação das I Jornadas. Não por seus propósitos expressos nos itens 1 e 2. Mas pelas duas frases do parágrafo final, em que se menciona a AIR, mais de uma vez. Por viver e trabalhar em seu país, o Chile, e ser dirigente da associação nacional de emissoras privadas de radio, Daniel Ramirez foi informado da realização do encontro de televisões e se comunicou com a direção geral da AIR em Miami, nos Estados Unidos, por intermédio da sócia institucional, a Associação de Radiodifusoras do Chile (ARCHI). Segundo informações obtidas com o presidente Herbert Evans não se conhecia a agenda da reunião, cujo objetivo fundamental era estudar melhores condições para as comunicações via satélite. Daniel Ramirez foi autorizado e aceito como "observador" pelos organizadores do encontro em Santiago.

Em condição de observadores estavam também os delegados da CEPAL, da ABC Internacional de New York e do Comitê Episcopal Latino-americano. Informou, mais tarde, Daniel – um radiodifusor totalmente dedicado ao rádio e sem nenhum vínculo com televisão, – que jamais viu constar de qualquer agenda um item sobre fundação de uma nova entidade e não estava presente à sessão que aprovou a resolução. Nada, porém, impediria que lhe encaminhassem cópia da mesma, para seu conhecimento e providências, se as julgasse necessárias. Por isso é justo que se estranhe a forma proposta na resolução para seu encaminhamento à AIR. Os delegados sabiam da existência de um representante da mesma na reunião, embora alegassem, mais tarde, que não tiveram oportunidade de encontrá-lo naqueles três dias em Santiago.

É evidente que todos os delegados de televisão – e ao dizer todos incluo os espanhóis – sabiam perfeitamente como era a estrutura da AIR e da sua total impossibilidade de atender às necessidades provavelmente relacionadas em um Informe, como o pretendido.[20] Nem a AIR, independentemente de prazo, nem qualquer outra entidade, em, apenas, 30 ou 60 dias seriam capazes de dizer corretamente as necessidades operacionais conjuntas das televisões da Ibero-América, se é que se pode definir alguma coisa sem conhecer exatamente o desejado. Aos espanhóis não cabe nenhuma restrição, mesmo porque, o assunto não era de sua competência. Havia ademais representantes de vários canais de TV da América e até um observador credenciado do destinatário do pedido". A decisão de chegar à entidade por outros meios é dos signatários da proposta aprovada e está concreta e perfeitamente expressa na afirmação de "as gestões contarão com a ajuda dos delegados que são membros da AIR".

A ajuda nas gestões, viemos saber meses depois em Miami, ficaram limitadas aos argentinos que comunicaram o assunto à ATA – Associação de Televisões Argentinas," para as providências cabíveis." Providências estas tomadas dentro dos trâmites normais, conforme relatado logo em seguida no capítulo dedicado ao papel da AIR nos movimentos de que resultaram a fundação da OTI.

[20] Se o Informe foi preparado pelo Grupo de Trabalho permanente, como queriam em Santiago do Chile, nunca pude saber. Por isso, se ele foi feito, desconheço o que desejava saber e como enfocava o aspecto das necessidades operacionais conjuntas da TV na Iberoamerica.

# CARACAS – 1970

Havia comprometido a presença da TV-Tupi em Caracas. Primeiro, a Eduardo Reyna e depois a Juan Palli, que também esteve no Rio de Janeiro. Na presença de ambos, falei telefonicamente com Joseph Wallach, na TV Globo e ele prometeu uma posição definitiva da Globo, quando Walter Clark, diretor geral, regressasse de uma viagem ao Exterior. Acabou não havendo nenhuma resposta e fui sozinho à Caracas.

No dia 19 de novembro, no pequeno e super-refrigerado auditório da CANTV – Companhia Telefônica de Telefonos – éramos poucos os estrangeiros presentes à abertura dos trabalhos das II Jornadas Ibero-Americanas de Comunicações via Satélite. Desta vez, não havia representantes de estações terrenas, apesar de ser o local a sede de uma proprietária de estação terrena. A exceção era a Companhia Telefônica da Espanha, mais uma vez muito mais Televisão Espanhola do que telefônica; e na mesma situação estava Jacopo Aepli, o anfitrião, muito mais o diretor do estatal canal 5, de Caracas, do que da CANTV.

Vale relacionar aqui os observadores presentes – Marcelo Mancini e Luigi Casini – da RAI italiana e os delegados:

Juan Carlos Sanchez, Osvaldo Parodi e Juan Palli – da Argentina – os mesmos delegados em Santiago.

José de Almeida Castro – Brasil – (primeira e única presença não hispânica).

Omar Pabst, Osvaldo Barzelatto e Enrique Fiora – do Chile. À exceção de Barzelatto, novos delegados.

Luis Ezcurra, Felix Fernandez Shaw, Tomás Garcia, Eduardo Gavillán, da Televisão, os mesmos de Santiago e Alfredo Barjan substituindo Luis Terol, da Telefônica – da Espanha.

Roberto Kenny, Oscar Gutierrez e Germán Adalid – do México – os mesmos de Santiago.

José Cardona e Mário Velasquez – do Panamá – primeira participação.

Eduardo Reyna, Oscar Yanes, Felix Cardona, José Naranjo, Humberto Farfan, Alfredo Ferrara, Guillermo Tucker, Marcel Granier, Armando Enrique Guia, Gonzalo Fernandez, Gustavo Cisneros, Enrique Cuscó, Rodolfo Rodriguez, Valeriano Umpierrez, Hector Ponsdomenech, Arturo Sosa, Tulio Inestrosa, Santiago Aguerreve e Efrain Saury – Venezuela.

Apesar de anfitrião e de ter estado presente em todos os momentos, Jacobo Aepli não consta em nenhuma lista oficial de presença. Venevision aparece com sua maior hierarquia, diretamente comandada por Gustavo Cisneros, o líder do Grupo; e a Câmara Venezuelana de Television, sócia institucional da AIR, está representada pelo seu presidente Felix Cardona Moreno e pelo seu secretário geral José Naranjo.

Logo no início dos trabalhos, Luís Ezurra[21] comunicou a aprovação da Eurovisão para o

[21] Luis Ezcurra voara de Santiago do Chile, quando ainda se realizavam as sessões das I Jornadas, diretamente para uma reunião da Comissão de Programas da Eurovisão em Zagreb, na Iugoslavia, no dia 16 de outubro, o que dá bem uma idéia do interesse da Televisão Espanhola.

intercâmbio de notícias via satélite, com o período experimental devendo se iniciar em 1 de fevereiro de 1971. Osvaldo Barzelatto leu a resposta do presidente do Intelsat, Sr. John Johnson, ao ofício enviado por decisão das I Jornadas, informando ter sido aceito pelo Comitê que presidia um pedido do Brasil, Espanha, Portugal, México, Venezuela, Colômbia e Chile propondo o pró-rateio nas transmissões para múltiplos destinos.

O apoio das administrações do Brasil e de Portugal – que não haviam sido convidadas para as I Jornadas e assinaram o pedido ao Intelsat, – se deve às negociações desenvolvidas pela Telefônica da Espanha.

Detalhes técnicos sobre normas e períodos de provas técnicas foram abordados em vários documentos, sem nenhuma dúvida muito importantes, como significativo foi o interesse e o apoio da RAI, que gestionara junto a Telespazio, a proprietária da estação terrena italiana para aplicar os mesmos índices de redução de tarifas no intercâmbio de notícias com a América Latina.[22]

Mas o assunto principal, agora e urgente, ainda que alguns duvidassem e minimizassem sua importância, era a criação do novo organismo internacional que o México queria, a Espanha esperava há alguns anos e convinha à Argentina e à Venezuela, para mencionar apenas os líderes do projeto. Ele foi o número um. A Juan Palli, com toda a sua habilidade, coube a tarefa – e já lhes digo não era difícil como imaginavam – de pavimentar o caminho para não haver encruzilhadas de choque com a AIR, que tinha na sala um conselheiro e antigo presidente [23], um membro de seu Comitê Jurídico e um conselheiro titular e candidato à presidência. Os cuidados de Palli não foram suficientes para impedir falhas e por escrito. A Secretaria, em dois documentos oficiais, por equivoco, intenção ou traição de sub-consciente, mencionou "mensagens de telex e expedientes enviados a países membros da <u>OTI</u>" (o destaque é nosso) por Osvaldo Barzelatto, em sua qualidade de presidente das I Jornadas, cobrando respostas de solicitações de redução das tarifas de estações terrenas. E o próprio Barzelatto entregou para divulgação, entre os documentos finais, o telex que recebera de Luís Eduardo Fonseca, da Inravision, onde este confirma o texto da mensagem enviada de Bogotá para Santiago, em resposta a uma carta datada de 30 de outubro de 1970 do presidente para os vice-presidentes das I Jornadas – ele e Luis Ezcurra. A mencionada carta jamais, ao que saiba, foi divulgada. A resposta colombiana aparece nos documentos de Caracas entre as mensagens recebidas e dizia textualmente:

"Sr. Osvaldo Barzelatto – Santiago do Chile – 10 de novembro de 1971 – Referindo-me à sua carta de 30 de outubro passado para os vice-presidentes das Jornadas Ibero-Americanas de Comunicações via Satélite. Como representante legal da Inravision, permito-me reiterar-

[22] A RAI vinha demonstrando grande interesse pela América do Sul, tendo inaugurado seu primeiro escritório em Montevidéu, no Uruguai, sob a direção de Luigi Casini.

[23] Felix Cardona Moreno havia sido presidente da AIR antes do norte-americano Herbert Evans e não tinha nenhuma vinculação funcional com Venevision.

lhe que a Colômbia apoia a procura de uma fórmula que agrupe a totalidade das empresas de televisão latino-americanas, para fins comuns, assim como a constituição de um grupo de trabalho para analisar as necessidades e aspirações das diferentes empresas. Igualmente comparte dos propósitos da reunião de Caracas para que se prepare um Informe sobre as necessidades e a situação em conjunto. Da mesma forma, permito-me ratificar-lhe nossa posição favorável a que o organismo que venha a surgir seja independente de qualquer outro hoje existente. Permito-me também oferecer, desde logo, a Bogotá como sede para a reunião seguinte à de Caracas. Rogo-lhe aceitar as expressões de minha admiração e amizade. Cordialmente. Luis Eduardo Fonseca, diretor de Inravision."

Aliás, o Sr. Fonseca era, sob muitos aspectos, muito mais cauteloso do que os redatores de uma resolução, que acabou tomando o n. 1 entre os documentos de Caracas. Coube à Eduardo Reyna e à Juan Palli serem imensamente simpáticos comigo, quando cortesmente me submeteram para discussão em separado o texto de uma recomendacão ainda não apresentada em plenário de reunião. Depois de ouvir a leitura feita por Palli disse-lhes que não via nada a opor e rejeitei a sugestão de, mais uma vez, serem incluídas referências ao respeito devido à AIR como a única e mais antiga das associações. Reyna discordou da omissão à AIR, lembrando ser necessário dar uma satisfação ali mesmo a Felix Cardona Moreno, que era o presidente da Câmara Venezuelana de TV e a Hector Pondsdomenech, cuja posição contrária conhecia, embora sabendo de sua disciplina no cumprimento das determinações de interesse do grupo a que emprestava com imenso entusiasmo e lealdade o brilho do seu talento. Insisti em minha situação pessoal de Conselheiro e mais do que isso de candidato à Presidência da AIR. Além do mais, disse com toda a cordialidade e o respeito que o próprio nível do encontro sugeria, era a hora de dispensar os rodeios e partir para fazer aquilo que profissionalmente deveríamos recomendar. Concordamos todos que somente nos momentos de crises institucionais a AIR era lembrada, o que mais mostrava sua importância e que precisávamos preservá-la. Para tal, era essencial ajudar a AIR a sobreviver em sua luta. Na minha opinião, de nada servia ficar escondendo a verdade, nem era a hora de arriscar-se enfrentando frentes internas e externas com transformações para que não se estava preparado. Deveríamos votar a resolução e prosseguir estudando o assunto mais amplamente na reunião do México – era a minha posição claramente expressa. Decorridos 26 anos, há pouco tempo, Eduardo Reyna me confessou que não quisera me dizer que a próxima reunião no México teria que ser a definitiva.

Não iríamos à capital mexicana para mais uma rodada de negociações preliminares. Chegara o momento da ação das conclusões.

[24] Na sessão solene dos 25 anos, Emilio Azcarga foi convidado a falar, e por sinal fez um eloquente, útil e objetivo pronunciamento. Ao apresentá-lo Cañedo declarou que o convidara para dirigir-se à Assembléia porque fora ele, Emilio Azcarga, quem sugerira transformar as III Jornadas em uma organização, que poderia se chamar OTI.

A decisão final – a fundação da organização –, OTI ou que outro nome tivesse, seria no México, em março de 1971.[24]

O documento sem nenhuma alteração, foi rápida e integralmente aprovado no último dia das reuniões, em Caracas, com o seguinte texto:

RESOLVEM:

1 – "**Constituir-se em grupo de trabalho permanente para redigir um projeto de Estatutos destinados à fundação de uma Organização de Televisoras Ibero-Americanas (OTI), de caráter não lucrativa e que tenha como objetivo promover, manter e incrementar as relações entre os Organismos e Empresas de Televisão dos país de língua espanhola e portuguesa.**

2 – **Reunir-se para tal fim no México entre os dias 15 e 21 de março de 1971.**

3 – **Uma vez aceito o projeto pelos organismos de televisão representados em Santiago do Chile e Caracas, os mesmos convidarão todos os organismos e empresas de televisão dos países de língua espanhola e portuguesa para que o estudem devidamente, em que prazo e em que condições estabelecidas no mesmo possam fazer parte da Organização de Televisoras Ibero-Americana(OTI).**

Aliás, por mais que me esforçasse para estar bem informado, muita coisa não chegava ao meu conhecimento. Outro exemplo de fato importante: em 1970, em Caracas, ou onde quer que nos tivéssemos encontrado, Eduardo Reyna falou muito de futebol, seu esporte preferido, mas jamais mencionou transmissões da Copa do Mundo 74. Se sabia então, não me disse.

Logo após as reuniões na CANTV da Venezuela soube por Angel Garcia, que trabalhava no México para a Pan-Americana Internacional do Perú, queTelesistema Mexicano já estava em negociações para o Mundial da Alemanha, usando a opção decorrente do ajuste na abertura do contrato anterior com a FIFA. Nada impossível de estar acontecendo, nem incorreto. Pelo contrário, altamente positivo para os mexicanos, que, como sempre, continuavam bem alertas e atuantes.

As III Jornadas Ibero-Americanas de Comunicações via Satélite realizadas no México passariam a ser as últimas,[25] em seu encerramento, seria proclamada como constituída a Organização da Televisão Ibero-Americana – (OTI) e aprovados por aclamação seus primeiros Estatutos. Antes de conversarmos sobre as Jornadas mexicanas, consideradas como o desaguar das duas forças promotoras do nascimento da entidade, vamos relembrar o papel do futebol, como fizemos, com a arrancada espanhola em todo o processo. Vamos esclarecer melhor o papel desempenhado pela AIR – então a Associação Interamericana de Radiodifusão; e especule-mos juntos porque passou a ser ibero-americano, para ter Brasil e Portugal, aquilo que, em suas origens, sempre se pensou ser apenas dos "hispano parlantes".

[25] - V. cap.específico adiante.

Capítulo 4

# PODERIO DO FUTEBOL

O futebol é o esporte mais difundido no mundo. As equipes nacionais e os grandes clubes, ainda que provocando debates, paixões e divergências ao se enfrentarem, são fatores de aproximação entre os povos. Em nossos dias, seus fanáticos seguidores andam envolvidos em violentos episódios, com mortos e feridos em estádios e nas cidades onde se disputam os grandes jogos. Porque o esporte é paixão.

O futebol já levou mesmo ao absurdo de uma guerra[26]. Mas a sua capacidade de juntar milhões de pessoas, independentemente de raças, credos ou ideologias é indiscutível. Atração de primeira grandeza como espetáculo, o futebol encontrou na televisão o veículo ideal para sua maior expansão. Em contrapartida, tornou-se o motor de importantes iniciativas no campo das telecomunicações dirigidas às massas. Não foi simples coincidência a Eurovisão ter nascido com as transmissões do Campeonato Mundial de Futebol na Suiça, em 1954. Seu idealizador e principal propulsor, Marcel Bezançon, diretor da Televisão Suiça, era um apaixonado pelo futebol e muitas vezes escreveu que os esportes em geral e uma boa partida

[26] - Honduras e El Salvador, duas pequenas nações centro-americanas vizinhas e amigas, mobilizaram suas forças armadas para um conflito conhecido como a "guerra do futebol". No grupo 13 das eliminatórias para o Campeonato Mundial do México de 1970, Honduras vencera o primeiro jogo em Tegucigualpa, sua capital, por 1 a 0. A partida de volta foi em San Salvador e os salvadorenhos ganharam por 3 a 0. Ambos os jogos foram tumultuados e a decisão teve que ser levada para um campo neutro, o México. Por 3 a 2, na prorrogação, El Salvador venceu e se classificou. Honduras inconformada partiu para o conflito armado, solucionado com a mediação internacional e a ajuda da Associação Interamericana de Radiodifusão, a AIR.

de futebol em particular eram o melhor espetáculo que a televisão poderia proporcionar. Nem é desconhecido o interesse da FIFA[27] pela cobertura televisiva de seus campeonatos. Em abril de 1958, a Suécia foi conectada à rede de transmissões diretas da Eurovisão a tempo de poder transmitir para toda a Europa a Copa do Mundo, que iria realizar-se em junho. Naquele momento, os direitos de transmissão eram praticamente inexistentes.[28] O Campeonato Mundial de Futebol seguinte, em 1962, já foi disputado na era do video-tape, recém implantado pela TV.

O Chile, sede da competição, não estava preparado e não teria condições de realizar a cobertura para a televisão. A solução veio da cidade do México. Em arrojada e inédita operação para a época, o Telesistema Mexicano enviou, em aviões militares de transporte pesado, para Santiago do Chile e para as cidades sedes dos Grupos no interior chileno, equipes de produtores e técnicos, com unidades móveis, toneladas de modernos equipamentos de geração e gravação de imagens.[29] De comum acordo com a FIFA e com o Comitê Organizador todos os jogos foram gravados, na integra, em fita magnética. Coube ao Telesistema Mexicano negociar com as emissoras da América Latina um pacote, onde direitos e serviços estavam englobados no preço.

A Eurovisão não quis participar da iniciativa e preferiu mobilizar equipes próprias de técnicos e de cinegrafistas, realizando cobertura em filmes de 16 milímetros, que eram enviados, por via aérea, para processamento e edição na Europa. Para os brasileiros, a cobertura foi importantíssima e uma grande atração de audiência e de patrocinadores. O Brasil, que ganhara a Copa em 1958 na Suécia, acabaria se tornando bi-campeão mundial.

A norma de adquirir direitos começou, praticamente, com a Copa do Mundo de 1966, na Inglaterra. Nos primeiros dias de março de 1965, Peter Dimmock, diretor da BBC, foi procurado em Londres e informado do interesse da TV Tupi em transmitir os jogos da Copa do Mundo que iria ser disputada em seu país. Assegurou-me, imediatamente, que teríamos da BBC, geradora das imagens, a custo nominal, todos os serviços técnicos para as gravações, desde e quando obtivéssemos os direitos de televisão para o Brasil.

A TV Tupi já era membro associado da União Européia de Radiodifusão e esta posição

[27] - Federação International de Futebol Association, entidade máxima do esporte, que congrega 165 nações do mundo, com sede em Zurich, na Suiça, presidida pelo brasileiro João Havellange.

[28] - Em março de 1958, Marianne Lamby, chefe de relações exteriores da Sveriges Radio - a Televisão da Suécia - negociou com a TV Tupi, do Rio de Janeiro, por meu intermédio, a exclusividade para o Brasil dos kinescópios dos jogos da Copa por US$5.000,00 (cinco mil dolares norte-americanos), praticamente o custo do material e do serviços dos operadores encarregados das cópias.

[29] - O engenheiro Victor Rojas, que esteve comigo em grandes jornadas de grupos operacionais da OTI, participou da operação no Chile, que se deliciava em relatar como demonstração de pulso e de firmeza de um comando capaz de entusiasmar ao máximo as equipes realizadoras. Estivemos juntos nas festas dos 25 anos da OTI. Victor continuava um entusiasta do que faz e competente. Agora, porém estava desempregado e ainda não refeito do choque de ter sido demitido poucos dias antes pela televisão.

facilitava os entendimentos. Em Londres, Peter Dimmock me acompanhou, gentilmente, em uma visita, que ele mesmo havia marcado, em Ladbroke Grove, à casa de Sir Stanley Rous, presidente da FIFA.

Dias depois, em Zurich, na Suiça, em Hitzweg, na velha casa que era sede da FIFA e residência do secretário geral da entidade, Sr. Helmut Kaser, adquirimos os direitos exclusivos de transmissão por televisão e rádio, para todo o território brasileiro, para a TV-Tupi.[30]

Em julho de 1966, a cobertura em vídeo tape demandou uma trabalhosa e cansativa operação. A TV Tupi, do Rio de Janeiro, comandava o pool, encarregando-se de recolher as fitas magnéticas enormes, na Inglaterra, gravadas, em preto e branco, pela BBC em Londres. Convertidos, em tempo record, pela própria BBC, logo após o final dos jogos, para o padrão de 525 linhas, 60 ciclos,[31] os tapes deveriam ser entregues, antes da meia noite do dia do jogo que se realizava à tarde, a um tripulante da extinta Panair do Brasil, a bordo de um "Constellation" que, dependendo do dia da semana, decolasse dos aeroportos de Londres, Paris ou de Lisboa. Chegando ao Rio de Janeiro, na manhã seguinte, os tapes eram duplicados para serem distribuídos, via aérea, às emissoras de todo o Brasil. A exibição, no período noturno, era feita em horário comum a todas, previamente estabelecido.

A operação funcionou com o mínimo de falhas, até o final da Copa, apesar da frustrante eliminação da seleção brasileira de futebol nas oitavas de final.[32]

30 - As discussões não foram fáceis, nem agradáveis. Embora sem ser propriamente grosseiro, o sr. Helmut Kaser nos recebeu, de forma fria e distante, com seu gato de estimação no colo, sentado no sofá da pequena sala, logo após a entrada pelo n. 11, da Hitzweg. Claramente, declarou não acreditar que pudessemos pagar qualquer importância e por isso dispunha de pouco tempo para conversarmos. Mas acabamos chegando a um entendimento: 80 mil libras esterlinas, com exclusividade para as emissoras de propriedade ou filiadas à TV Tupi do Rio de Janeiro, cuja relação exigiu. Em junho, com tudo pago e acertado e agora o sr. Kaser sorrindo, voei a Zurich para alterar o contrato: um protocolo de "não exclusividade para todos os jogos da seleção nacional" obrigava a formação de um "pool"nacional. Quinze dias antes da abertura da Copa, o preço dos direitos pulou para 120 mil libras esterlinas, para satisfação da FIFA.

31 A Europa utilizava três padrões de geração de imagens em preto e branco para a TV, todos em 50 ciclos (25 quadros por minuto), variando o numero de linhas que formam a imagem final: 405 (ou 625)na Inglaterra; 819 na França e 625 também na maioria dos outros países. O Brasil, como os Estados Unidos, o Japão e quase todos os países americanos, utilizava 60 ciclos (30 quadros) e 525 linhas. A operação de conversão de sincronismo das imagens é imprescindivel para a reprodução das gravações registradas em padrões diferentes.

32 Cumpro um dever, aproveitando esta oportunidade, para registrar o excelente trabalho de planejamento e coordenação da sra. Anna Santori, que, para o sucesso completo do esquema, voou muitas vezes entre Londres-Paris e Lisboa, com as caixas de tapes nas mãos e, com a colaboração dos comandantes, conseguiu, em algumas noites, retardar a saída dos voôs para o Brasil. Foi sua última tarefa para a TV-Tupi antes de se tornar secretária executiva da Embaixada do Brasil junto ao Vaticano. Anna, que não gostava de futebol e nunca tinha assistido a um jogo ao vivo, ficou, imerecidamente, no anonimato até este registro 30 anos depois.

# OS SATÉLITES

Em 1962, os satélites de comunicação deram suas primeiras voltas em torno da Terra. O Telstar era assíncrono e, como tal, permanecia alguns períodos do dia na "sombra". Logo dois anos depois, em 1964, os Jogos Olímpicos de Verão no Japão tinham sido vistos ao vivo nos Estados Unidos, via Syncon (Pacífico) um satélite que trazia as imagens até à Califórnia. De lá, os sinais seguiam por links físicos de micro-ondas até Montreal, no Canadá, onde resumos eram editados e transmitidos via relay Atlântico para a Eurovisão.

Seguiu-se Early Bird que iniciou, então, a seqüência do Intelsat, com satélites síncronos com os movimentos da terra, de alta confiabilidade. Em abril de 1965, Europa e Estados Unidos estabeleceram os serviços de transmissão de notícias via satélite, tornados permanentes nos últimos dias de junho, quando o Intelsat I iniciou suas operações comerciais regulares.

A Televisão, que conquistara novas fronteiras com o advento do vídeo tape, tornara-se verdadeiramente internacional, com os satélites.

# MAIS UMA VEZ PIONEIRO

Enquanto o Brasil realizava um grande esforço para levar os jogos da Copa da Inglaterra às telas dos receptores brasileiros, com os vídeo tapes, Telesistema Mexicano, mais uma vez, marcava posição de pioneiro. As finais da Copa do Mundo de 1966 foram transmitidas para o México, ao vivo e em direto. Emilio Azcarga Milmo[33] sempre incluiu entre as suas qualidades saber enxergar bem o que pode ser bom para seus negócios. E, se possível, antecipar-se. Observador arguto e inteligente, bem informado, ao transmitir pelas novas vias espaciais jogos do Mundial da Inglaterra, Azcarga olhava adiante: 1970, quando a Copa do Mundo seria disputada no México, onde geração de imagens e som e controle de transmissões estariam em mãos do Telesistema Mexicano, em suas mãos. Para completar o quadro e

[33] Don Emilio Ascarraga foi um verdadeiro patriarca das comunicações no México. Pioneiro, querido e respeitado em todo o Continente, don Emilio deixou sua marca pessoal no cinema, na música, no disco, no radio e na televisão. Seu filho e principal herdeiro - Emilio Ascarraga Milmo -(Emilito)- era um dos diretores e donos do Telesistema Mexicano, a união de três canais de TV da cidade do México, com extensa rede nacional de emissoras. (Posteriormente, aos três canais juntou-se seu mais forte concorrente, formando a holding "Televisa").Para seus inimigos, "El Tigre", como costumava ser chamado, é um homem calculista, frio, vingativo e difícil de lidar. Para os seus amigos, um ousado, exigente e compulsivo realizador, dotado de temperamento especial e de qualidades natas de liderança. De todos, um reconhecimento: Emilito é um homem de visão privilegiada, empresário firme e duro nos negócios, mas apaixonado e determinado em seus propósitos de levar adiante e tornar vitoriosos seus empreendimentos. Capaz de selecionar e unir profissionais de personalidades distintas e de grande competência em arrojadas iniciativas, Emilio Ascarrca Milmo construiu e consolidou um império, temido sim, mas respeitado. Apesar dos muitos contatos que tivemos, do apoio recíproco em diversas ocasiões em que Telesistema necessitou serviços no Brasil a a TV Tupi, no México, diria que nossas relações, salvo raros momentos, como nas negociações da Copa de 1970, sempre foram cordialmente profissionais.

*Durante buffet na cidade do Mexico, em primeiro plano, Guillermo Cañedo, João Havellange e Emilio Ascarga Milmo, presidente de Televisa.*

torná-lo perfeito só faltavam os direitos de transmissão. Simultaneamente, com o anúncio de sua decisão de levar ao México, via satélite, imagens ao vivo dos jogos da Inglaterra, Emilio Azcarga negociou com a FIFA um contrato de direitos mundiais exclusivos da Copa do Mundo de 1970 para o Telesistema Mexicano.

## ROMPENDO TRADIÇÕES

À exceção do Chile, em 1962, a que já nos referimos, era a União Européia de Radiodifusão a única interlocutora da FIFA em matéria de transmissões de radio e TV. A Eurovisão, por suas emissoras e em nome dos países socialistas[34], era sempre ouvida em primeiro lugar. A tradição ia se romper. Para a FIFA, a proposta mexicana era tentadora e irrecusável, facilitava a vida de todos e traria dinheiro garantido de onde jamais se imaginara pudesse haver qualquer pagamento por direitos, como a África e a Ásia. Jamais vi revelado o valor

[34] As emissoras do Leste Europeu formavam um bloco, liderado por Moscou, constituindo a OIRT, com sede em Praga. Os países árabes (Argélia, Marrocos e Tunisia) da chamada área européia de radiodifusão estavam ligados à Eurovisão.

exato da transação entre Telesistema Mexicano e a FIFA. Para Emílio Azcarga ter nas mãos de sua empresa o controle total de um grande evento para a televisão já não tinha preço. Ele experimentara, com sucesso, o satélite e sabia que, doravante, não mais seria necessário montar operações complicadas como a da TV Tupi, na Inglaterra, na Copa de 1966. Tudo seria muito simples: do México, do Telesistema Mexicano, sairiam ao vivo, em direto, para todo o Mundo as imagens e o som dos jogos, na mesma hora em que estavam sendo disputados nos estádios mexicanos, no seu Estádio Azteca.

Quanto isto valia ?

Era partir para planejar toda a operação em seus mínimos detalhes. Ainda faltavam mais de 4 anos. O fundamental estava assegurado: o contrato com o dono dos direitos. Para poder transmitir os jogos da Copa do Mundo do México em 1970 o interessado teria que passar, obrigatoriamente, por Telesistema Mexicano. A divulgação da assinatura do compromisso com a FIFA não foi imediata e era limitado o número dos que sabiam da sua existência.

E as outras partes interessadas, o que pensavam? Como reagiriam? Ninguém tem dúvida de que o próprio Azcarga e o secretário geral da FIFA, Sr. Helmut Kaser, esperavam reações contrárias ao contrato. Pessoalmente, acredito que o Sr. Helmut Kaser deve ter mencionado o possível protesto da União Européia de Radiodifusão quando discutiu os detalhes com Emílio Azcarga. Este simplesmente deve ter ignorado a advertência.

Mas, logo a informação transpirou, de forma oficiosa. George Straschonov, diretor dos Serviços Jurídicos da UER, teria telefonado de Gêneve para Zurich para comentar os rumores que ouvira. Recebeu a confirmação do fundamento da notícia, mas não os detalhes. Começaram as reações.

Azcarga havia montado o seu plano, alheio aos protestos e entusiasmara anunciantes e patrocinadores. Com toda certeza ele estava preparado para superar a oposição ao seu negócio, em distintos níveis, das emissoras de radio e televisão, em toda a parte. O fogo começou pela Eurovisão, que, evidentemente, não gostou de saber que, pelo projeto, deveria adquirir não mais da FIFA e sim do Telesistema Mexicano a permissão para transmitir a Copa. Como, salvo raríssimas exceções, na área representada pela UER tratava-se pura e simplesmente de ajustar o repasse de direitos e fixar normas e custos dos serviços necessários às transmissões, não deveria haver maiores problemas para Telesistema Mexicano. A Eurovisão queria sustentar sua posição histórica e não perdoava à FIFA, com quem achava ser muito mais fácil negociar, fosse diretamente ou por intermédio da televisão sua associada e da associação de futebol do país organizador da Copa. A rigor, a regra era a mesma. Telesistema era empresa mexicana e o México era o organizador da Copa. Mudava o Continente e na América a Eurovisão não tinha associado. A UER reagiu e procurou utilizar todo seu poder e influência junto aos governos da Europa, que eram na verdade os próprios donos das emissoras estatais sócias. Azcarga esperou, pacientemente, para negociar, agindo sem nenhuma precipitação. Há muitas histórias e lendas a respeito, mas qualquer das partes jamais se pronunciou sobre a marcha dos entendimentos. Quase às vésperas da abertura da Copa do Mundo da Inglaterra, em junho de 1966, Azcarga se deslocou para Londres, hospedando-se no Hotel Dorchester. Lá, com seus assessores, realizou várias reuniões, concluindo, com a participação e o beneplácito da FIFA, um acordo similar à retrovenda dos direitos à UER, exclusivamente para a chamada área de cobertura da Eurovisão e dos países socialistas. A Eurovisão e seus representados foram autorizados a realizar suas transmissões fora do plano mundial do Telesistema Mexicano e colaboraram com os mexicanos, enviando grupos operacionais altamente capacitados para a produção dos programas destinados ao uso comum de todos os detentores de direitos.

As melhores fontes afirmam que, para os dois lados, foi muito melhor assim e Telesistema não teve qualquer prejuízo.

## O PROJETO AMERICANO

Restou, para Emilio Azcarga, depois da saída dos países da área da Eurovisão, o que realmente mais lhe interessava: as emissoras comerciais das Américas. Para elas, havia sido elaborado, com base em várias sondagens de mercados, um plano muito especial e inovador. A cobertura dos Jogos, inclusive os relatos dos locutores, seria toda feita por Telesistema Mexicano, que entregaria, nos transmissores dos próprios canais em cada país, em cores, via satélite, as imagens e o som de televisão, em caracter exclusivo, às emissoras interessadas. Haveria uma única locução para televisão. Nos mesmos moldes seria proporcionado o serviço para as rádios, também com um só relato e um comentarista. As mensagens publicitárias viriam incluídas do México, cabendo somente às emissoras participantes colocar no ar, integralmente e sem nenhum tipo de interferência, o que fosse recebido via satélite. Seria esta a única maneira – diziam os bem afinados executivos do Telesistema – de poder transmitir a Copa do Mundo de 1970, do México.

## VENDAS INTERNACIONAIS

As condições de participação, logicamente com as variantes em função de mercados, seriam básicamente as seguintes para todos os participantes: os patrocinadores eram empresas comerciais multinacionais, atuando internacionalmente, sem qualquer envolvimento de cunho político ou partidário. As condições e o valor dos patrocínios e inserções publicitárias seriam fixadas soberanamente pelo Departamento de Vendas Internacionais da operação que, assinaria os contratos e seria autorizado a receber os pagamentos. As emissoras integrantes da Operação não teriam nenhum custo direto em dinheiro, cedendo apenas o tempo para as transmissões dos jogos e as emissões de comerciais, inclusive de chamadas e bonificação. Em troca, como pagamento, teriam a exclusividade do Evento em seu território e receberiam, estabelecida uma garantia mínima previamente fixada, um percentual da receita líquida (valor da publicidade, menos comissões de venda, menos impostos diretos) decorrente da venda de publicidade internacional e nacional, destinada aos horários de cobertura da Copa do Mundo e negociada exclusiva e diretamente pelos mexicanos, segundo critérios livremente estipulados por eles.

Assinado o contrato com a FIFA, as equipes de venda do Telesistema Mexicano, com o próprio Emilio Azcarga Milmo no comando, iniciaram os contatos diretos com as mais importantes agências de publicidade de âmbito mundial, como a McCann Erickson e a J.Walter Thompson. A reação dos escritórios centrais dessas Agências foi, inicialmente, favorável. Os argumentos mais aceitos pelos publicitários, especialmente nas reuniões na Madison Avenue, em New York, eram relativos às garantias de qualidade, número de inserções contratadas e respeito às posições estabelecidas, tudo facilmente controlável do seu ponto de emissão original no México. Outras vantagens muito claras e decisivas eram a redução de custos de produção, gravação e cópias; e o menor preço por televisor, considerando o universo de espectadores a ser atingido com uma única mensagem e os descontos de volume e freqüência. Tudo caminhava bem. Sucederam-se as reuniões. Discutiram-se detalhes sobre horários de jogos, esquemas de programação e até sobre os nomes dos locutores-narradores que deveriam atuar nas transmissões para o Brasil e para a América Espanhola.[35]

A verdade é que as equipes mexicanas estavam muito bem preparadas para o projeto e tinham em mãos, pesquisas e estudos cuidadosamente elaborados sobre áreas de cobertura, público alvo, número de lares com televisores, custos médios de segundo de publicidade, projeções sobre a possibilidade da utilização em caráter experimental de cores nas transmissões, em todos os países, especialmente, com levantamentos sobre as Copas do Mundo de 1962 e 1966. [36]

Contratos de patrocínio foram discutidos em detalhes, elaborados drafts e, embora não possa afirmar que tenham sido assinados, soube de compromissos firmemente assumidos e posteriormente desfeitos. Segundo relato de executivos da McCann Erickson no Brasil, a

[35] Fontes ligadas à direção do Telesistema asseguravam que o jornalista Paulo Planet Buarque, ex-locutor comentarista esportivo, atualmente ministro do Tribunal de Contas de São Paulo, era o preferido de Emilio Ascarga para ser o narrador único para a TV brasileira.

[36] Tive pessoalmente a oportunidade de ver e examinar, ainda que rapidamente, bem elaborada apresentação escrita do plano mexicano recebida por Antonio Nogueira, destacado públicitário brasileiro que, em 1962, em sua agência CIN, coordenara a participação do seu cliente Vemag, uma montadora de automóveis, no pool dos patrocinadores dos tapes da Copa do Mundo do Chile.

[37] Publicitários brasileiros, com quem mantinhamos contatos regulares, confidenciaram que a reação nas agências brasileiras não foi favorável à idéia da negociação global em New York. Igualmente os engarrafadores de Coca-Cola teriam manifestado seu desagrado pela diminuição de verbas à sua disposição para o que chamavam de "publicidade de varejo". A posição teria sido transmitida aos Estados Unidos.

Coca Cola e a Gillette chegaram a comunicar às suas filiais brasileiras a conclusão das negociações, recomendando alterações nos planos de mídia para os anos de 1969 e 1970.[37]

# FALHA DECISIVA

Superado o problema do contrato com a FIFA e livre das preocupações com as emissoras estatais européias e suas representadas, Telesistema Mexicano não precisava ter pressa para negociar. Muitos custos operacionais já estavam definidos com a participação dos grupos técnicos e de equipamentos da Eurovisão e com os acordos feitos com a UER e seus representados. Na área americana era cedo para exigir compromissos das emissoras. Ainda seria jogada a fase classificatória e, embora se soubesse do intenso trabalho desenvolvido em todos os países, não havia certeza de quantos mercados poderiam ser alcançados pelos satélites, por causa de alguns atrasos nos programas de implantação das estações terrenas. A Copa do Mundo de Futebol seria sempre uma grande atração, mas no primeiro momento havia muitas interrogações sobre o dia 31 de maio de 1970. Com lugares garantidos no turno final estavam apenas a Inglaterra, campeã de 1966 e o México, país anfitrião. Outros dependiam da disputa de vagas. A única certeza de Telesistema era que tinha em mãos um grande produto. Bem trabalhado ele poderia valer muito dinheiro e prestígio.

Sob outro aspecto, desde o advento do vídeo tape, alguns anos antes, Telesistema Mexicano se tornara um grande e regular fornecedor de programas para as televisoras da América Espanhola. Naturalmente, seus habituais parceiros seriam os participantes da Copa, dispensando-se mesmo as consultas prévias. A diferença ficava por conta do Brasil, onde a televisão não exibia qualquer programa importado do México. O rádio e a TV brasileiros dedicavam, bom tempo ao futebol, havia grandes nomes na locução esportiva e patrocinadores tradicionais disputavam os espaços publicitários nas transmissões nacionais e internacionais, fossem elas de jogos de clubes ou seleções. Além do mais, o idioma distinto era um pequeno complicador e seria preciso ter na cobertura prevista da Copa um canal de som diferente, o que não tinha maior importância, nem custo significativo, mas não deixava de ser uma preocupação a mais. Contudo havia que se considerar o mercado – o mais importante da América do Sul – e a tradição futebolística de bi-campeão, que o fracasso de 1966 não chegara a atingir. Pessoalmente, Emilio Ascarga Milmo é um apaixonado por futebol e um conhecedor do esporte no Brasil. Ela tinha a certeza de que a seleção brasileira passaria pelas eliminatórias de seu grupo e estaria presente na fase final do México. Do mesmo modo, apostava tudo na força da paixão brasileira pelo futebol e no compromisso com o público, que obrigaria a televisão a transmitir a Copa, a primeira a ser vista em todo o mundo, "ao vivo e em direto" via satélite.

# INÍCIO DAS NEGOCIAÇÕES

As eliminatórias terminaram com Brasil e Uruguai, dois bi-campeões, classificados; e mais o Perú, que sob o comando do brasileiro Didi, jogando em Buenos Aires, surpreendera e eliminara a seleção argentina e vivia a melhor fase de toda a sua história futebolística. Era o ano de 1969 e a estação terrena de Tanguá, perto do Rio de Janeiro, já começara a operar. A televisão brasileira atravessava um momento importante de transição: a TV Tupi perdia audiência e consequentemente mercado, sendo diretamente ameaçada pela nova TV Globo, em plena ascensão para o primeiro lugar no Rio de Janeiro.

Telesistema considerou ter chegado a hora das negociações definitivas. Seus emissários começaram a discutir o seu plano inicial de transmissão única da Copa do Mundo 70. O primeiro a conhecer em detalhes o contrato foi o saudoso Nicanor Gonzalez, um velho amigo de Telesistema, que, de pronto garantiu a presença da sua TV America, canal 4, de Lima, Perú. Com exceção da Argentina, envolvida internamente em sérios problemas políticos, agravados pela desclassificação da sua seleção nacional, todos os demais países concluíram favoravelmente os entendimentos com os mexicanos. Todos, em comentários esparsos, lamentaram a desunião entre os canais que os havia obrigado a aceitar as condições, até mesmo agradecendo a honra de terem sido os escolhidos. O Brasil, por motivos que desconheço, tinha sido deixado para o final.

No grupo Telesistema havia sido criada a VT LATIN PROGRAMS, empresa constituída especificamente para coordenar e dirigir toda a execução administrativa e comercial da operação Copa do Mundo, separando-a das vendas rotineiras de programas, a cargo da Protele. Alejandro Quintero, homem de marketing de uma multinacional com grande presença na radiodifusão continental em operações de novelas radiofônicas gravadas, foi contratado para ser seu principal executivo. Quintero sabia das imensas dificuldades que teria para vender seu esquema da Copa no Brasil. Preferiu tentar os serviços de um brasileiro desconhecido no meio radiofônico, residente em São Paulo. O emissário de VT Latin, ao que parece instruído por amigos do show business, foi procurar, em primeiro lugar a TV Tupi de São Paulo.

No Brasil, eram conhecidas as divergências internas no denominado Condomínio Acionário das Emissoras Associadas, que controlava os jornais, revistas, rádios e televisões do Grupo.

[38] O fundador e controlador dos jornais, emissoras de radio e TV e revistas do grupo conhecido como os "Diários Associados", jornalista e embaixador Assis Chateaubriand doara as ações de suas empresas a 22 dos seus executivos principais, todos com a mesma participação. Ao contrário do que muita gente imagina no Brasil, os integrantes do Condomínio são apenas usufrutuários das ações, que se transferem com a morte de cada um para outros executivos do Grupo, escolhidos pelos remanescentes vivos. Chateaubriand designou João Calmon, presidente do Condomínio e Edmundo Monteiro, que controlava a área de São Paulo, o segundo homem da Comissão Executiva. O poderío económico de São Paulo deu margem a uma posição de independência da TV Tupi daquele Estado brasileiro e originou divergências graves com a TV Tupi, do Rio de Janeiro, diretamente subordinada à presidência.

Procurado em seu escritório, o condômino Edmundo Monteiro, presidente da S/A Rádio-TV Difusora (razão social da TV Tupi de S.Paulo) e seu diretor geral[38] assinou o contrato que lhe era proposto.

Instruído por Edmundo, o representante do VT Latin, já com o contrato nas mãos, foi me procurar no Rio de Janeiro, por estarem as relações internacionais do Grupo e a emissora carioca, naquele momento, sob a minha direta responsabilidade. Antes, porém, de ir ao encontro marcado forneceu à imprensa paulista a informação sobre a assinatura do contrato. As reações começaram logo após a divulgação da notícia. As outras emissoras paulistas e cariocas protestavam por não terem sido consultadas e alegavam ter sido desrespeitado o protocolo assinado por todos, em 1966, proibindo a exclusividade nas transmissões de jogos da seleção brasileira.

Algumas emissoras de rádio, mesmo desconhecendo detalhes do documento, diziam em seus programas esportivos que o canal único era ato de "violência contra os direitos dos ouvintes e da própria radiodifusão". [39] Exaltados chegaram a pedir que a seleção fosse proibida de ir ao México. O tema adquirira contornos de gravidade que não existia. Certos comentaristas desceram a níveis muito próximos do ridículo.

Em virtude de sua posição de presidente da ABERT, João Calmon considerou que a Tupi, embora tivesse a exclusividade e pudesse negociar algumas alterações no contrato, deveria lutar pela abertura da Copa a todas as televisões. O clima servia a muita gente, que em ocasiões futuras, em situações iguais, sacrificou a TV Tupi com posturas rigorosamente inversas, para obter benefícios a seu favor. O assunto chegou, no regime de exceção em que vivia o país, aos altos escalões da República. O Governo Federal convocou os dirigentes das emissoras e solicitou informações. Ouviu os argumentos dos defensores da tese de que o contrato assinado em São Paulo contrariava a Lei e desrespeitava normas livremente pactuadas sobre transmissões de jogos da seleção nacional de futebol. O Brasil – enfatizavam mais ainda – não podia permitir a transferência do controle de informações para as mãos de estrangeiros. A tese ajustava-se bem ao ambiente político daquele momento, em que proliferaram os slogans do tipo "Brasil ame-o ou deixe-o". Por todos os motivos, o compromisso era nulo, afirmavam.

O Governo no momento simplesmente ouviu, nada prometeu, nem depois adotou nenhuma norma oficial, mas foi mais do que simpático à posição das Emissoras. Disse-lhes que procurassem se entender com os mexicanos, esclarecessem as razões para considerar nulo o contrato e renegociassem seus termos e condições, mantendo o Ministro das Comunicações informado. Mas foi este quem, ao se despedir, mencionou um fato, interpretado

[39] - Comentaristas foram buscar no passado as transmissões de rádio da Copa do Mundo de 1938, na França, quando houve um único narrador brasileiro. Fiel à verdade, Gagliano Neto, falando de Marselha, ousou declarar legítimo o penalti cometido pelo zagueiro Domingos da Guia, na semi-final do Brasil contra a Itália. Mal pôde retornar ao Rio de Janeiro. Chamado de italiano nato, de mentiroso e de vendido ao Eixo, somente anos depois a imprensa revelou que ele dissera a verdade, segundo a própria versão de Domingos da Guia.

como advertência muito importante: a estação terrena de Tanguá era da Embratel, empresa controlada pelo Governo. Só haveria imagem de satélite, se autorizada pelo Governo. [40]

A posição brasileira foi formalmente comunicada à VT Latin Programs. A resposta que veio do México não surpreendeu: dirigida à TV Tupi dizia taxativamente ser inaceitável a decisão unilateral, para confirmar sem meias palavras: se o Brasil quisesse transmitir a Copa do Mundo teria que ser dentro das bases pactuadas entre VT Latin e a TV Tupi. Havia um contrato assinado por alguém legalmente autorizado a assumir compromissos em nome de sua emissora, uma empresa particular e independente. (Jurídica e tecnicamente, os mexicanos tinham toda razão e não havia como discutir a validade do contrato.)

Decidiu-se tentar um contato direto com Emilio Azcarga, que respondeu ser o assunto da competência da VT Latin Programs e da TV Tupi. Aproveitando uma viagem ao México, o Sr. João Havelange, então presidente da Confederação Brasileira de Desportos (CBD), a nosso pedido, conversou pessoalmente com Azcarga e ouviu contestação semelhante.[41]

Mas a situação brasileira começou a repercutir nas Américas e favoreceu a reabertura de negociações. O impasse com o Brasil estimulou reações e tentativas de revisões em outros países. Os grandes anunciantes manifestavam sua confiança em Telesistema e na habilidade de seus dirigentes e decidiram esperar um pouco mais. Mas VT Latin sabia o que poderia significar a ausência do Brasil para a viabilidade econômico-financeira do projeto, sobretudo

*O presidente da FIFA, sr. João Havellange, com o autor, durante recepção no México, por ocasião das comemorações dos 25 anos da OTI.*

se o assunto se arrastasse por muito mais tempo. Mesmo querendo demonstrar uma posição rígida e inflexível, os mexicanos não haviam tomado qualquer iniciativa de rompimento ou de hostilidade declarada. Finalmente, no meio do ano, Azcarga decidiu receber os representantes do Brasil. A Comissão designada para ir ao México era formada por Walter Clark, diretor geral da TV Globo; por Flávio Alcaraz Gomes, vice presidente da ABERT e homem da radiodifusão privada; por Paulo César Ferreira, diretor da Radio Nacional, controlada pelo governo; e por mim, representando a TV-Tupi e considerado com bom relacionamento pessoal com os mexicanos.

Fomos ao México em vôos separados, mas ficamos todos no mesmo hotel, onde nos reunimos na véspera do encontro. Emilio Ascarga nos recebeu pela manhã,[42] numa pequena sala, na Avenida Chapultepec, onde se instalara a VT Latin. Chegamos rigorosamente dentro do horário determinado, logo no início do expediente, como havia sido marcada a reunião. Durante algum tempo esperamos em um salão amplo e deserto, sem receber nenhuma atenção. A primeira secretária a aparecer consultou-me se havia inconveniente em que eu entrasse um momento sózinho para falar com o Sr. Azcarga. Houve concordância do grupo e fui conduzido à presença do presidente do Telesistema Mexicano. A sala era pequena, com uma única mesa, que eu sabia não ser um dos escritórios usados normalmente por Emilio Azcarga. Fui recebido com um cumprimento amável, mas Azcarga estava visivelmente contrafeito. Ele não escondia o fato de que não queria e não gostava daquela reunião. Fazia, claramente, um grande esforço. Foi diretamente ao assunto, perguntando-me se iríamos falar de nulidade do contrato assinado no Brasil. Disse-lhe clara e diretamente que sim e em atenção a ele estava no México a comissão que concordara em receber. Quase não disse mais nada. Simplesmente respondeu com firmeza: "siento que ustedes asi lo deseen". Chamou a secretária e ordenou que entrassem "os senhores do Brasil". Em segundos havia mudado totalmente sua forma de relacionamento comigo, a quem enviara meses antes

[40] Era presidente da República o general Emilio Garrastazu Medici, um dos lideres da revolução militar que assumira o poder em 1964 com a derrubada de João Goulart. Médici era um apaixonado do futebol, torcedor declarado do Grémio Portoalegrense e admirador do centro avante Dario, o Dadá Maravilha, por ele indicado para a seleção de 1970. Seu ministro das Comunicações era o coronel Hygino Caetano Corsetti, que recebeu do Presidente e transmitiu à Associação Brasileira de Emissoras de Rádio e Televisão - ABERT - o apoio do Governo às emissoras que pediam aos mexicanos a anulação do contrato.

[41] O sr. João Havellange falando na Assembléia Geral dos 25 anos da OTI, no Hotel Presidente, no Mexico, em março de 1996, ao agradecer homenagem e na presença do sr. Emilio Azcarga confirmou ter feito as gestões aqui mencionadas, dizendo ter sido aquele seu primeiro contato com o dirigente mexicano.

[42] Walter Clark, por uma lamentável falha de memória, declara em livro que o representante da Tupi era um "craque em relações internacionais", mas estranhamente teve o avião atrasado no Panamá e não compareceu à reunião. Atribui ele, em sua imperdoável afirmação, à minha lealdade e dedicação à Tupi a ausência que me impediria de cumprir a missão de declarar nulo o contrato com a VT Latin. Relembro a Walter (responsável pelo apelido de Tarzan atribuído a Paulo Cesar Ferreira à saída da reunião) o agradável jantar que ele, em companhia da sua então esposa - a encantadora e bela apresentadora e atriz de novelas da Globo, Ilka Soares - nos ofereceu na véspera do encontro com Ascarga no restaurante do Lago, em Chapultepec, para onde fomos do Hotel Alameda, no mesmo taxi.

entusiástica mensagem de agradecimento pela ajuda recebida na sua luta contra o canal 8, da cidade do México. [43] Seca, incisiva e friamente, embora sem ser grosseiro, disse-me que ele nada poderia fazer a respeito de um assunto da competência de outras áreas, o que evidentemente era totalmente falso e eu, conhecendo o Telesistema, sabia perfeitamente disso. A reunião foi extremamente desagradável e teve uma só conclusão: deveríamos, se fosse de nossa conveniência, ir tratar diretamente com Alejandro Quintero, a quem ele, Emilio Ascarga, – disse – "iria solicitar toda a atenção para a solução mais rápida possível."

Todos os participantes desta história, felizmente, estão vivos e devem ter boa memória. Hoje, podem rir do burlesco episódio, que marcou o início de novos rumos nos entendimentos com os brasileiros e obrigou, mesmo, a contra gosto, Telesistema a abandonar totalmente seus planos iniciais para a Copa do Mundo de 1970 e, quem dúvida, até alterar os projetos de futebol para o futuro.

## INICIA-SE A NOVA CAMINHADA

Procuramos Alejandro Quintero e já o encontramos mais amável, embora permanecendo intransigente. Reconhecia que estávamos levando à VT Latin um fato consumado, registrava com muito desagrado a posição brasileira considerada deselegante e profundamente descortês, não concordava com a nulidade do contrato e tinha plena consciência de que poderia lutar em todos os foros em defesa dos direitos de sua empresa.

Isso poderia custar um preço muito alto à TV Tupi, única responsável pelo contrato – afirmava.

Depois do longo discurso, Quintero fez questão de enfatizar ser um homem de marketing, um empresário que vê bons negócios, prático e objetivo. Não desejava, nem entrava em operações para perder, mas estudaria a possibilidade de negociar. Para ele, a seleção brasileira era a grande atração do Mundial e a transmissão dos jogos seria vital para a televisão brasileira e para o próprio Governo. Precisava estudar o assunto com atenção e cuidado para tentar encontrar a solução satisfatória para todos. Necessitava de alguns dias. Deveríamos regressar ao Brasil e esperar uma comunicação. Haveria muitas dificuldades diante de contratos já assinados, compromissos já assumidos. Tudo, porém, seria feito para tentar chegar a um ponto comum.

---

[43] A TV Tupi havia conseguido, sem custo de direitos, para Telesistema, o jogo Brasil x Inglaterra, uma das primeiras partidas via satélite, transmitidas do Maracanã. O canal 8 mexicano (hoje integrante de Televisa), mas à época um fortíssimo concorrente, conseguiu estranha ordem do governo de seu país para usar as imagens. Azcarga chamou-me por telefone no Rio e a seu pedido, durante toda a partida, a Tupi colocou, em superposição a informação: transmissão especial para Telesistema Mexicano. Após o jogo, Azcarga enviou-me um exultante telex de agradecimentos.

# MORRE O PLANO IDEAL

Demorou muito para qualquer comunicação chegar de VT Latin Programs. Quando finalmente Alejandro Quintero se pronunciou, estava tudo mudado. Iríamos voltar ao esquema tradicional de compra de direitos e contratação de serviços. Em nenhum momento – afirmavam – se pensara em excluir o radio e a televisão do Brasil das transmissões da Copa do Mundo, nem havia qualquer tipo de intransigência por parte do Sr. Emilio Azcarga e do Telesistema Mexicano, como primeiros adquirentes dos direitos exclusivos à FIFA.

VT Latin Programs – que comprara os direitos para a América Latina e montara o plano de sua utilização e comercialização – teria que remanejar toda a sua operação, inclusive para poder arcar com os vultosos prejuízos – diziam – decorrentes dos cancelamentos de compromissos já assumidos. A fórmula inicial tinha sido alterada e não só o Brasil, mas todos os demais países, iriam ter os direitos repassados pelos valores que, naquele momento, no México, com toda a presteza, VT Latin estava procurando fixar. De acordo com as explicações de Alejandro Quintero os preços dos direitos e dos serviços seriam baseados rigorosamente nos cálculos feitos para o plano original de Telesistema. Todos deveriam esperar um pouco mais.

Uma semana depois, assinado por Gilberto Navarro, chegou o telex com as condições. Informava que nos cálculos do projeto inicial o Brasil significava, em valor de receita, um total de US$3.000.000,00 (três milhões de dólares norte-americanos), em função do tamanho e importância do seu mercado e do prestígio e atração do seu futebol. Insistia a VT Latin Programs em considerar a TV Tupi a única parte legítima nas negociações para o território brasileiro, aceitando apenas alterar cláusulas do contrato anterior, mas jamais considerá-lo nulo. Os direitos lhe haviam sido outorgados segundo padrões legais e aceitos, por partes plenamente autorizadas, que agora estavam de acordo em reformular alguns dos termos e condições estabelecidas, mas não todo o documento. Se a TV Tupi concordasse em respeitar o contrato que lhe fazia a dona absoluta dos direitos de transmissão da Copa do Mundo, no Brasil, deveria tão somente assumir a responsabilidade pelo pagamento, que não mais se faria em publicidade ou cessão de tempo e espaço, mas em moeda norte-americana.[44] O preço para pagamento à vista era de 3 milhões de dólares, montante previsto por VT Latin Programs somente pelo conceito de direitos de radio e televisão atribuídos ao Brasil no plano original de permuta publicitária, Este total cobria imagem gerada por Telesistema Mexicano neutra, sem comerciais, e canal 1 de som ambiental, postos na esta-

[44] Paulo Cabral de Araújo, que havia assumido a direção executiva dos Diários Associados, defendia a exclusividade em TV, considerando ser a Copa um grande trunfo na luta pela sobrevivência da TV Tupi. Dizia Paulo, com inteira razão, que só existia apenas mais um interessado. Dez anos depois, um ato de violência política levou ao fechamento das pioneiras da televisão no Brasil. Mas, embora muita gente teime em desconhecer, sem as Teves Tupi e fóra do Sul do País, os Diários são hoje um conjunto de empresas saudáveis e respeitadas, tendo Paulo Cabral, na presidência do Condominio, sediado em Brasilia.

ção terrena de satélite da cidade do México, comuns a todos os organismos internacionais adquirentes de direitos. Os serviços de apoio e seus custos, como as posições de comentaristas nos estádios e em "off-tube", circuitos de som nacionais e internacionais e as conexões de serviços deveriam ser contratados à parte, de acordo com as disponibilidades existentes em cada caso e com as tarifas vigentes. Neste último item havia um complicador em relação ao radio e à televisão do Brasil: os estádios não dispunham de cabines ou posições para muitas transmissões de audio e, por ser assim, era limitado o número de credenciais para locutores e comentaristas de radio e TV. A subida do sinal até o satélite teria seus custos pró-rateados entre os vários países que transmitissem determinado jogo, pelos critérios do Comsat. A perna de descida – ou seja a baixada em cada país – era assunto de responsabilidade exclusiva do canal que recebia a transmissão.[45]

## NEGOCIAÇÕES PENOSAS

A proposta de VT Latin Programs acabava com o clima de histeria implantado artificialmente no Brasil pelos interesses muito particulares de certas pessoas. Transmitir os jogos da Copa passava ao domínio dos negócios, ao jogo de compra e venda de um bom produto. O preço podia ser – e na verdade era – absurdo e totalmente irreal, mas constituía direito do vendedor fixá-lo livremente. Outros países já haviam concordado e, proporcionalmente, pago mais do que se pretendia receber do Brasil.

A TV Tupi, por delegação da TV Globo e de uma dezena de rádios interessadas, foi encarregada de tentar o melhor preço. Já se concordava em pagar, apenas se desejava pagar menos. O governo federal entraria com a sua parte isentando de taxas e de pesados impostos a transferência de moeda estrangeira, além de facilitar a tramitação do processo de remessa dos pagamentos para o México.

Foi o começo de um longo período de penosas negociações, mantidas pessoalmente por mim. Durante quatro meses passei semanas inteiras voando entre o Rio e o México e nos hotéis da capital mexicana. Azcarga afastou-se totalmente das conversações, conduzidas

---

[45] O primeiro canal a ter alterado o seu contrato foi a TV America, de Lima Perú. Nicanor Gonzalez foi convocado ao México e ouviu a novidade do próprio Alejandro Quintero. Com o Perú classificado e com sua emissora comprometida com o público, decidiu não arriscar quando informado de que o seu concorrente direto estaria muito interessado. Sob pressão e em tempo record, aceitou pagar à vista US$240.000,00 (duzentos e quarenta mil dólares americanos) e ainda se viu obrigado a fazê-lo com um cheque pessoal. Velho e leal cliente de Telesistema, Nicanor queixou-se, durante muito tempo, da forma como se concluiu o negócio. Outro canal levado a pagar cifra muito alta em relação ao seu mercado, foi TV- Monte Carlo, de Montevideu. Hugo Romay, que ainda teve seus custos de satélite aumentados com a ausência da Argentina das transmissões, pagou 80 mil dólares pelos direitos. Estas cifras, impostas no Mundial do México, se tornaram muito importantes dois anos depois, em julho de 1971, quando a OTI as transformou em parâmetro para o pró-rateio de direitos do mundial da Alemanha 74. Todas elas estavam muito acima do máximo tolerável, naquele momento, pelos mercados.

sempre por Alejandro Quintero, cujas secretárias pareciam instruídas a dificultar os contatos diretos. Ninguém parecia disposto a ceder. Na manhã do dia 10 de janeiro, muito cedo para a rotina mexicana, às 8 horas da manhã, atendi o telefone em meu quarto no Hotel. Era Alejandro Quintero, pessoalmente, que, sorridente, queria me comunicar estar tudo resolvido. Estava sendo datilografado um contrato nos termos em que havíamos combinado na noite anterior e ele desejava saber se eu estava disponível para revisar os papéis e assiná-los ainda pela manhã. Repetiu, como se estivéssemos no melhor dos mundos e com a maior naturalidade, ser, agora, tudo questão de onde e a que horas, a conclusão das negociações. Procurei não demonstrar qualquer estranheza. Apenas reconfirmei as condições em que tanto insistira e ele jamais aceitara e pedi meia hora para marcar o encontro decisivo. Antes de despedir-se ele abordou ligeiramente as transmissões do sorteio dos grupos, dizendo que Telesistema faria as transmissões como cortesia, ao contrário do que andavam dizendo as emissoras brasileiras. Às 11.30 da manhã do dia 10 de janeiro de 1970, duas horas antes do início da cerimônia organizada pela FIFA, enquanto nos salões do Hotel Maria Isabel mais de uma dezena de locutores aguardava impaciente a conexão dos circuitos de som com suas emissoras no Brasil para a transmissão do sorteio, concluíamos, finalmente, o contrato de direitos. Em Paseo de la Reforma, a poucas quadras do Hotel Maria Isabel, na Embaixada do Brasil, na presença de nosso embaixador João Batista Pinheiro, e em ato por ele presidido, assinei, em nome das emissoras brasileiras, o contrato no valor de US$650.000,00 (seiscentos e cinqüenta mil dólares norte-americanos), preço finalmente ajustado.[46]

O licenciado Oscar Gutierrez,[47] por Telesistema Mexicano; e Alejandro Quintero, por VT Latin Programs representaram o grupo Azcarga. Um notário público, especialmente convocado, autenticou e registrou o documento. Só então, cumprindo as determinações do seu Governo, o embaixador brasileiro autorizou, por telefone, a Embratel a liberar os circuitos das emissoras brasileiras de rádio.

No início da noite, o Comitê Organizador ofereceu recepção no elegante restaurante "Hacienda de los Morales", oficialmente marcando o início das atividades da Copa do Mundo. Havia sido incluído na lista dos convidados, que eram centenas, de todas as partes do mundo. Como todos os demais, fui cordialmente saúdado com largos sorrisos ao chegar

[46] Os representantes do Telesistema Mexicano concordaram em dispensar o "down-payment"de 30% do total, bem como de outras cláusulas dependentes de autorização oficial do Governo brasileiro, aceitando o compromisso de receber o total do contrato até 30 dias antes do início da Copa do Mundo. O Ministério da Fazenda dispensou os 25% do imposto de renda sobre a transferência e agilizou o processo de registro e remessa dos pagamentos. Anunciantes e patrocinadores se comprometeram desde logo, cabendo destacar a atuação da McCann Erickson e do seu diretor Altino João de Barros (hoje vice-presidente no Brasil).

[47] O advogado Oscar Gutierrez representou sempre a imagem da seriedade, do equilíbrio e da serenidade nos mais duros momentos das lutas a que tive oportunidade de vê-lo defendendo Telesistema Mexicano. No desgastante processo de discussão de condições da Copa ele jamais alterou sua forma amável e correta de tratar os brasileiros. Faço o registro, como uma homenagem pessoal de expressão da minha estima e admiração pela sua figura, conhecida e admirada de todos na OTI.

e cumprimentar na fila de entrada os anfitriões Guillermo Cañedo, Sir Stanley Rous e Emilio Azcarga, os donos da festa...

No dia seguinte iríamos encontrar os velhos amigos do Telesistema Mexicano para negociar e contratar os serviços técnicos de cobertura dos jogos. Como nós, eles pareciam livres do clima tenso em que havíamos convivido nos últimos meses. Estávamos todos absolutamente convencidos de que os obstáculos tornados intransponíveis e que impossibilitaram o controle único da cobertura do Mundial de 70, com o conseqüente abandono do plano de ter apenas um organismo de televisão como dono dos direitos de um grande evento esportivo não seriam esquecidos. E não foram. Ao contrário. A experiência ensinara que se devia buscar caminhos para evitar precisamente novas tentativas similares, logicamente feitas por outros grupos ou pessoas.

O México apostou no futebol como espetáculo, como elemento motivador, como atração insuperável, como força catalisadora. Arriscou, acertou e ganhou. A Copa do Mundo foi um sucesso sem precedentes na vida mexicana. Todos os méritos – além dos decorrentes da magia do futebol e dos excelentes jogadores – devem ser justamente creditados àqueles que souberam organizá-la e controlá-la, como empreendimento de vulto e como negócio, sem esquecer o esporte. Eles foram Guillermo Cañedo[48] e Emilio Azcarga e não importam os caminhos até a bela tarde final no confortável Estádio Azteca, que eles também fizeram construir.

No Brasil, tudo – ou quase tudo de melhor aconteceu com a Copa do Mundo. A indústria atingiu o máximo de sua capacidade produtiva de receptores de rádio e televisão, o comércio registrou altos índices de venda e 90 milhões – como dizia a marchinha criada para a Copa – tocaram "pra frente Brasil". Esqueceram-se momentaneamente os seqüestros, a censura policial, a repressão política, para viver a vitória da seleção em campos mexicanos. Em preto e branco, via satélite, porque só alguns privilegiados puderam acompanhar as transmissões em cores, no auditório da Embratel ou em gabinetes palacianos.

Para o dono do Telesistema Mexicano, apesar dos tropeços de percurso, também um sucesso completo. Na cerimónia de encerramento, nas tribunas do estádio Azteca, ao lado de Guillermo Cañedo, presidente do Comitê Organizador e de Sir Stanley Rous, presidente da FIFA, podia-se ver o sorridente Emilio Azcarga entregando, em caráter definitivo, a Taça Jules Rimet ao jogador Carlos Alberto, capitão da seleção de futebol do Brasil, tricampeã mundial.

[48] O êxito inconteste de Cañedo, se precisasse de alguma medida especial de aferição, teria o procedimento característico de nossos países com os vitoriosos: a explosão da inveja e da mesquinhês traduzidas pelas tentativas de processos, em geral propostos por aqueles que nada fazem contra quem realmente fez. Tentaram também com Cañedo...e perderam.

Capítulo 5

# FORÇAS QUE SE ATRAEM

Parece evidente que me incluo entre aqueles que atribuem ao México e à Espanha a quase total responsabilidade pela idealização, concepção, fundação e consolidação da Organização da Televisão Ibero-Americana – a OTI. As razões de Telesistema Mexicano e da Radio Televisão Espanhola podem ser afins, mas, se originam com base em conceitos totalmente diversos, que alguns diriam até opostos. A postura espanhola – ou a Hispanidade, como a cognominaram – é política e não fundamentalmente econômica. Justifica-se pelo anseio natural de extravasar uma tradição milenar, viva e atraente, alicerçando, com a expansão cultural, a sempre desejada e procurada aproximação com suas antigas colônias. Política de Governo calcada em sentimentos enraízados de Nação é lícita e plenamente justificável. Praticada de maneira inteligente, atrai e se deixa atrair por outras forças catalisadoras, que possam servir aos seus objetivos maiores, acabando umas por servir às outras. A sua relação custo-benefício não se mede pelas rubricas contábeis do "deve-haver" em moeda corrente. Como tal, não aspira vender, nem procura qualquer lucro financeiro, como primeiro objetivo. A Radio Televisão Espanhola, como entidade estatal, cumpriu digna e eficientemente o seu papel.

No México, Telesistema Mexicano era (continua sendo, agora ampliado em emissoras, como Televisa) um conjunto de canais de televisão e rádios comerciais, dependentes de sua própria eficiência para viver e crescer. É igualmente lícito e inatacável que busque o prestígio das grandes audiências e com elas o retorno dos seus investimentos milionários. O futebol já provara sua importância para a televisão, como espetáculo e como negócio. Encontrar maneiras de não permitir a fuga de seu controle para as mãos de intermediários passou a ser uma necessidade, que os mexicanos tratavam de forma prioritária.

Há algum tempo, os espanhóis já se movimentavam, cuidadosa mas firmemente, em busca da fórmula para juntar-se aos radiodifusores da América. Havia desconfianças de muitos tipos, especialmente pela divergência entre os sistemas de exploração da radiodifusão. Os radiodifusores privados viam preocupados o chamado avanço da televisão estatal e o interesse de seus governos nas Américas pelo controle mais rígido dos meios de comunicação. Era natural, portanto, que a televisão espanhola, como empresa estatal, dependente de um ministério, fosse recebida com restrições.

A natural impaciência da empresa privada, pelos resultados, especialmente depois de experiências frustrantes, apressou a junção de forças. Na América de língua espanhola, México, Argentina e Venezuela eram mercados considerados imprescindíveis e "acima de quaisquer suspeitas" como defensores da radiodifusão em mãos privadas. Azcarga, pessoalmente, colocou Telesistema em marcha; Goar Mestre e Cisneros, na Argentina e na Venezuela – ambos vítimas de expropriações na Cuba, de Fidel Castro – determinaram o apoio de Pró-Artel, de Buenos Aires; e de Venevision, de Caracas.

Sob o impacto, ainda recente, da cobertura via satélite, do Campeonato Mundial de Futebol era aquele o momento exato de partir para a constituição de algo permanente que assegurasse a hispanidade, como sempre quis a Espanha e estavam todos de acordo; e garantisse, como todos desejavam, o controle dos direitos de transmissão de futebol, como tem feito a OTI desde 1971, apenas quatro meses depois de fundada.

Se fosse necessário tirar qualquer possível dúvida sobre a importância do futebol como motivação mexicana para juntar-se à Espanha na formação da OTI, não seria necessário esperar muito. Fundada em março de 71, já em junho a OTI, inteiramente respaldada por Telesistema, estava adquirindo, a todo o risco, os direitos da Copa do Mundo de 1974 na Alemanha. E como se não bastasse, convocada telegraficamente para a cidade do México, realizou-se, no dia 25 de junho de 1971, uma reunião do Conselho Diretivo, das poucas, se não a única de que participou ativamente Emilio Azcarga Milmo. A minuciosa ata registra a presença dos conselheiros Guillermo Canedo, presidente e conselheiro por Telesistema Mexicano; de Luís Escurra, conselheiro titular por Televisão Espanhola; Juan Manuel Palli, conselheiro titular por Produções Argentinas de Television (Pró-Artel) e dos representantes de duas empresas membros do Conselho: Hector Delgado Parker, que vivia à época dirigindo os negócios da Pan-Americana do Perú na cidade do Mexico; e de Ismael Hernandez y Hernandez, do Panamá, que atuou como Secretário.

Estavam presentes – diz a ata – Tomás Garcia, da Televisão Espanhola; Emilio Azcarraga Milmo, engenheiro Roberto Kenny e Oscar Gutierrez Villalobos, em representação de Telesistema Mexicano e Osvaldo Barzellatto, em sua qualidade de assessor da presidência e da OTI.[49]

A ordem do dia era importantíssima e, por isso, incompreensível que apenas três conselheiros titulares tenham comparecido. Dizia: 1) – Informe do Sr. Luís Ezcurra sobre as conversações com a EBU, Olimpíada de Munich e Copa do Mundo 1974; 2) Informe do Sr. Luís Ezcurra sobre reunião com Agências Noticiosas em Londres; 3) – Informe do Senhor Cañedo sobre Secretaria Geral; 4) – Informe do Senhor Cañedo sobre situação financeira. 5) – Assuntos gerais.

O Conselho aprovou todas as gestões do Sr. Luís Ezcurra, não considerou os itens 3 e 4 da Agenda e tomou unanimemente uma resolução de comprar "pelo melhor preço possível, juntamente com a EBU, pagando 60% do valor total, os direitos de radio e televisão do Campeonato Mundial de 1974, na Alemanha." Como eram apenas cinco empresas representadas, a resolução que autorizava Luís Ezcurra a concluir, em parceria com a EBU, o contrato com a FIFA, afirma no seu item 7 : "Que as empresas diretamente representadas nesta Sessão do Conselho se responsabilizam pelo pagamento que corresponda pela aquisição dos direitos e serviços do Mundial de Futebol de 1974 etc..."e no parágrafo seguinte o oitavo, ainda mais claramente: "Que se proponha à EBU a possibilidade de que conjuntamente a OTI, a EBU e Telesistema Mexicano façam uma proposta formal à FIFA pelos direitos de televisão e rádio, em todas as suas possibilidades e sistemas para o Continente Americano e as Antilhas, a área geográfica dos países membros da EBU e o resto do mundo, respectivamente".(Ou seja, o que não era OTI ou EBU era resto do mundo e Telesistema compraria).Sem discutir ou por em dúvida o grande e permanente apoio que a Televisão Espanhola sempre deu à OTI, antes, durante e depois de sua fundação, vale como esclarecimento informar que a RTVE, como a televisão portuguesa, jamais participou de qualquer evento esportivo OTI, aliando-se sempre à UER. A decisão tomada naquele Conselho na cidade do México reafirmou a grande confiança da RTVE nos destinos da entidade e no interesse por ela do Telesistema Mexicano.

A sessão não abordou os temas programados de ouvir um relato do Sr. Cañedo sobre a situação financeira da entidade, nem seu Informe sobre a secretaria geral, mas discutiu assuntos gerais. E foi neste item, tratando mais uma vez de futebol e de direitos de transmissão, que a mesma ata relata a injustiça de uma ameaça de expulsão da TV Tupi da OTI. Na minha ausência, o Conselho acolheu denúncia de Telesistema Mexicano (pronta, firme e documentaldamente rebatida na reunião seguinte) sobre supostas irregularidades na venda de direitos da chamada Pequena Copa do Mundo, disputada no Brasil, em 1972. Falando em excluir o Brasil da entidade, a resolução manda realizar gestões junto à TV Tupi ( empresa fundadora e integrante do Conselho Diretivo) dizendo: "**É importante assinalar, especificamente à TV Tupi, que uma das razões fundamentais que nos agrupa** está clara e explicitamente baseada em evitar as intervenções de intermediários que possam encarecer o

[49] Osvaldo Barzelatto aparece em duas atas de Conselho Diretivo, logo no inicio, quando tinha deixado a direção da TV Nacional do Chile, como assessor do presidente e do Conselho da OTI. Depois desaparece inteiramente de qualquer documento, sem qualquer explicação.

custo dos distintos eventos a oferecer pela TV ibero-americana". *(entenda-se – o comentário é nosso – o futebol).*

Não me atrevo a dizer, para não parecer insensato, que apenas o interesse das transmissões de futebol seria o suficiente para a formação da entidade. Entendo, sim, que, juntando os magníficos e exaustivos esforços de anos seguidos da Espanha para a melhoria do relacionamento com as televisoras das Américas, mais a sua destacada contribuição em busca da excelência da programação, dos esforços em ajudar a melhoria da qualidade dos profissionais com os cursos que ministrava, gratuitamente, a centenas de bolsistas, a Espanha proporcionara aos homens das Américas muitos elementos de alta importância e valia para a justificar a sua presença em uma união permanente de esforços e de defesa de interesses comuns.

A arrancada se completou, com resultados práticos e imediatos, com a liderança da Cia. Telefônica Espanhola na batalha pela redução das tarifas regulares para as transmissões via satélite. Acredito que a entidade surgiria de qualquer maneira, quando surgiu, permitindo-me discordar das afirmativas de que a idéia não iria adiante se houvesse oposição da Associação Interamericana de Radiodifusão e se continuasse sendo simplesmente hispano-americana, com a ausência do Brasil e de Portugal.

O Brasil foi realmente cogitado, apenas, depois que o futebol se tornou um dos pilares de sustentação da iniciativa. [50]

Antes disso, se considerava a área geográfica, a população de milhões, as riquezas naturais, mas nada do que era motivo de interesse no Exterior era ainda suficiente para diversificar o projeto inicial hispânico. O Tratado de Tordesilhas continuava – será que já foi superado – a reger a divisão das Américas, mesmo séculos depois.

OTI – ou como viesse a se chamar a entidade operativa, vivendo os novos tempos de neo-liberalismo e dos cristãos novos da democracia – estava pronta para surgir, pelo poder de decisão daqueles que a queriam existindo. Talvez fosse mais polémica, talvez nascesse com menos força, mas nasceria como a planejavam a Espanha, o México, Goar Mestre/Juan Palli e Gustavo Cisneros/Cuzco/Reyna e sem atrasar o cronograma que os líderes já haviam estabelecido. Afirmo isso com a autoridade de quem, já articulando a nova entidade, era conselheiro da AIR pelo Brasil e 45 dias antes da fundação da OTI se elegera presidente, em memorável assembléia da Associação Interamericana de Radiodifusão, em Miami.

Se me perguntassem, neste quarto de século depois, se eu repetiria o esforço e voltaria a trabalhar para a fundação de uma OTI eu diria, sem titubear, que sim. Ela era e continua sendo absolutamente necessária para os seus fins, como a AIR é essencial em seu campo de ação. Se o futebol ajudou a união, excelente. Como dizem os slogans publicitários: Futebol também é cultura. Em sua vibração, futebol também é hispanidade.

---

[50] Até às Jornadas de Santiago do Chile todos os encontros e movimentações da Espanha giravam em torno dos países de língua espanhola, o que era lógico e natural, sendo chamados de encontros "hispano-americanos".

Capítulo 6

# ASSOCIAÇÃO INTERAMERICANA DE RADIODIFUSÃO - AIR

A AIR – fundada como Associação Interamericana de Radiodifusão, na cidade do México, em 4 de outubro de 1946, depois de um ano de sua reunião preparatória no Rio de Janeiro, é a mais antiga das organizações internacionais de emissoras. Idealizada e constituída graças ao entusiasmo do uruguaio Lorenzo Balério Sicco, no período da presidência do brasileiro Luís Eduardo Borgherth, nos anos 80, tornou-se Associação Internacional de Radiodifusão, com a mesma sigla AIR (IAB em inglês) para permitir o ingresso de emissoras da Europa e da Ásia, onde começaram a operar e se reuniram em associações nacionais, radiodifusoras privadas. Em seus 50 anos de vida, a AIR sempre se manteve rigorosamente fiel a seus princípios básicos, definidos em Estatuto, de defesa da liberdade de expressão e da radiodifusão em mãos da iniciativa privada. O temor de algumas novidades e até o alheamento de alguns dos seus membros às transformações da indústria sempre fizeram com que seus adversários a ela se referissem como um aglomerado para protestos, para eles quixotescos até o momento em que eles precisaram se defender contra os ditadores e os usurpadores de seus direitos e de suas concessões de radiodifusão. Sem nenhuma dúvida, a grande maioria, sobretudo por estar mal informada, via com desconfiança os rumores sobre o aparecimento da OTI. Durante 25 anos a única entidade de radiodifusão das Américas, integrada exclusivamente por empresas privadas, era natural que a AIR sentisse como ameaça o surgimento de uma nova organização, que reuniria, sob a mesma bandeira as grandes emissoras particulares e seus ditos "inimigos" – as estatais. Diziam-me alguns que "impedir é impossível, mas ajudar e até participar é imperdoável". Um dirigente chileno, homem de rádio, foi credenciado como observador no encontro de radiodifusores no Chile e considerou o assunto simplesmente dentro dos termos das informações que recebera: uma reunião para o intercâmbio de notícias, que iria se repetir logo em seguida. O último parágrafo de uma resolução adotada na capital chilena falava sobre "a apresentação por um grupo de trabalho encarregado de um informe com as necessidades operacionais de um conjunto de empresas de televisão latino-americanas". Se aquela Resolução tivesse sido recebida, à época, em Miami, seria, certamente, um tanto misteriosa para a secretaria geral da AIR, que deveria se pronunciar sobre a possibilidade de satisfazer certos aspectos de ordem operacional. Para esta gestão esperavam a ajuda dos delegados membros atuais da AIR. [51] As empresas presentes em Santiago eram a Pan-Americana e a América, de Lima, Perú; Telesistema Mexicano, Televisora Nacional de Panamá; Venevision, de Caracas; e canais 11 e 13, de Buenos Aires. Excetuando-se os argentinos, que levavam mandato de ATA, os outros não demonstraram qualquer interesse por suas associações nacionais e, consequentemente, pela AIR. Juan Palli, do grupo de Goar Mestre, que estava no Chile, como delegado do canal 13, de Buenos Aires, era, entre todos, o único verdadeiramente preocupado com a AIR.[52]

Pedir à "romântica e lírica defensora de princípios éticos e de direitos", como alguns a consideravam, que, informasse sobre necessidades operacionais de canais latino-americanos de televisão era solicitar o impossível, como todos sabiam. Mesmo porque a AIR jamais fora ou poderia ser, com a sua estrutura, um organismo destinado a supervisionar, coordenar ou dirigir operações de canais de rádio ou de televisão. Este tipo de organismo no Continente era reclamado por muita gente, inclusive, até de lá do outro lado do Atlântico. Os responsáveis pelos serviços permanentes da UER, em Geneve, como Charles Gilliéron, então diretor de programas ainda na paradisíaca casa de "Mon Repos", onde conversamos duas ou três vezes, posteriormente o seu substituto Miroslav Vilcek; e George Straschnov, diretor de assuntos legais, hábil e gentilmente falavam da necessidade de uma entidade operativa na América Latina para facilitar o entendimento a nível internacional. Os países socialistas tinham o centro técnico de coordenação e a administração da sua OIRT (Organização Internacional de Rádio e Televisão), em Praga, na Checoslováquia; a Ásia operava a Asian Broadcasting Union, com a secretaria em Sidney, Austrália. Na África, duas entidades dividiam o Continente –a URTNA – União de Radiodifusoras e Televisoras Nacionais da África, com

[51] - A solicitação nunca foi feita diretamente pela Secretaria das Jornadas à AIR. Os poucos delegados também membros de associações nacionais da AIR parecem que não tiveram tempo de comunicar-se com a sede da entidade em Miami, com exceção de ATA, cujo oficio foi levado ao conhecimento somente da nova diretoria em 2 de fevereiro de 1971.

[52] - Juan Palli, que sempre me honrou com sua amizade, confessou que o contato com a Air, ele sabia, serviria apenas para demonstrar não haver nenhuma hostilidade ou intenção de desrespeito. Nem Goar, nem Ascarga, nem Cisneros tinham qualquer intenção de enfraquecer a entidade que podia valer como "uma apólice parcial de seguro contra a violência dos ditadores de plantão". Ele, cubano, exilado, e tambem vítima da ditadura militar argentina sabia muito bem do que estava falando.

sede em Dakar e a ASBU – Arabs States Broadcasting Union –reunindo os países da Liga Árabe, com sede no Cairo. Todas estas organizações são operativas, com personalidade jurídica de empresas autônomas, não governamentais, embora congregando, à exceção da ABU, exclusivamente emissoras de rádio e de televisão estatais.

Conselheiro pelo Brasil, eu vinha defendendo algumas alterações na forma de atuar da AIR, sobretudo diante do novo desafio que era a televisão. Entendia, como entendo, que a radiodifusão engloba as rádios, emissões sonoras; e a televisão, emissões de som e imagem. Esta é, aliás, a definição consagrada e estabelecida na maioria das legislações de nossos países. Acreditava que a AIR deveria criar setores de prestação de serviços e de coordenação internacional para alguns casos envolvendo vários países e emissoras, em conjunto com as associações nacionais, suas filiadas. No meu entendimento, a prática já adotada por um reduzido número de entidades nacionais, para transmissões em redes, reforçaria a AIR como entidade continental e ainda ajudaria a superar seus permanentes e angustiantes problemas financeiros.[53]

Várias vezes conversamos com os companheiros sobre o inevitável aparecimento de organizações que buscariam preencher aquilo que eu considerava um vazio na atuação da AIR. Reconhecia, no entanto, ser difícil e complicado processar mudança tão radical, em uma entidade que jamais estivera voltada para a operação de emissoras de rádio ou de televisão. Mas era preciso achar uma saída e urgentemente. Igualmente sustentei sem êxito, em muitos debates, que deveríamos assumir posição clara e mais flexível no relacionamento com as emissoras estatais. Jamais me pareceu correto o radicalismo de alguns que exageravam ao recomendar o repúdio puro e simples aos radiodifusores oficiais, entre eles "certos autoproclamados democratas" que pretendiam vedar a sindicalização de funcionários das rádios e tevês ligadas ao Governo, como se deles fosse a responsabilidade da existência das emissoras oficiais. Convencido das vantagens da livre empresa e da radiodifusão privada, lutava por ela. Mas não defendia características empresariais somente para a radiodifusão. Em um plano de trabalho apresentado ao Conselho Diretor, propunha que a AIR se empenhasse na defesa da iniciativa privada em geral, por acreditar ser mais fácil lutar por liberdade de expressão onde se tem uma sociedade saudável, economicamente equilibrada, em mercados competitivos, em que progridem as emissoras mais fortes e mais competentes. Nada impediria que os governos operassem seus canais de comunicação próprios, dentro das regras da livre competição, sem favorecimentos ou vantagens indevidas. Se entendíamos que a liberdade de expressão supõe a liberdade de recepção, não podíamos impedir que o público ouvinte tivesse o direito de escolha. Mesmo porque a sintonia não depende do poder de quem maneja o que se emite, mas sim da qualidade e do interesse do que é emitido. É um

[53] O orçamento da AIR para o ano de 1974 estimava um total de receita com as quotas sociais de U$17.910,00. Os atrasos de quotas sociais, em princípios de 1975, era da ordem de US$5.402,11 -**Boletim AIR - Abril 1975 - Pg. 162**

erro pensar que as grandes massas estão preocupadas com a propriedade dos meios de comunicação. Claro que as elites sabem dos perigos e das desvantagens da exploração política pelos governos de exceção e muita gente tem consciência do problema. Essencial, no entanto, é ter a radiodifusão em mãos privadas sérias, competentes e comprometidas com o bem estar da sociedade. Empresários devem ter emissoras de radio e televisão para fazer negócios limpos e claros, para ganhar dinheiro, porque o lucro, daí resultante, nunca foi imoral. Para isso, o que se exige é competência. Se o problema é de seriedade e de competência, com regras de atuação perfeita e claramente definidas, não há porque deixar de reconhecer que as emissoras estatais existem e com elas podemos e devemos conviver. Defendia, quando era presidente da AIR, e continuo defendendo, até hoje, conscientemente, o relacionamento aberto com a radiodifusão estatal, onde ela existir.[54] Durante meu segundo período de presidência da AIR foram feitas algumas reformas e introduzidas normas mais flexíveis [55] na interpretação da doutrina da entidade.

Na prática empresarial, não hesitei, em 1962, em filiar a TV-TUPI, do Rio de Janeiro, então sob minha direção, à União Européia de Radiodifusão, tendo participado como observador interessado e atento de suas mais importantes reuniões. A experiência já me convencera de que podíamos conviver harmonicamente, intercambiando informações, serviços e interesses. Aos críticos lembrava sempre que as três principais cadeias de rádio e televisão do país menos estatizado do mundo – os Estados Unidos da América do Norte – eram associadas da Eurovisão, não obstante sua condição de sócias ativas da AIR e defensoras dos seus princípios, através da atuação da NAB.[56]

As dificuldades eram imensas, considerando-se ser a AIR constituída em bases institucionais, em que os sócios ativos são as associações nacionais de cada país, a que estavam filiadas, no total, cerca de 30 mil emissoras, com o maior contingente reunido exatamente na NAB.

## CAMPANHA PARA PRESIDENTE

Em 1970, me lancei abertamente à sucessão do norte-americano Herbert Evans na presidência. Era a primeira vez que se postulava o posto máximo da AIR, com antecedência,

---

[54] Afirmação feita públicamente em discurso de improviso, no Palácio do Governo em Montevidéu, ao agradecer palavras de saudação do sr. Juan Maria Bordaberry, presidente da República Oriental do Uruguai ao receber dirigentes da AIR - Notas do repórter do diário "El Dia", publicadas na edição de 07/03/1975.

[55] ..."a radiodifusão deve ser privada e não constitui um serviço público. Para tal fim se levará em conta a existência de emissoras oficiais e se recomenda que estas não tenham caráter comercial". **Estatutos da AIR artigo 1 - item b - aprovados em Assembéia Geral Extraordinária - Montevidéu - 1973**

[56] NAB - National Association of Broadcasters, com sede em Washington, D.C. nos Estados Unidos. A CBS e a NBC eram também, como várias outras emissoras do Continente, sócias colaboradoras da AIR.

diretamente e sem meias palavras. Em Buenos Aires, em 1967,o representante da NAB fora eleito, com três votos contrários, dados ao brasileiro João Calmon, para um mandato de dois anos, como determinavam os Estatutos.

Evans não convocara eleições e lutava com grandes dificuldades estando em Columbus, Ohio com a direção geral, e a tesouraria em Miami, Flórida, quase imobilizando a entidade, justamente num período de grandes transformações na radiodifusão. Viajei pelas Américas expondo minhas idéias, convicções e projetos. Radiodifusores, dirigentes ou não de Associações Nacionais, me ouviram e comigo debateram livremente pensamentos e propósitos.

O resultado dos entendimentos foi expresso nas urnas, no dia do encerramento de memorável Assembléia realizada no Hotel Everglades, em Miami, nos Estados Unidos, de 29 de janeiro a 2 de fevereiro de 1971, com a presença record dos representantes de 22 países, a totalidade dos filiados: fui eleito, pela primeira vez, presidente da AIR e empossado logo em seguida. Significativamente, o voto do Brasil foi dado pelo então presidente da ABERT[57], o empresário João Saad, proprietário da Rádio e Televisão Bandeirantes de São Paulo. João não pudera assistir à Assembléia, mas, na véspera da eleição, voou do Brasil durante a noite.

Na manhã seguinte, em Miami, assumiu a chefia da delegação brasileira por algumas horas especialmente para votar e fazer declaração de voto do apoio de toda a radiodifusão brasileira aos princípios e planos defendidos pela nova presidência. Notícias publicadas sobre a Assembléia de Miami dizem ter sido unânime a votação para a presidência, o que não é correto.

É preciso esclarecer que houve uma abstenção da ATA – Associação das Televisoras Argentinas – cujo presidente Pedro Simoncini, do canal 11 de Buenos Aires, dirigiu os trabalhos da Assembléia; e um voto contra, o do Uruguai. Em justificações de votos, após a proclamação dos resultados, a ATA, que detinha 50% do voto argentino fez questão de esclarecer sua posição, como decorrente de divergências internas com a ARPA, a Associação dos Radiodifusores Privados Argentinos, em nada relacionadas com o novo presidente e com suas idéias. E Justino Jimenez de Aréchega, presidente da Associação Nacional de Broadcasters Uruguaios – ANDEBU – manifestou o apoio total de sua entidade ao presidente eleito, sem abrir mão, no entanto, de suas divergências no campo interpretativo da filosofia da AIR.

Sempre, aliás, foram excelentes as minhas relações com os uruguaios, a tal ponto que, por iniciativa e proposta minha, na segunda presidência, foi transferida, em caráter permanente do Rio de Janeiro para Montevidéu, onde está até hoje, a sede da AIR.

[57] Associação Brasileira de Emissoras de Rádio e Televisão, com sede em Brasilia-DF

# CORREÇÃO DE RUMO

Mas, para chegarmos àquela Assembléia de tantos êxitos e de muitas esperanças, os rumos tiveram que sofrer algumas correções desde a sua fase preparatória. A convocatória e os preparativos da Assembléia da AIR em Miami precisaram de ajustes na aplicação dos tradicionais conceitos das lideranças da entidade. A meu pedido, Herbert Evans, delegado dos anfitriões da NAB, que era o presidente, mandou que fosse feito um convite protocolar à União Européia de Radiodifusão, estendendo-o a todas as emissoras suas filiadas. Sempre respeitei muito a sua posição de presidente e tinha ido à Columbus, Ohio perguntar a Evans se ele iria convocar eleições, se era candidato à reeleição e se tinha candidatos. Ele também fora o primeiro a oficialmente saber que a ABERT teria um candidato. Quando voei de Caracas, em novembro, após as II Jornadas Ibero-Americanas de Comunicações via Satélite, para um encontro com Evans em sua emissora em Columbus conversei em New York com Ralph Baruch, da CBS e, este, por telefone, em minha presença, comentou o tema do convite à UER com seu representante permanente junto à NAB, em Washington.

A instrução do presidente Evans à direção geral em Miami causou surpresa. Dois exemplares lutadores e sustentáculos da existência da AIR, os dirigentes da Associação da Radiodifusão de Cuba no Exílio,[58] o conselheiro-tesoureiro Abel Mestre e o fundador e diretor geral Ramon Bonachea manifestaram abertamente sua insatisfação com os convites, fazendo restrições claras às instruções. Mas, com inegável espírito de disciplina democrática e de companheirismo, trabalharam entusiasticamente para o sucesso da Assembléia, que Bonachea não chegou a assistir, por ter falecido dias antes de sua realização.

Ostentando a representação da UER, a Rádio e Televisão Espanhola enviou à Miami, como delegados observadores, Luis Ezcurra, Felix Fernandez Shaw e Eduardo Gavillan. Também a RAI – a estatal da Itália – indicou Luigi Casini, seu diretor para a América do Sul e representante de Vittorio Boni, seu diretor de relações com o Exterior e presidente do Grupo de Programas de esportes da Eurovisão. A Televisão Espanhola estava, ainda, representada pelo seu produtor e diretor de esportes Tomás Garcia e pelo engenheiro Manuel Romero, ambos integrantes do grupo operacional da Eurovisão no Mundial de Futebol de 1970, no México.

Eduardo Gavillan representava a Espanha na Comissão Técnica da Eurovisão e, como tal, também mantivera estreitos contatos com os mexicanos; e Felix Fernandez Shaw, diplomata e jurista, servira como embaixador da Espanha na América Central. Ficara amigo de muitos

[58] A Associação dos Cubanos no Exílio era uma homenagem a todos os radiodifusores cubanos, como Goar, que tiveram suas emissoras expropriadas por Fidel Castro. Tinha direito a voz e voto e praticamente dois representantes, que mereciam todo o respeito e gozavam de nossa profunda estima. Mais um símbolo de luta e resistência, que qualquer outra coisa, uma legítima bandeira da AIR contra a violência das ditaduras.

proprietários de televisoras e rádios da região, que tinham permanentes contatos com o Telesistema Mexicano. Especialmente de Fernando Eleta, dono da Corporación Panameña de Radiodifusión, sócio da estação terrena de seu país e grande acionista de uma companhia aérea que diziam ter vínculos com a Ibéria espanhola. Eleta tinha sido duas vezes ministro em seu país e embaixador plenipotenciário do Panamá junto ao governo dos Estados Unidos e mantinha poderosos amigos e interesses na Espanha e no México. Fernando Eleta, que chegou a postular a presidência e depois alinhou o Panamá com a minha candidatura, disse-me, certa vez, que, se tivesse chegado à presidência conduziria a AIR ao relacionamento com as emissoras estatais como a melhor defesa dos interesses de todos os empresários, mas não partilhava da crença de que em sua estrutura pudesse caber qualquer atividade de cunho puramente operativo.

Este era o ponto de vista mais fortemente defendido por todos os antigos "caciques" que haviam sustentado, sob duras penas, a AIR viva. Assim pensavam Felix Cardona Moreno, Hector Pondsdomenech, Emilio Azcarga, Raul Fontaina, Goar Mestre, Pedro Tello Cadenas, Justino Jimenez de Arechaga, Washington Delgado Cepeda, Boris Ezerski e Fernando Eleta – para citar alguns que me disseram isso claramente. Pessoalmente, estava convencido de que algumas iniciativas de transformação da entidade, marcadamente argentinas e peruanas, não iriam prosperar e a criação de serviços específicos, de natureza operacional, destinados à televisão, poderiam ser a redenção financeira da AIR mas representariam brechas graves na dedicação à luta pela permanência da radiodifusão como empresa privada. Um preço muito alto, que poderia ser ainda maior se os norte-americanos não estivessem interessados em continuar ajudando financeiramente a AIR, se ela, de repente, ficasse mais preocupada com outras coisas que não a defesa da liberdade de expressão. Aos companheiros, disse, claramente, nos encontros fora das reuniões oficiais, nos corredores e nos longos cafézinhos, almoços e jantares que temia enfraquecer, ainda mais, os já depauperados recursos da AIR se insistíssemos no caminho da separação de rádio e da televisão, como pretendiam algumas propostas. Éramos radiodifusão e radiodifufusão privada, de som e imagens.

Afirmei muito claramente meu envolvimento com a criação da OTI e se, para uns poucos estive ameaçado de não ter sucesso nos planos de me eleger presidente, a todos deixei bem claro que minha eleição visava o fortalecimento da AIR e de seus princípios e para isso não considerava aceitável criar uma sub-associação operativa de televisão, como, em outros termos, se discutia uma proposta.

Passados tantos anos, às vezes lembro-me dos contrastes daqueles dias. De um lado, havia os "ferrenhos legalistas" apegados inabalavelmente às tradições e às demonstrações de grande saber jurídico; do outro, os " modernosos" ou "progressistas" que queriam a todo risco sair comprando direitos de transmissão e montando operações fantásticas. Para uns e para outros, "o presidente não era bem o que dele se havia esperado". Talvez, por isso, por estar no meio das duas correntes, concorri a mais duas eleições e ganhei as duas – na República Dominicana, quando trabalhei para tal fim; e no Uruguai, quando me levaram a aceitar o novo encargo.

E depois no Equador tive a alegria de ver o vice-presidente de minha diretoria, o uruguaio Hector Amengual, eleito para me substituir.

## PRIMEIRA REUNIÃO DE CONSELHO E OTI

Os Conselheiros eleitos em Miami foram imediatamente convocados para a primeira reunião e ali mesmo informados que dentro de 45 dias eu estaria no Mexico, onde certamente estariam muitos outros companheiros da AIR para uma reunião de estudos e debates em que deveria nascer a nova entidade operacional tão falada nos corredores.

Somente naquela ocasião tomei conhecimento de um ofício da Associação deTeledifusoras Argentinas – ATA – encaminhando o texto de sua resolução n.1808, que afirma em seu tópico inicial: "Visto: As recomendações das "Jornadas Ibero-Americanas de Comunicações via Satélite", formuladas ao final de sua primeira reunião que teve lugar em Santiago do Chile, entre 12 e 15 de outubro de 1970. Que participaram na mesma os representantes de estações de televisão, administrações de estações terrenas e produtoras de programas da Argentina, Chile, Colômbia, Espanha, México, Panamá, Perú e Venezuela, os quais condicionaram sua aceitação a que de que não estivessem em conflito algum com os estatutos das Câmaras ou Associações Nacionais que as agrupam ou com os postulados da Associação Interamericana de Radiodifusão" e, depois de alguns "consideranda" conclui na parte resolutiva:

"1 –Declarar que:

a) é de interesse da atividade da televisão privada argentina que se concretizem os objetivos propostos nas "Jornadas Ibero-Americanas de Comunicações via Satélite", realizadas em Santiago do Chile, entre 12 e 15 de outubro;

b) que não está incluída dentro de seus objetivos estatutários a representação dos interesses privados da televisão argentina nas ditas Jornadas.

c ) que seus filiados não podem ter qualquer conflito com os postulados sustentados pela Associação Interamericana de Radiodifusão, em quanto à concretização das recomendações de Santiago do Chile, já que os pertinentes Estatutos não as compreendem...

2 – Recomendar a seus filiados que continuem participando ativamente, como vêm fazendo até o presente, nas próximas Jornadas Ibero-Americanas programadas, afim de lograr a estruturação de um organismo técnico operativo permanente para cumprir seus fins.

3 – Requerer aos filiados participantes o envio a esta Associação de toda a informação ou planos de trabalho aprovados, para fazê-los conhecer a todos os restantes associados.

4 – Formular um voto de aplauso aos senhores representantes de proprietários de estações terrenas pelo acordo logrado de adaptar suas tarifas afim de colocá-las ao alcance das empresas de televisão.

5 – Remeter cópia da presente e dos antecedentes correspondentes à Associação

Interamericana de Radiodifusão, para que ela tome as providências que julgue convenientes."

Assinava o documento, curiosamente sem datá-lo como muitos que temos visto em nosso Continente, o diretor geral de ATA, Sr. Carlos Ibarra.

Em fevereiro de 1971, era lógico que não havia muito a fazer além de registrar seu recebimento com tanto atraso. Fato inexplicável, mesmo para os conselheiros pela Argentina. Atribuindo-se a longa demora em receber a comunicação aos transtornos causados pela morte inesperada do diretor geral Ramon Bonachea, passou-se ao famoso "cuarto intermédio"[59] e o assunto foi abandonado, dispensada, diante dos fatos mais recentes qualquer contestação à ATA.

## NINGUÉM PODERIA IMPEDIR A OTI

Quanto ao aparecimento da OTI todos sabiam, porque ninguém era inocente, que não se podia mais pará-la, impedir um movimento, liderado pelos nomes conhecidos de todos, e cuja finalidade principal seria operacional, com vistas ao fortalecimento de empresas de radiodifusão.

A minha posição era clara: enfatizando a grande importância da AIR, que todas as propostas de fundação do novo organismo, por estratégia ou legítima crença, ressaltavam sempre, devíamos aceitar a OTI como ela projetava ser, convivendo harmoniosamente com os organismos estatais, defendendo a empresa privada em geral e o equilíbrio de economias saudáveis e prósperas. Pessoalmente havia apoiado a idéia e acreditava em seus propulsores, tanto que representava o meu país – e era o único do Brasil até aquele momento.

A imperativa necessidade de existência da AIR não morrera, nem morreria. O futuro comprovaria esta certeza. Os fatos se encarregariam de mostrar, como infelizmente o fizeram com extrema rapidez, que as empresas privadas da OTI necessitam de uma entidade preocupada com princípios, romanticamente ética, digam os que quiserem dizê-lo, para defendê-las, quando lhes faz falta algo sem o que não lhes adianta saber discutir, concluir e executar um bom e lucrativo contrato.

Que o digam Rádio Caracas – Canal 2, retirado do ar abruptamente; Teleamazonas, canal 4 de Quito e seu jornalista expulso do país sob ameaças de prisão; Mirtha Legrand e o canal 13 de Buenos Aires que ousaram desagradar Isabelita de Peron. Vítimas de violências menores da censura policialesca nas Américas Central e do Sul recorreram e tiveram a AIR ao seu lado. Que não se esqueçam os donos dos canais de televisão do Perú, que o governo

[59] Para muita gente, em especial para os brasileiros, vale explicar que o chamado "cuarto intermédio" é um recurso usado muitas vezes em reuniões, quando o tema se torna cansativo ou difícil, como, por exemplo, pavimentar os caminhos de uma eleição. Concretamente é um pedido de suspensão dos trabalhos por 15 minutos, que às vezes, são horas... ou sempre.

Velasco Alvarado expropriou, transformando-os em Telecentro onde seus proprietários recebiam ordens de coronéis, e o fez sócio ativo da OTI com plena aceitação de todos ou quase (para não ser injusto) todos, enquanto a AIR sózinha e sem recursos gritava contra o esbulho, arriscando-se por convicção, por dever e por fé nos seus princípios mesmo até o limite da integridade física de seus dirigentes,[60] sem esperar por qualquer agradecimento. Que aliás não viria, como não veio mesmo, nem quando os canais voltaram aos seus legítimos donos e a AIR precisava de dinheiro, para sobreviver, e queria somente receber as quotas atrasadas das Associações Nacionais.

Por tudo isso e por muito mais, sempre acreditei que a posição da AIR não seria de complacência diante do que podiam imaginar como ameaça à sua existência. Mas, nunca seria deliberadamente impeditiva. Não era da sua tradição democrática agir dessa maneira, e, na verdade, nem se acreditava com poder para tanto, ainda que pudesse mobilizar-se para isso.

A liberdade individual e de empresa não é para a AIR somente e apenas um direito que estatutariamente ela deve defender. Mais que isso é uma convicção fundamental e irremovível de todos que a integram. Jamais pude entender isso de forma diferente.

Transcorridos 25 anos da Assembléia de Miami e das Jornadas do México, os fatos mostram que a AIR jamais esteve em perigo com o aparecimento da OTI. Defendendo as empresas a ela filiadas, em seus direitos e liberdades fundamentais (que a OTI, por não ser política está impedida de fazer), as duas entidades – uma rica e próspera, a outra pobre e carente de recursos materiais, como sempre – são, em nossos dias deste fim de século XX, parceiras, respeitadas no fórum continental e internacional.

Em 1996 tive a felicidade pessoal, como seu presidente de honra, de receber as homenagens da AIR, em Las Vegas, na data da celebração dos 50 anos da entidade que alimenta a nossa alma e nossos princípios básicos; e de, no México, ser distinguido com o carinho e as honrarias dispensadas aos fundadores da OTI na Assembléia dos 25 anos de sua brilhante trajetória operando a televisão intercontinental. Cumprem, ambas, seus destinos.

[60] Era presidente da AIR, quando ao desembarcar em Lima, de um avião da Varig, às 23 horas, fui informado por um policial fardado que não poderia entrar no País, porque o passaporte venceria em 3 dias. Deveria embarcar no primeiro voo a decolar para o Exterior. Permaneci em pé num extenso corredor envidraçado, não podendo telefonar sob a alegação de que o circuito para o público estava interrompido. Horas depois saí num voo da Braniff para Assunção, onde conversei com o dr. Oscar Paciello, o mais ativo defensor da Air no Paraguai. Jamais o incidente foi explicado, mas o conselheiro peruano da AIR, Pedro Tello Cadeñas, um perseguido permanente dos militares, disse-me que sabiam quem eu era e não seria benvindo depois do protesto contra o governo Velasco Alvarado pela expropriação das tevês. Nunca pude esclarecer se foi um ato político como muitos imaginaram; ou pura estupidez burocrática.

CAPÍTULO 7

# O "INTERESSE" BRASILEIRO

Há muitas décadas consta do currículo da escola secundária brasileira, como disciplina obrigatória, o ensino de, pelo menos, uma língua estrangeira. Houve época em que o francês era o mais importante, logo seguido do inglês. Após a Segunda Guerra Mundial, o inglês assumiu a posição antes ocupada pelo francês, crescendo também o interesse pelo ensino do alemão.

Os rumos do comércio internacional com formação de blocos continentais e associações regionais, tipo ALALC e Mercosul, chamaram a atenção para o espanhol. Há dois anos seu ensino foi incluído no curso secundário, embora sem a mesma importância do inglês ou do francês. Os brasileiros estão descobrindo o que todo mundo sabia e fingia desconhecer: sempre vivemos de costas para a cordilheira dos Andes, do mesmo modo como os sul-americanos de origem espanhola faziam com os brasileiros. No Brasil, ninguém nunca se interessou em ensinar quem foi Bolivar ou San Martin, como a garotada de "habla hispana" de brasileiro conhece apenas Pelé, Garrincha e Carnaval. O espanhol "falado" pelo brasileiro é metade letra de tango arrabalero, outra metade romance de bolero. Se esta é a postura da maioria, feitas as exceções de praxe, encabeçadas pelos intelectuais realmente interessados e incluídos os grupelhos que nunca leram, mas, pelo menos conhecem, de ouvir falar a Pablo Neruda, pode-se dizer que, como reflexo da sociedade a que serviam, outra não era a situação dos dirigentes de rádio e televisão.

Em importante televisora do Rio de Janeiro, os dirigentes supremos só se referiam aos hispânicos das Américas como "os cucarachas". O máximo de interesse que os vizinhos podiam despertar era sobre sua capacidade de transmitir corretamente uma partida de futebol da seleção brasileira.

Era muito mais fácil – e sem dúvida a viagem mais atraente – ir a New York e Los Angeles ter contatos com os vendedores de programas dos Estados Unidos, do que ver o que estavam fazendo argentinos, chilenos e peruanos, aqui pelas nossas bandas. Quando chegaram os primeiros convites para encontros no âmbito latino-americano, eu, pessoalmente – que diziam não podia ouvir um tango –, conversei com muita gente e não senti grande entusiasmo. Passadas as reuniões iniciais e com as informações recebidas sobre os progressos registrados em vários países, em função dessa troca de conhecimentos, houve algum interesse. Mas no final sempre alegavam falta de tempo e acabavam não aparecendo mesmo.

Não era, por isso, de estranhar o desinteresse pela informação referente a reuniões profissionais no Chile e em outras cidades sul americanas. A respeito da fundação da OTI ninguém chegou a se pronunciar ou mesmo sequer a pensar em ser a favor ou ser contra. Simplesmente não houve tempo para isso. Quando Eduardo Reyna, em minha presença, falou com a TV Globo – na situação em que se vivia naquele momento no Brasil a única emissora, além da TV Tupi, que poderia ou deveria se interessar – e fez o convite para a reunião de Caracas, falou de intercâmbio de programas, de notícias via satélite, de ação conjunta com a Televisão Espanhola e com os canais do Hemisfério e até mesmo de redução de tarifas para as transmissões. Mas em nenhum momento, nem ele, nem ninguém, falou na intenção de fundar qualquer tipo de associação, muito menos de OTI ou mencionou entendimentos para juntar interessados na compra dos direitos de uma Copa do Mundo ou de qualquer evento esportivo.

No Brasil, realmente, a preocupação com relacionamento internacional era, há muito tempo, exclusivamente da TV Tupi, talvez mesmo por uma questão de vocação oriunda de seu fundador, o jornalista e embaixador Assis Chateaubriand, homem de acurada visão universal...

A verdade é cristalina: quando a televisão do Brasil foi convidada a participar de um movimento que já se encontrava em sua etapa definitiva havia, por parte dos mentores da iniciativa, motivos de ordem muito prática, nada sentimentais ou relacionados com políticas de boa vizinhança e algo assim. Salvo pelo fato de terem procurado a Tupi, como conseqüência do maior relacionamento da emissora carioca com muitos radiodifusores, todas as demais razões foram econômicas e não necessitam explicações. Logicamente que, apesar da tradição de isolamento de ambas as partes, era preciso ter visão clara de futuro e a capacidade de poder compreender naquele instante o papel do Brasil no Continente. A aproximação com os brasileiros foi uma inegável afirmação do alto sentido prático de quem comandava uma grande operação comercial e política com apurada sensibilidade de conhecedor de todo o mercado, fosse ele comprador ou vendedor.

Hoje, pode até ser diferente. Mas naquele instante não seria inteligente deixar aquela gigantesca ilha de língua portuguesa, cercada pelo mar de língua espanhola, em posição de competidor livre e direto para agir como melhor lhe parecesse. O rumo das disputas futuras, no novo mundo das comunicações, quando mais e mais a competição ia ser acirrada, poderia ser imprevisível. Melhor, portanto, atrair o maior número de amigos poderosos para o nosso lado.

Curiosamente, a TV Tupi – sendo Brasil – aceitou muito interessada participar de tudo, pelos mesmos motivos originários do convite que lhe faziam: também ela não desejava ficar sózinha para competir com gente tão poderosa, que estava se unindo. Se a Tupi poderia estar do mesmo lado e obter até maiores vantagens, que assim fosse... Não havia o que perder, como não houve.

Capítulo 8

# A GRANDE FESTA MEXICANA

As III Jornadas Ibero-Americanas de Comunicações via Satélite foram, desde a sua organização, concebidas para ser uma grande festa, no melhor estilo e com o brilho que os mexicanos sempre se esmeraram em conseguir. Os convites oficiais haviam sido expedidos, a nível governamental, diretamente pela Secretaria de Comunicações e Transportes do México e anunciavam presenças de personalidades ilustres na área dos satélites, como o construtor do "Early Bird"– Harold Rosen – e uma equipe de engenheiros e projetistas seus companheiros na Hughes Aircrafts, de onde era diretor técnico. Havia mais de uma centena de delegados. O grande interesse pelas novidades nas comunicações espaciais, como as características e serviços anunciados pelo engenheiro Ralph Mitchell para o novo satélite que desenhara – o Intelsat IV–, fizeram com que jornais e agências noticiosas dessem enorme destaque ao encontro presidido por Roberto Kenny, do Telesistema.

Emilio Azcarga, Romulo O'Farril, Miguel Aleman, ou seja todo o alto comando da empresa azteca, estiveram sempre presentes, fazendo as honras da casa, como eficientes e simpáticos anfitriões.

A sessão solene de inauguração, no dia 15 de março, á noite, no grande salão de festas do Hotel Fiesta Palace foi uma abertura de gala, com a presença de autoridades e convidados especiais. Oswaldo Barzelatto, que presidira as Jornadas anteriores, fez breve relato dos encontros de Santiago do Chile e de Caracas; e Felix Fernandez Shaw, em nome de Televisão Espanhola historiou, destacando sua importância, as reuniões de produtores hispano-americanos promovidas desde 1965 e realizadas na Espanha e na Argentina.

Três grupos de trabalho foram encarregados de conduzir os trabalhos regulares a partir da manhã seguinte: um técnico, outro de serviços informativos e o organizativo. No grupo técnico, os engenheiros intercambiaram muitas informações sobre normas operativas, estações terrenas, terminologia e coordenação de sistemas de transmissão e recepção. Nasceu ali o núcleo básico da Comissão Técnica da OTI, que seria legal e formalmente constituída na primeira reunião do Conselho Diretivo, em Bogotá. Outro grupo, o de serviços informativos debateu amplamente o intercâmbio de notícias, com a participação de responsáveis pelo setor jornalístico de vários canais. O Serviço Ibero-Americano de Notícias, que começara seu período de provas dias antes, foi analisado e comentado, devendo ser ressaltada a contribuição dada aos trabalhos por Tomás Garcia, que representava o setor de notícias da Eurovisão e por Horácio Estavillo, do Telesistema Mexicano, que se deslocara de Madrí, onde vinha atuando como coordenador das empresas ibero-Americanas.

Mas sem diminuir a importância dos dois grupos, a grande cartada se jogava mesmo no chamado grupo de organização: de lá iriam sair as normas básicas para a constituição da Organização da Televisão Ibero-Americana. Talvez o consenso para as mais importantes decisões tenha sido obtido fora das salas de reunião. O cansaço de longos debates não impedia que muitos dos participantes prosseguissem no bar, no café ou no restaurante procurando esclarecer seu pensamento e convencer alguns companheiros da excelência de suas idéias. Havia um esboço de projeto de estatutos, surgido no fim da reunião em Caracas. A forma jurídica não era problema para gente altamente ágil e competente, como os relatores Felix Fernandez Shaw, Oscar Gutierrez e Hector Pondsdomenech, os homens da Lei, ordenadores e disciplinadores daquele núcleo, também tornado, mais tarde, o Comité Jurídico da OTI. Juan Palli, Fernando Eleta, Eduardo Reyna, o autor destas linhas e quantos estivessem dispostos a colaborar participando dos trabalhos, trouxeram sua contribuição aos debates e sugestões para ajustar e conciliar o aspecto político e a parte econômica, os pontos mais delicados e trabalhosos.

O primeiro grande desafio era resolver questões tão significativas em curto espaço de tempo, já que havia a decisão de fazer-se a OTI naquela reunião. Era essencial definir, pelo menos, dois pontos fundamentais: os critérios para distribuir as obrigações economico-financeiras; e, logicamente, como seria atribuído o poder de cada um. Juan Palli, desde os contatos iniciais, falava de empresas, de mercados, embora considerasse ser essencial o respeito ao critério geográfico. No instante em que se chegou ao acordo sobre as obrigações financeiras do sócio pela quota social e por tudo aquilo considerado essencial à manutenção da Organização como entidade, que, uma vez fixada pelo regime de pro-rateio entre os sócios era compulsória; e a diferença entre ela e participação voluntária em eventos ou iniciativas operacionais conjuntas foi dado um passo importante. (É forçoso dizer que, naquele momento, como até hoje, muita gente não entende porque a Espanha lutou por uma entidade operativa e jamais se interessou em ficar com os ibero-americanos em operações comuns como os Jogos Olímpicos e a Copa do Mundo, ainda que geradas na América

Latina.) Se se falava de eventos e se discutia o seu aproveitamento em função de mercados, não seria difícil encontrar a formula de pró-ratear os seus custos somente entre os interessados, não onerando, por exemplo, aquelas empresas sem interesse em determinado tipo de transmissão, que não eram obrigadas a participar dos custos.

Diferente era o enfoque geral sobre a cobertura dos gastos gerais regulares. A quota social se destina a manter a entidade prestando serviços de que todos podem e devem se beneficiar. Mas, logicamente, os países maiores, com população maior, no regime pluralista da televisão privada podem filiar à OTI quantos canais de TV se interessem pela condição de sócio. Maior número de canais transmitindo significa demanda de maior parcela de serviços, mas menor custo por canal no rateio das quotas. De igual modo, maior quantidade de lares com televisores supõe possibilidade de maior receita com publicidade e, consequentemente, maior poder econômico.

Os espanhóis informaram sobre a solução européia, explicando a chamada tabela Rossi da União Européia de Radiodifusão. Outros mencionavam dados de receita publicitária de cada mercado como fonte válida de orientação. Aparentemente, a troca de impressões estava conduzindo a um impasse, que seria de difícil solução a curto prazo. Quando se falava em cifras relativas ao número de lares com televisão era necessário um grande esforço para evitar que a desconfiança sepultasse todo o trabalho.[61]

Os primeiros números datilografados num papel de rascunho circulavam em mãos de Fernando Eleta. Neles, o Panamá estava ainda longe de chegar aos 100 mil lares com TV, mas o Brasil, naquela relação, ultrapassava os 6 milhões, o que mereceu meu sorridente protesto. Estimava-se para a Espanha 4 milhões, bem próxima da Argentina e o México mal chegava aos 3 milhões.

Com aqueles números não havia acordo. Somente Luis Ezcurra concordava que as cifras espanholas eram modestas, podendo-se mesmo falar em 4 milhões e quinhentos mil lares. Trabalhava-se sempre em cima de um total surgido jamais se soube de onde, estimando em 20 milhões de lares com TV na Ibero-América.

Em determinada fase das conversações, não sei se graças à habilidade de Juan Palli ou por causa da serena tranqüilidade de Luis Ezcurra, fez-se uma curiosa inversão. Abandonados os números absolutos, começamos a falar em 20% como limite da contribuição financeira máxima de um país para a quota social, restringindo em contra partida o voto máximo, também por país, a 12%. Por cansaço, convencimento, talento dos expositores e articuladores ou aos atrativos daqueles percentuais, a fórmula se tornou a "pedra de toque" para solucionar o impasse. Pelo menos ali no México, naquele dia 18 de março, à noite, antes da recepção

[61] Atribuem aos brasileiros a declaração que Eduardo Reyna costuma dizer, não sei se a sério, que eu repetia sempre: "Meu número de lares com TV depende muito: para vender publicidade é "x"mais 100, para comprar programas é "x"menos 80." Jamais disse isso. Apenas afirmava aquilo que era o óbvio ou seja 100 mil barracos na favela no Rio de Janeiro não valem 10 mil casas no Pedregal, na cidade do México.

que o Canal 13, ainda então uma empresa privada, em mãos de Pancho Aguirre, oferecia aos participantes, havíamos chegado a um modelo de Estatutos, sujeito a retoques, mas aprovado por todos.

Quem examina os relatos conclusivos daquela Comissão, base da fundação da OTI, faz duas perguntas, que ficam – pelo menos para mim – sem resposta. A primeira: por que Portugal aparece entre os países com membros fundadores, na ata e no texto dos Estatutos? E, em conseqüência, por que lá figuram 500.000 lares portugueses estimados com TV, 2,95% de quota e 5% de voto máximo se não havia presente, nem jamais houve em qualquer reunião prévia ou naquela da cidade do México um representante da Televisão Portuguesa?

A outra questão sobre um tema tão polémico em 1971 eu fiz várias vezes e jamais obtive resposta : de onde saiu o primeiro total de 20 milhões de lares com TV, mais tarde ajustado já nos Estatutos para um pouco menos: 19.685.000? Juan Palli me afirmou no Rio de Janeiro, quando, como dirigente de Goar Mestre & Associados, era consultor da TV Tupi, anos depois, que as cifras haviam sido fornecidas pelas agências de publicidade norte-americanas, como estimativas projetadas e giravam em torno de 15 milhões sem a Espanha e Portugal. O mexicano Hugo Lopez, que trabalhava com distribuição de programas e com artistas, disse-me que o mercado americano de idioma espanhol, se incluído os Estados Unidos, onde atuava o Spanish Newtork, era mesmo de 15 milhões de lares em 1971.

A primeira questão é preciso ficar registrada muito claramente, mesmo porque Portugal jamais reivindicou a condição de país fundador. [62] Aliás poderia até ter corrigido a ausência física do México, por exemplo, se tivesse comparecido à reunião de Conselho em Bogotá, 45 dias depois. Não o fez, nem se pronunciou.

Aliás, há dois contraditórios registros sobre a situação de Portugal: a Ata da 4ª. reunião do Conselho Diretivo, realizada na cidade do México, em 8 de janeiro de 1972, diz: " Em Assuntos Gerais, o Presidente abordou a situação de filiação da Radio Televisão Portuguesa (RTP). Como não se tenha recebido resposta concreta às cartas enviadas sobre o assunto, o Conselho Diretivo resolveu não insistir com a referida filiação e esperar uma gestão direta do representante da Televisão Espanhola junto à RTP".

Os esforços da Televisão Espanhola não demoveram a Radio Televisão Portuguesa de sua postura. Mas a Ata da 7ª. reunião de Conselho do dia 12 de julho de 1972, em Barcelona, na Espanha, afirma o contrário e jamais foi corrigida. Lá está textualmente "Os senhores Conselheiros aprovaram por unanimidade a incorporação de novos sócios e expressaram

[62] Manuela Furtado, que representa a Radio Televisão de Portugal no Conselho Diretivo atualmente, mas é uma veterana das relações internacionais em sua empresa, confirmou-me, pessoalmente, não ser a RTP fundadora. Até que, pessoalmente e todos nós brasileiros, gostaríamos que os portugueses estivessem conosco em 1971, mas lamentavelmente não estavam.

seu beneplácito pela reincorporação da RadioTelevisão Portuguesa, que foi membro fundador desta Organização.[63]

O outro ponto, referente ao universo de lares com televisão na Ibero-América, naqueles idos de 1971, é hoje simples curiosidade, sem qualquer importância de ordem prática. Os estudiosos do desenvolvimento da televisão na América Latina e os analistas de mercados publicitários podem até achar interesse no tema. Mas os dois pontos estão mencionados e com detalhes para reafirmar aquilo que sempre afirmei: houve vontade política, decisão inabalável de fazer a OTI e fazê-la naquele ano, ali no México.

Fugir da fantasia, buscando repor a verdade dos fatos não significa a condenação ou um ataque tardio àquilo que se fez, reafirmo, com a minha participação e com a minha aceitação. A OTI não deixa de ser importante e muito valiosa mesmo que se, para nascer, foi preciso tornar-se "um clube de amigos" – como querem alguns. Se assim a consideram ou a chamam para ressaltar que, muitas vezes, em sua formação se aplicou a crença popular de que "para os amigos, tudo e para os inimigos a Lei" tudo bem. Esta prática em nada tira o brilho da iniciativa, nem diminui a sua significação, mesmo porque se rígida não foi a aplicação de normas, valeu o sentido prático e o desejo honesto de fazer as coisas.

"Encontrar caminhos é preciso. Rígidez só se exige do cadáver" – (Placa na lojinha do fornecedor oficial da fazenda "Boa Esperança", em Itaberaba, Bahia, do turco Mamede, gurú, à sua maneira, do "eterno" deputado federal baiano Cincurá de Andrade. Mamede sempre disse que negócio não se deve perder em nenhuma hipótese).

[63] A reunião seguinte foi em janeiro de 1973 e da ata não constou a correção que pedimos sobre a verdadeira situação de Portugal.

Capítulo 9

# OTI – O PRIMEIRO CONSELHO

Anos depois, analisando a eleição do primeiro Conselho Diretivo da OTI parece ter sido muito fácil se chegar à sua composição. Os Estatutos determinavam que a Assembléia elegesse nove Empresas para integrar o Conselho. As normas limitavam, como ainda limitam, em um Conselheiro por país.

As resoluções que levaram às III Jornadas e à fundação da OTI diziam textualmente, como já citamos ao tratar da reunião de Caracas, na Venezuela: "uma vez aceito pelos organismos de televisão representados em Santiago do Chile e em Caracas". Considerando que nas duas reuniões estiveram representadas emissoras de televisão da Argentina, Brasil, Chile, Colômbia, Espanha, México, Panamá, Perú e Venezuela, nove no total; e sendo nove os cargos de Conselheiro não haveria necessidade da escolha de países para integrar o Conselho. Todos já estavam escolhidos.

Havia, porém, um pequeno problema, cuja solução foi ao "arrepio da lei", como diriam os senhores doutos juristas. Estranhamente, Inravision que insistia tanto em ver constituída uma entidade nova, como já mencionamos anteriormente, não mandou representante nem a Caracas, nem ao México. E então: acabaram assinando a papelada, como fundadores, somente oito países, numero par. Impossível fazer o Conselho com oito e pior ainda com sete, que era começar criando um problema ao excluir um país. Isso nunca.. Os colombianos estavam por lá, não a Inravision mas os produtores, e até já haviam solicitado, estava conversado, fazer logo, o mais rápido possível, uma reunião do Conselho, em Bogotá. Lá tudo se acertaria. Todos tinham a certeza de que Inravision assinaria a ata de fundação, o que não fizera a tempo para o registro por um lamentável lapso. Portanto, número ímpar e sem problemas, ficamos nos 9 mesmo, embora não existissem presentes tantos países fundadores na cidade do México. Basta ver o documento registrado em Cartório, que, com os Estatutos. se encontra transcrito na íntegra no título "Documentos" deste livro.

Quanto à escolha das empresas sócias, também, inexistia qualquer dificuldade: da Argentina, teria que ser a Pró-Artel, a fundadora; o mesmo com referência ao Brasil, onde havia apenas a TV Tupi: do Chile, a preferência natural era o canal 13, pelos fatores políticos envolvendo a TV Nacional; Colômbia tinha sido somente a Inravision, (se se considerasse que ela estava presente) que fora apenas uma vez, em Santiago, mas sempre informava que estava indo e depois cancelava, por ter havido um impedimento de último minuto em Caracas e no México; como a Espanha era Radiotelevisão espanhola; o Panamá, a Corporacion Panamena; a Venezuela tinha a Venevision como a representante mais destacada e o Telesistema Mexicano era legitimamente o México. Onde havia uma pequena dúvida era com referência ao Perú: as duas principais televisoras haviam participado, ambas haviam delegado poderes a representantes para assinar a ata e os Estatutos.

Fazia a diferença a presença na reunião do México: Pan-Americana, canal 5, de Lima, tinha estado muito ativa no Serviço Ibero-Americano de Notícias desde o início do período de provas e enviara às III Jornadas seu chefe de noticiários Julio Estremadoyro; o canal 4, a TV América, limitou-se a credenciar um funcionário de Telesistema, Gilberto Navarro, para que comparecesse às sessões como seu representante. Na hora de decidir, a vantagem foi do canal 5.

## PRESIDENTE: PRIMEIRO E ÚNICO

Na OTI, a Assembléia elege os Conselheiros e estes escolhem entre eles o presidente e o vice-presidente. É praxe, mundialmente adotada, entregar ao país anfitrião a presidência dos trabalhos de um Congresso ou de uma reunião internacional. Na maioria dos casos, a eleição do dirigente máximo de uma nova entidade recai também no representante do país. Quando não restava mais dúvida sobre a fundação da OTI ninguém discutia ser o México uma presença obrigatória no Conselho e o representante de Telesistema a escolha natural para a presidência. Mas, jamais se admitiu que Emilio Azcarga pudesse aceitar assumir ele mesmo as funções e, muito menos, que permitisse a Roberto Kenny ser alçado a tal posto. Apesar da estima e do respeito de que desfruta em sua empresa, não se pensava em Oscar Gutierrez, que seria – como até hoje é – muito mais útil como advogado.

Começaram as especulações, aparecendo como mais cotado o nome de Miguel Aleman, filho do ex-presidente da República, jornalista, intelectual, político como seu pai e sócio de Azcarga, dono de canais de TV integrantes do Telesistema. Erraram todos ou quase todos, mesmo porque os que sabiam a respeito do assunto nada adiantaram. Desde o primeiro dia, havia um jovem senhor, desconhecido da maioria dos homens de televisão da Ibero-América, que aparecia nos corredores, nas salas de reunião, nos restaurantes do Hotel Fiesta Palace em companhia de diretores e gerentes do Telesistema Mexicano, portando credencial da empresa mexicana. No solene ato inaugural, ele chegara acompanhado de sua jovem e bonita esposa, cumprimentando Emilio Azcarga, com quem esteve conversando durante muito tempo.

Quando chegava aos locais de reunião, sentava-se e escutava atentamente, prestando muita atenção a todas as discussões e debates, sem interferir. Nos intervalos das reuniões era um dos mais procurados pelos jornalistas mexicanos que demonstravam conhecê-lo bem. Foi um desses colegas mexicanos que me disse que o amigo de Emilio Azcarga era Guillermo Cañedo, a quem jamais fui formalmente apresentado. Contou Reyna, em uma das entrevistas a mim concedidas em Buenos Aires, que foi convidado por Guillermo Cañedo para almoçar. Não estranhou, por pensar se tratar de uma conversa sobre futebol, paixão dos dois. Cañedo era o presidente do Clube América do México, onde jogavam alguns argentinos amigos de Reyna e fora, com grande sucesso, o presidente do Comitê Organizador do Mundial de 70. De acordo ainda com Eduardo Reyna, Cañedo jamais lhe afirmou na ocasião sua intenção de ser conselheiro ou presidente da OTI, ou pediu apoio nesse sentido. Mostrou sim muito interesse pela televisão e particularmente pela nova entidade, dizendo que, como amigo e sócio em outros negócios de Emilio Azcarga, ia participar de algumas atividades de Telesistema Mexicano, onde pudesse ser utilizada sua experiência internacional...

No dia seguinte, eleito Telesistema para o Conselho, Guillermo Cañedo foi indicado como seu Conselheiro titular e logo eleito Presidente da OTI, em cujo cargo permanece por 25 anos, como único presidente na história da Organização.

Fernando Eleta, do Panamá, foi eleito vice-presidente, quando todos esperavam que o cargo fosse dado à Radiotelevisão Espanhola, embora Fernando tivesse todos os méritos para tal escolha. Se tivesse sido à Espanha, era justíssimo, porque – reafirmo – RTVE e Telesistema foram os mais importantes parceiros na construção da OTI. Luís Ezcurra, por alguma razão pessoal muito importante, achou que a vice presidência também deveria ficar na América.

# OS CONSELHEIROS FUNDADORES

Nos documentos oficiais que aparecem a partir de quarenta e cinco e dias depois da assembléia de fundação (ou seja depois de uma reunião em Bogotá, na Colômbia), o primeiro Conselho Diretivo da Organização da Televisão Ibero-Americana (OTI), eleito em 19 de março de 1971, na cidade do México, para um mandato de 2 (dois) anos, estava assim constituído:[64]

[64] A informação aceita como boa por todos não corresponde ao documento depositado em Cartório na cidade do México por Oscar Gutierrez, em que Inravision da Colombia não aparece.

**Presidente – Guillermo Cañedo** – Telesistema – México
**Vice-Presidente – Fernando Eleta** – Corporación Panameña de Television- Panamá
**Conselheiros** – Juan Manuel Palli – Pró Artel – Argentina
José de Almeida Castro – TV Tupi – Brasil
Omar Pabst – TV Universidad Católica – Chile
Luis Eduardo Fonseca – Inravision – Colômbia
Luis Ezcurra – Television Española
Júlio Estremadoyro – Pan-Americana TV – Perú
José Eduardo Reyna – Venevision – Venezuela

De acordo com os Estatutos originais da OTI, em suas disposições transitórias, para poder aplicar a norma estabelecida de renovação alternada dos Conselheiros. este primeiro Conselho eleito na cidade do México teve um mandato diferente. Cinco dos empossados em 19 de março de 1971 cessaram seus mandatos em 1973, ou seja dois anos depois, enquanto outros quatro permaneceram por mais um ano, ou seja foram conselheiros por 3 anos, até 1974. A partir de 1975, foi então possível alternar cinco em um ano e quatro no ano seguinte, vigorando, em definitivo a regra estatutária de alternância.

*Grupo de veteranos fundadores da OTI, reunidos no jantar dos 25 anos. Da esquerda para a direita, Monica Cañedo, Guillermo Cañedo, o autor Almeida Castro, Graziela Eleta, Luiz Ezcurra, Eduardo Gavillan, Aurelio Perez e Fernando Eleta.*

# PAÍSES E EMPRESAS FUNDADORAS

A Ata de Constituição e os Estatutos, aprovados por aclamação no dia 19 de março de 1971, nos salões do Hotel Fiesta Palace, na cidade do México e levados a registro no dia 25 do mesmo mês, foram assinados pelos seguintes países e empresas e seus representantes:

ARGENTINA – Producciones Argentinas de Television – PRÓ-ARTEL – Juan Palli

CHILE – Universidad Católica de Chile – Canal 13 TV – Omar Pabst e Alfredo Escobar

VENEZUELA – Corporácion Venezolana de Television C.A. – Venevision – Canal 4-
-Caracas – José Eduardo Reyna
Corporácion Venezolana de Television C.A. – Venevision –
Hector Ponsdomenech
Cadeña Venezolana de Television C.V. TV-Canal 8 – Caracas –
Nelson Bocaranda
Compania Anonima de Telefonos de Venezuela – CANTV – Televisora
Nacional – Jacobo Aepli

PANAMÁ – Corporácion Panameña de Radiodifusion – Canal 4 – Fernando Eleta
Televisora Nacional S.A. – Canal 2 – Panamá – Rodolfo Garcia de Paredes

PERÚ – Pan-americana de Television S.A. – Lima – Júlio Estremadoyro
Companhia Peruana de Radiodifusion – Gilberto Navarro

ESPANHA – Television Española – Luís Ezcurra – Felix Fernandez Shaw

BRASIL – S.A. Rádio Tupi – Rio de Janeiro – Canal 6 – José de Almeida Castro

MÉXICO – Telesistema Mexicano S.A. –Emilio Azcarraga Milmo –Romulo o'Farrill Jr,

25 Aniversario

24 Festivales

509 Canciones

# FESTIVALES OTI DE LA CANCION
# 1972 -1995

Capítulo 10

# COMEÇA NOS ANDES O GRANDE VÔO

Em 4 de maio de 1971, uma reunião de Conselho Diretivo, em Bogotá, Colômbia, marcou o início efetivo dos trabalhos da OTI. Arquivado, com 21 páginas, o documento de registo intitula-se "Ata da Primeira Reunião do Conselho Diretivo da Organização de Televisão Ibero-Americana (OTI)", o que leva à conclusão, de quem o examina, anos depois, de que o Conselho não se reuniu, pelo menos oficialmente, após a posse solene no México, para eleger presidente e vice-presidente. Ou se o fez, não foi lavrada Ata.

Em Bogotá, diz a Ata "*sob a presidência do Sr. Guillermo Cañedo, com assistência dos seguintes membros: Luís Ezcurra Carrillo, em representação de Televisão Espanhola; Oscar Gutierrez Villalobo, em representação de Telesistema Mexicano S.A.; Ismael Hernández y Hernández, em representação de Corporacion Panameña de Radiodifusion S.A.; Luís Eduardo Fonseca, em representação de Instituto Nacional de Radio y Television – Inravision, de Colômbia; José Eduardo Reyna, em representação de Corporacion Venezolana de Television, C.A., de Caracas; Genaro Delgado Parker, em representação de Pan-americana de Television S.A., de Lima, Perú; Juan Manuel Palli, em representação de Producciones Argentinas de Television; Omar Pabst R., em representação de Universidad Católica de Chile, canal 13; e José de Almeida Castro, em representação de Radio e Televisão Tupi, Canal 6, Brasil.*"

Embora não o diga textualmente supõe-se que este primeiro parágrafo menciona os Conselheiros titulares. No parágrafo seguinte a ata registra a presença do engenheiro Jacobo Aepli, do canal 5, da Venezuela; de Julio Estremadoyro, de Pan-americana de Lima; do engenheiro Lloyd O'Meally e do licenciado José Cardona Más, da Corporação Panamenha de Radiodifusão; do engenheiro Eduardo Gavillan e do Sr. Tomás Garcia, da Televisão Espanhola. E logo adiante assinala que, também, assistiram á reunião, como convidados os senhores Paulo César Ferreira, de TV Globo, Brasil; e Osvaldo Barzelatto, em sua qualidade de assessor da presidência e da OTI.

Transcrevemos intencionalmente o trecho inicial da Ata, redigida ainda na fase de implantação da entidade, quando não havia uma secretaria funcionando, pelo Sr. Luis Eduardo Fonseca, de Inravision, designado secretário pelo presidente. Contados os Conselheiros presentes só há oito países, porque não estando presente Fernando Eleta, indicado como vice presidente, sua empresa e o Panamá, mesmo com dois representantes participando dos trabalhos, não tinham representação no Conselho. Sem dúvida, uma interpretação equivocada. Em todo caso, não importava, pois havia quorum. Outra curiosidade é que nenhum esclarecimento antes, durante e depois da reunião foi dado pelo fato do anfitrião ser apontado como membro fundador e Conselheiro. Nada contra Inravision, contra os colombianos ou contra o Sr. Luís Eduardo Fonseca.

Simplesmente, mais uma vez, diante do fato consumado, apenas o registro em nome da verdade histórica. Aliás, curiosa e significativamente, o conselheiro INRAVISION não esteve na segunda reunião no México, na terceira já delegou poderes de observadores a três produtoras e distribuidoras colombianas de programas que utilizavam as suas antenas e, verdadeiramente, jamais voltou ao Conselho e até mesmo à OTI. Aguardou a modificação de Estatutos no Panamá, que garantia a presença da Colômbia no Conselho e, logo após, em 1972 apresentou a sua renúncia à condição de sócio da OTI.

Nada, porém, altera historicamente os fatos. A OTI foi fundada por 8 países, aclamou Estatutos com nove Conselheiros Titulares, sendo um por cada país, não aceitou o ingresso de nenhum sócio além dos fundadores na Assembléia inaugural. Em conseqüência, devemos considerar como um equívoco a presença de Inravision da Colômbia, na relação dos Conselheiros eleitos a 19 de março de 1971, no México. Na reunião em Bogotá, primeira vez aliás que se inclui Inravision no Conselho, tacitamente, pelo silêncio concordante, o equívoco foi superado e nem sequer foi mencionado. Ficou tudo como estava. Tudo bem, digamos, agora, que **por decisão unanime dos sócios, Inravision se tornou membro integrante do Conselho, que a partir daí tem os estatutários nove membros titulares.**

## PRIMEIRAS PREOCUPAÇÕES

Abandonemos os pruridos legalistas, que sempre molestaram muitos dos nossos amigos. Nos primeiros dias e meses era necessário andar rapidamente e os atropelos iniciais foram plenamente justificáveis. Mas a prática foi se tornando quase rotina. Em dias futuros, outras medidas especiais, não processadas de maneira ortodoxa, foram tomadas pela maioria e seguidas, depois, por todos. Formulas práticas aplicadas quando se necessitava resolver algumas situações. Decidia-se fazer o que era mais urgente e necessário. À Comissão Jurídica cabia, depois, dar-lhe o embasamento legal, propondo e até chegando às reformas estatutárias.

Em Bogotá, a Ordem do Dia era grande e muito importante para a vida da jovem e recém nascida Organização. Havia itens determinando o exame dos resultados do período de provas de intercâmbio de notícias e a decisão sobre a implantação definitiva do SIN; as relações com outros organismos internacionais de televisão; o estudo de um mecanismo OTI de coordenação dos eventos especiais via satélite, a ratificação, como órgão permanente, do Comitê Técnico eleito nas III Jornadas; a criação de um Comitê Legal, a nomeação de um Secretário Geral, o conhecimento dos Jogos Pan-Americanos a serem disputados em Cali, Colômbia, o mais próximo evento esportivo do calendário; e os infalíveis " Assuntos Gerais". Algo que talvez se devesse considerar como rotina, embora nem por isso menos importante, tinha uma longa rubrica: "Sugestões dos Senhores Conselheiros sobre os trabalhos específicos a serem desenvolvidos pela OTI".

Resolveu-se, sempre unanimemente, criar as Comissões: Técnica, presidida por Roberto Kenny, de Telesistema Mexicano; Jurídica, presidida por Felix Fernandez Shaw, de Televisão Espanhola; e de Programas, presidida por Eduardo Reyna, de Venevision.

Aprovando uma série de medidas visando reduzir as tarifas das transmissões via satélite, o Conselho decidiu pela continuação do SIN por mais um ano. Concedeu-se ao presidente os poderes para uma aproximação com as uniões e organismos de radiodifusão mundiais.

No ponto referente aos Jogos Pan-Americanos de Cali, o Conselho ouviu explanação do Sr. Alberto Peñaranda, da empresa produtora Punch, da Colômbia, já detentora dos direitos, e que vinha negociando, há algum tempo contratos particulares de transmissões para o exterior com várias das empresas presentes.

Os Assuntos Gerais registraram a presença do Sr. Paulo Cesar Ferreira, representante da TV Globo, do Rio de Janeiro, a convite do conselheiro brasileiro pela TV Tupi, autor destas linhas. A TV Tupi desejava a presença da sua concorrente direta na OTI e queria que o representante da mesma conhecesse de perto a nova entidade. O Sr. Paulo César Ferreira, com a palavra, agradeceu o que chamou de cortesia do convite, destacou a excelente impressão que havia recolhido daquele contato e o seu desejo pessoal de ver a Globo na OTI. Mas não lhe cabia decidir sobre o assunto, nem fixar qualquer prazo para tal, por ser o assunto de competência da alta direção de sua empresa. Levaria toda a informação à sua administração e opinaria favoravelmente. Eu, na condição de conselheiro pelo Brasil, imediatamente declarei –, e a Ata registrou claramente – que a TV Tupi não concordava em permanecer assumindo sozinha todos os compromissos, se à TV Globo fosse permitido decidir, à sua conveniência, ingressar na entidade quando quisesse, com os mesmos direitos da sócia fundadora, sem ter tido nenhum risco. Era desejável que o Conselho fixasse um critério a respeito, sem criar discriminações, mas protegendo direitos correspondentes aos deveres já assumidos. A minha intervenção, na presença do Sr. Paulo César Ferreira, provocou amplos debates e a menção ao que a Ata chamou de prazo "peremptório" para a adesão com plenos direitos de novos sócios. Mas, o Conselho não definiu datas.

O outro tema dos assuntos gerais pode parecer surpreendente, mas o é apenas para os pesquisadores de atas e arquivos. A resolução é simples, veio corrigir algo que se deixara passar no México e seu conteúdo é de grande alcance, facilmente compreensível com a leitura do seu texto, que transcrevo da Ata:

*"Dentro do ponto dez da Ordem do Dia, Assuntos Gerais, o Conselho adotou os seguintes acordos: PRIMEIRO – Aceitar como sócios ativos associados às empresas de televisão de língua espanhola em qualquer país e aquelas que pelo menos transmitam 60% (sessenta por cento) de sua programação em língua espanhola; interpretando seu enquadramento dentro do espírito, fins e propósitos da Organização e de seus Estatutos. E que, para maior clareza, seja proposta à Assembléia Geral em sua próxima reunião a reforma dos estatutos, de tal maneira que esta decisão se encaixe perfeitamente em seu texto.*

*Apesar de produtores colombianos terem estado no México, nas III Jornadas e na fundação da OTI, onde, também esteve Rene Anselmo, do Spanish International Newtork dos Estados Unidos, ajustavam-se em Bogotá, os caminhos para que os primeiros, se reunidos – como, agora se apresentavam RTI, Punch e Caracol – pudessem ser sócios ativos com todos os direitos estatutários.*

*Da mesma forma, a cadeia hispânica estadounidense de Rene Anselmo, em que Emilio Azcarga tinha participação, ingressava na iberoamérica (na radiofônica, pelo menos), como poderia ter entrado a emissora de TV de língua portuguesa de New Bedford, no estado americano de Massachusets. E anos depois a outra cadeia hispânica, da Screen Gems, sua concorrente; e a Cordero Enterprises, de Porto Rico.*

*SEGUNDO – Colaborar, na medida do possível com INRAVISION, no IV Congresso Internacional de Rádio e Televisão Educativa, a celebrar-se na Colômbia, em maio de 1972.*

*TERCEIRO – Enviar a todos os sócios as faturas correspondentes às suas contas da quota da OTI.*

*QUARTO – Desenvolver um trabalho de proselitismo para a incorporação de novos sócios. Para tal fim, de acordo com o exposto pelos senhores Conselheiros, independente do esforço da Presidência e da Secretaria Geral, corresponderá ao México e ao Panamá, conjunta ou individualmente, convidar as emissoras da América Central; à Argentina, as emissoras do Uruguai e do Paraguai; ao México, a República Dominicana e de Porto Rico; e ao Perú, as televisoras do Equador e da Bolivia. A todos, em geral, corresponde realizar este trabalho junto às emissoras não associadas do seu respectivo território."*

# COPA DO MUNDO

Mas o item 7 da Ordem do Dia, "Sugestões dos Senhores Conselheiros sobre trabalhos específicos a serem desenvolvidos pela OTI" foi, em todos os sentidos, o passo mais largo. Depois de relatar brevemente as impressões trocadas entre todos os Conselheiros, a Ata diz que "*o Presidente expôs, que como a própria convocatória assinalou, este ponto era o de maior preocupação, pois desse trabalho dependia essencialmente todo o futuro e a vida da OTI* ". Houve consenso sobre a necessidade de ação dinâmica e foi considerado necessário que a OTI contratasse, de forma comum para todos, eventos importantes, de caráter geral, tanto no Continente como fora dele. Mencionou-se, como exemplos, os Campeonatos Mundiais de Futebol, as Olimpíadas e outros similares, de natureza esportiva ou não. Antes de encerrado o debate sobre o item 7, Oscar Gutierrez, por Telesistema – diz a Ata – "*disse que como se mencionara como exemplo de eventos o Campeonato Mundial de Futebol e as Olimpíadas, ele queria informar que para estas últimas não estava autorizado a comprometer-se por já existir um acordo para o México e a América Central. Mas no geral estava totalmente concorde*". Em igual sentido, falando por Venevision, expressou-se José Eduardo Reyna.

O Conselho, ao final, deliberou que "*a OTI deveria realizar gestões para adquirir os direitos tanto da Copa do Mundo como dos Jogos Olímpicos; e se não fosse possível de outra forma com as exceções expostas pelos Conselheiros Gutierrez e Reyna; e que, mais ainda, fossem realizadas gestões de caráter geral para a compra de direitos de outros Eventos de natureza similar e interesse geral, tanto continentais, como extracontinentais. Os senhores Gutierrez e Reyna informaram que levariam ao conhecimento de seus respectivos organismos o aqui tratado, para o caso em que outras decisões possam vir a ser adotadas.*"

No mesmo item 7, o Conselho aprovou uma série de medidas sugeridas pelo seu Comitê Técnico.

Antes de encerrar os trabalhos, depois de receber amplos poderes para decidir sobre a escolha do secretário geral da Organização, o presidente considerou o ponto 9 da Ordem do Dia e se decidiu marcar a próxima reunião do Conselho para os dias 27, 28 e 29 de agosto, em Buenos Aires.

# UM MUNDIAL DE FUTEBOL, OUTRA VEZ DIVISOR DE ÁGUAS

A terceira reunião do Conselho Diretivo ocorreu em Buenos Aires, no dia 27 de julho, data para a qual se programara em Bogotá, em 4 de maio, o segundo encontro oficial dos Conselheiros. A Agenda, circulada por telex, relacionava onze pontos e entre eles não constava textualmente a leitura da Ata da Segunda Reunião, a que nos referimos anteriormente. No ponto 4, aparentemente substituindo a ata, a convocatória mencionava "um Informe do

Presidente sobre a reunião do Conselho celebrada na cidade do México no dia 25 de junho" e se completava com os seguintes itens: 1 – Informe da Comissão Jurídica; 2 – Informe da Comissão de Programação; 3 – Informe da Comissão Técnica; 5 – Informe da reunião de Dusseldorf da Televisão Alemanha e OTI com a FIFA; 6 – Distribuição das quotas que correspondem aos membros da OTI no pagamento dos direitos para a Copa do Mundo de 1974; 7 – Informe sobre a possibilidade de compra dos direitos dos Jogos Olímpicos de Munich; 8 – Informe da reunião celebrada em Munich com a EBU, as Televisoras da Alemanha e a OTI; 9 – Informe dos Conselheiros sobre a admissão de novos sócios da OTI; 10 – Data e local da próxima reunião do Conselho; e 11 – Assuntos Gerais.

A reunião foi aberta a todos os representantes de emissoras presentes. Compareceram todos os oito Conselheiros realmente eleitos no México em 19 de março. Acompanharam os trabalhos, como convidados, representando a Colômbia, delegados das produtoras RTI, Punch e Caracol; e, em nome do Uruguai, diretores do Canal 4 de Montevidéu, além dos dirigentes de três canais de TV de Buenos Aires.

Foram ouvidos os Informes das Comissões Técnica, Jurídica e de Programas e aprovadas as suas sugestões. Logo após o presidente Guillermo Cañedo leu a Ata da reunião de 25 de junho na cidade do México, que foi distribuída, ampliando suas informações. Chamou especialmente a atenção para o ponto do acordo que dizia:

"No caso de que, a partir da agora (*ou seja 25 de junho*[65]) até que aconteçam os eventos, sejam aceitos novos sócios da OTI, estes ficarão excluídos de participar dos mesmos, salvo se a sua participação for aceita pela maioria dos membros do respectivo país". Genaro Delgado Parker, cuja empresa estava representada na citada reunião do México contribuindo inclusive para o quorum mínimo, manifestou-se contrário ao tipo de restrição que se estabelecia e foi contestado, mantendo-se por maioria o critério e ratificando-se o acordo. Quando terminou a leitura da ata, atendendo aos meus esclarecimentos e pedido, o presidente declarou que, em nenhum momento fora intenção do Conselho ou de qualquer dos seus membros agir de modo inconveniente com respeito à TV Tupi, atribuindo a atitude registrada como consequente de defeito de informação. Ao relatar o informe previsto no ponto 5, o presidente informou que, em Dusseldorf, as gestões com o Comitê Organizador alemão tinham sido concluídas satisfatoriamente com a aquisição pelo consórcio EBU-OTI, formado em Munich, dos direitos de rádio e televisão do Campeonato Mundial de 1974, na Alemanha. Guillermo Cañedo ressaltou que as negociações tinham sido difíceis porque, entre outras empresas, um consórcio inglês tinha feito oferta muito maior e ainda se propunha desde logo a comprar, com aumento de preço, o Mundial da Argentina em 1978.O preço total a ser pago à FIFA era de 15 milhões de marcos alemães, cabendo à OTI 60% do total para a sua área, (ou seja ao câmbio do momento menos do que os 3 milhões de dólares autorizado pelo Conselho no México) – disse. Com o marco alemão a 3,34 por

[65] O destaque é nosso.

dólar, a responsabilidade da OTI era equivalente a US$2.720.000,00 pela imagem limpa e som internacional postos em estação terrena européia.

Depois de elogiada por diversos Conselheiros, a atuação do Presidente foi aprovada por unanimidade pelo Conselho e iniciados os entendimentos para o pró-rateio. Ali mesmo em Buenos Aires, utilizando-se diversas informações, mas tendo como parâmetro, básicamente, as cifras pagas à Telesistema pelos direitos do Mundial de 1970, foi aprovado um rateio entre 20 países. Na relação de países a única grande novidade era a presença dos Estados Unidos e do Canadá (leia-se Spanish International Network),pagando os dois 430 mil dólares, além do fato de que entre os 20 havia 11 países sem qualquer emissora filiada à OTI.

# MAIS UM MUNDIAL DE FUTEBOL

Transcorreram mais de cinco meses antes da quarta reunião do Conselho, realizada em 8 de janeiro, na cidade do México, com todos os Conselheiros; e mais, pela primeira vez, representantes da Guatemala. Destacamos ainda esta reunião por dois motivos especiais: um a decisão relativa ao pedido da Costa Rica para que fosse diminuída a sua quota no rateio dos direitos do Mundial 74. A resposta incisiva diz que o pagamento estipulado de US$30.000,00 não foi determinado por nenhum equívoco, mas corretamente baseado no que Costa Rica havia pago por direitos no Mundial de Futebol de 1970, no México. O outro motivo porque, na hora de assinar o contrato, os representantes da televisão alemã criaram uma serie de novas dificuldades, somente superadas com o acréscimo de 6.61% ou seja o equivalente a mais 180 dólares, "ainda assim resultando no total" cifra inferior àquela autorizada". Por tal razão o contrato só se tornara definitivamente concluído em 16 de dezembro de 1971, ou seja 15 dias antes daquele reunião.

Um mês e meio depois, em 24 de fevereiro de 1972 houve a quinta reunião do Conselho, na cidade do Panamá, aqui também com alguns destaques fora da rotina que se seguirá nestes relatos dos 25 anos. O futebol, mais uma vez, a razão maior desta aparição isolada da quinta reunião do Conselho. Faltavam 6 anos, ainda não havíamos experimentado, como OTI, as transmissões de uma Copa do Mundo e já o Conselho estava decidindo, como se transcreve da ata: "Tomou-se em consideração a conveniência de que a OTI inicie logo as negociações com as autoridades da Associação do Futebol da Argentina e com as Autoridades Nacionais Argentinas sobre os direitos do Campeonato Mundial de Futebol de 1978. Inicialmente, se designou o Sr. Aldo Zicari, do Canal 7 de Buenos Aires, como representante oficial da OTI perante as autoridades governamentais e a Associação de Futebol, cabendo ao Sr. Zicari manter o Conselho informado periodicamente sobre a Copa do Mundo de 1978.

Os direitos de transmissão estabelecidos em Buenos Aires, em julho de 1971, para o Mundial da Alemanha voltaram a ser contestados pela Costa Rica e, agora também, pelo Uruguai, que se dirigiram ao Conselho pedindo a revisão. O canal 4, de Montevidéu, deveria pagar US$85.000,00, que achava demasiado. Apesar de decidir examinar os pedidos mais detalhadamente, o presidente respondeu voltando a usar o argumento de serem os valores justos, porque tinham sido calculados com base naquilo que eles haviam pago, quatro anos antes, em 1970. O próprio canal 4, de Montevidéu, pagara 80 mil dólares ao Telesistema Mexicano na Copa anterior.

Esta reunião registrou também o afastamento da OTI de um dos seus articuladores, o engenheiro Roberto Kenny, de Telesistema Mexicano, que presidiu as 3as. Jornadas na cidade do México. Kenny presidia a Comissão Técnica e deixou de trabalhar para a empresa mexicana antes do primeiro aniversário da nova Organização, de onde imediatamente também se desligou.

Capítulo 11

# CONSELHOS DIRETIVOS

Ao completar seus 25 anos de vida, em 25 de março de 1996, o Conselho Diretivo da OTI realizou a sua 92ª reunião, em cuja ordem do dia, o ponto 8, serve como amostra de que continuava em crescendo a importância da OTI: "Solicitações de ingresso de novos sócios", com a relação, um quarto de século depois de sua constituição, de quatro empresas aspirantes ao seu quadro social: uma da Costa Rica, uma de Honduras, uma de Nicarágua e uma da Venezuela, esta a Galaxy Entertainment, multinacional, que opera quase exclusivamente via satélite, para assinantes dos seus serviços.

A nossa intenção não é comentar cada uma dessas quase cem reuniões, nem tecer considerações sobre os assuntos debatidos nas mesmas, seguindo uma ordem cronológica, como fizemos nas reuniões iniciais. Até porque nem haveria espaço para tanto em um trabalho como este. A abordagem detalhada de alguns aspectos das cinco primeiras reuniões tornou-se necessária apenas para ressaltar os ajustes que foram feitos para superar as falhas naturais de todo o processo inicial de formação e de consolidação da entidade.

As 92 Atas até aquela data e certamente as outras das reuniões que se seguiram, com todos os seus anexos, estão arquivadas na sede própria da OTI, na Calle Tennyson, 10, na cidade do Mexico – DF. Os assuntos de toda a vida da Organização foram apreciados e discutidos nas sessões de Conselho, como: as alterações dos Estatutos, a designação e o trabalho das Comissões, a contratação e as transmissões dos Campeonatos do Mundiais de Futebol, os Jogos Olímpicos, o Festival da Canção, o Serviço Ibero-Americano de Notícias – SIN, a compra da sede própria e tudo mais que marcou o transcurso destes 25 anos. Todos estes temas mereceram tratamento especial, em separado, em diferentes capítulos deste livro, onde há remissão às notas e decisões oficiais dos Conselhos e das Assembléias Gerais.

Logo em seguida, o leitor encontrará, obedecendo então ao critério cronológico, a eleição de cada um dos Conselhos Diretivos ou a sua renovação parcial, o local e a data da Assembléia Geral em que ocorreu. Os três primeiros Conselhos eleitos aparecem, com os nomes dos países, empresas e pessoas seus integrantes, e, em alguns casos de alterações de maior significação, a indicação do ocorrido. Nos demais casos, são mencionadas apenas as substituições de Conselheiros que não foram reeleitos e, onde não há qualquer indicação, o entendimento é de que todo o Conselho foi mantido por um novo período.

Para os interessados e futuros estudiosos da vida da OTI esta catalogação pode ser um guia útil:

19. 03.1971 – **Eleição do Conselho Fundador** – México: Presidente – Guillermo Cañedo – Telesistema – México
Vice-presidente – Fernando Eleta – Corporacion Panameña de
Radiodifusión-Panamá **Conselheiros titulares:**
Juan Palli – Producciones Argentinas de Televisión – Buenos Aires
José de Almeida Castro – TV Tupi – Rio de Janeiro – Brasil
Omar Pabst – Universidad Católica de Chile – Canal 13 – Santiago – Chile
Luiz Ezcurra – Television Española – Espanha
Julio Estremadoyro – Pan-americana de Television – Canal 5 – Lima – Perú
José Eduardo Reyna – Corporacion Venezolana de Television-Venevision – Caracas

(Obs: Ver capítulo anterior sobre a situação da Inravision, da Colômbia.)
Pelas Disposições Transitórias dos Estatutos originais, cinco membros do Conselho teriam mandato de 2 anos e os outros quatro membros, restantes, de três anos, para permitir a primeira renovação dos Conselheiros, de acordo com o princípio de alternância. Um sorteio indicaria os 4 membros que permaneceriam até março de 1974. Os escolhidos pela sorte foram a TV Tupi, do Brasil; a RPC, do Panamá; a Pan-americana, do Perú e a Televisão Espanhola.

29.03.1973 – 2º. Conselho Diretivo –

Eleito na II ASSEMBLÉIA GERAL – BOGOTÁ – COLÔMBIA
**Primeira renovação da metade, mais um.** – II Assembléia Geral – Bogotá – **(Nota: O Conselho tinha tido o número de membros ampliado para 11, com a reforma dos Estatutos. Observado o critério de alternância parcial, deveriam, em 1973, cessar em seus mandatos cinco empresas. A elas, então, se juntariam mais duas novas, elegendo-se, para os próximos dois anos, portanto um total de sete Conselheiros, entre os quais haveria dois vice**

**presidentes. No México, pouco antes da Assembléia, houve um acordo entre o Telesistema e o canal 8, seu concorrente, de que resultou a formação de Televisa, grupo único da televisão privada no país, que solicitara sua filiação à OTI, em substituição à empresa fundadora Telesistema.)**

**O primeiro Conselho com onze titulares ficou assim constituído:**

Presidente – Guillermo Cañedo – Televisa – México
Vicepresidente – Fernando Eleta – Corporacion Panameña de Radiodifusion –Panamá
Vicepresidente – Luis Ezcurra – Television Española – Espanha

**Conselheiros titulares:**

José de Almeida Castro – TV Tupi – Rio de Janeiro – Brasil
Genaro Delgado Parker – Editora Pan-americana de Perú
José Eduardo Reyna – Corporácion Venezuelana de Television – Venevision – Caracas
Juan Palli – Producciones Argentinas de Television S.A. – Pró-Artel – Buenos Aires
Alberto Peñaranda – RTI-Punch-Caracol – Colômbia
Alejandro Ulloa – Televisora Nacional de Chile
Francisco Cordero – Cordero Enterprises – San Juan – Porto Rico
Mario Sotella – Corporacion Costarricense de Television – San José – Costa Rica

04.04.1974 – 3º. Conselho Diretivo –

Eleito na III ASSEMBLÉIA GERAL – LIMA – PERÚ

(Nota –Foi outra vez necessário um acordo de cavalheiros para o enquadramento na norma de renovação parcial do Conselho. Como eram agora 11 membros e terminariam seus mandatos apenas quatro e não cinco empresas, Televisa renunciou e foi reconduzida pela Assembléia. Foram reeleitas todas as demais empresas cessantes. Permaneceu, assim, por mais um ano, o mesmo Conselho anterior mudando apenas a empresa representante do Perú, que passou a ser o Telecentro, nome dado à união de América e Pan-americana, ou seja a versão militar do que fora expropriado pelo general Velasco Alvarado. Por ironia, um conselheiro da AIR – Fernando Eleta – na transição de renúncia-nova eleição de Cañedo presidiu a Assembléia)

19.03.1975 – 4º. Conselho Diretivo

Eleito na IV ASSEMBLÉIA GERAL – SANTIAGO – CHILE

Por proposta argentina, com a concordância de Juan Palli, deixou o Conselho a Pró-Artel ingressando em seu lugar o canal 7, empresa estatal de Buenos Aires.

31.03.1976 – 5º. Conselho Diretivo

Eleito na V ASSEMBLÉIA GERAL – CARACAS – VENEZUELA
O Brasil, pela primeira vez desde a fundação da OTI, trocou a sua representação no Conselho. Eram sócias, à época, a TV Tupi, a TV Globo, a TV Bandeirantes, a TV Cultura de S.Paulo e a TV Baré, uma pequena emissora de Manaus, no Amazonas, que o Autor fizera associar-se à OTI e eu representava na Organização desde o meu desligamento das Emissoras Associadas, em fins de 1974, quando ainda Conselheiro pela TV Tupi. Os brasileiros fizeram um acordo, registrado em Ata do Conselho, para revezar, a partir daquela data, por sua ordem de admissão como sócios da entidade, a representação brasileira no Conselho da OTI. Na Assembléia, indicaram a segunda empresa que se associara, a TV Globo, cujo delegado era então José Otávio de Castro Neves,[66] como a candidata em nome do Brasil. Pouco tempo depois, tendo vindo de São Paulo ocupar as antigas funções de José Otávio no Rio de Janeiro, Luis Eduardo Borghert assumiu o lugar no Conselho da OTI. A outra mudança foi a entrada de Monte Carlo TV, canal 4, do Uruguai substituindo o Telecentro do Perú.

23.03.1977 – 6º. Conselho Diretivo
Eleito na VI ASSEMBLÉIA GERAL – BUENOS AIRES – ARGENTINA
A representação argentina se alterou, com a entrada do Canal 9 para o Conselho, substituindo o canal 7 (depois ATC –Argentina Television Color).

10.03.1978 – 7º. Conselho Diretivo
Eleito na VII ASSEMBLÉIA GERAL – MONTEVIDEU – URUGUAI
A TV Globo manteve seu compromisso no acordo de Caracas e indicou a TV Bandeirantes para o Conselho, pelo Brasil. O novo Conselheiro – Claudio Petraglia[67] – foi escolhido Secretário Geral do Conselho.

30.03.1979 – 8º. Conselho Diretivo
Eleito na VIII ASSEMBLÉIA GERAL – RIO DE JANEIRO – BRASIL
Um fundador, Alfredo Escobar, chileno radicado em Quito, com o seu prestígio pessoal, levou o Equador ao Conselho Diretivo, com a Teleamazonas, que então dirigia.

---

[66] José Otávio trabalhava ao lado da direção geral da Globo no Rio de Janeiro. Era um profissional de alta competência, muito bem preparado e, acima de tudo, um "bon vivant", apreciador e conhecedor de bons vinhos. Alguns de seus momentos da OTI foram comentados durante muito tempo, como, por exemplo, quando em Caracas, após várias horas de reunião numa sala cheia de gente e fumacenta, ele avisou que tinha compromisso inadiável dentro de 10 minutos, forçando o encerramento. Quando Cañedo suspendeu a sessão, José Otávio abriu sua elegante pasta 007, que era um tabuleiro de gamão e disse: "estou pronto para aceitar qualquer desafio".

27.03.1980 – 9º. Conselho Diretivo

Eleito na IX ASSEMBLÉIA GERAL –LANZAROTTE-CANARIAS – ESPANHA

A TV Baré que deveria, pelo acordo assinado entre os brasileiros, ser indicada para o Conselho, por problemas internos, solicitou sua renúncia do quadro social da OTI. Eduardo Reyna, também estava deixando Venevision e apresentara naquela Assembléia seu pedido de afastamento das funções de conselheiro e de vice-presidente, posição que ocupava desde a última reforma de Estatutos. A TV Tupi, lutando contra gravíssima crise, nem mandou representante às ilhas Canárias. José Roberto Maluf, da TV-Bandeirantes então propôs a eleição da TV Globo, pelo Brasil. Luís Eduardo Borghert retornou, assim, ao Conselho, indo ocupar a vice-presidência, a que renunciara Eduardo Reyna. Há 16 anos o representante da TV Globo é a principal voz brasileira na OTI.

20.03.1981 – 10º. Conselho Diretivo

Eleito na X ASSEMBLÉIA GERAL – MÉXICO – DF

Em conseqüência do fechamento, em julho do ano anterior, pelo Governo Brasileiro das emissoras da Rede Tupi de Televisão a representação brasileira na OTI ficou limitada às TV Globo e Bandeirantes. Retorna ao Conselho Diretivo, o Perú, agora, representado por Nicanor Gonzalez Urrutia,[68] da Cia. Peruana de Radiodifusão, canal 4, já libertado da violência do governo militar de seu país, logo escolhido por seus pares novo vicepresidente.

25.03.1982 – 11º. Conselho Diretivo

Eleito na XI ASSEMBLÉIA GERAL – MADRÍ – ESPANHA

26.03.1983 – 12º. Conselho Diretivo

Eleito na XII ASSEMBLÉIA GERAL – MONTEVIDÉU – URUGUAI

O Chile deixa o Conselho Diretivo, sendo eleita a RadioTelevisão Portuguesa em seu lugar, representada pela Sra. Manuela Furtado.

[67] Cláudio Petraglia é uma das maiores e mais injustiçadas figuras da história da televisão brasileira. Amigo leal e dedicado de João Saad, assumiu a TV-Bandeirantes depois do grande incêndio que quase destruiu totalmente o canal 13 de São Paulo, logo após o primeiro ano de sua inauguração. Seu trabalho, silencioso e eficiente foi a base da implantação da Rede Bandeirantes de TV. Infelizmente, muito estimado e querido pelos estrangeiros,que conheciam seu trabalho especialmente na área dos musicais, foi claramente sabotado por alguns brasileiros, invejosos do seu talento e serenidade, no período em que esteve mais ativo na OTI.

21.03.1984 – 13º Conselho Diretivo
Eleito na XIII ASSEMBLÉIA GERAL – BUENOS AIRES – ARGENTINA

20.03.1985 – 14º Conselho Diretivo
Eleito na XIV ASSEMBLÉIA GERAL – LISBOA – PORTUGAL
O Spanish International Network –SIN – substitue a Argentina no Conselho.

22.03.1986 – 15º Conselho Diretivo
Eleito na XV ASSEMBLÉIA GERAL – MÉXICO – DF

25.03.1987 – 16º Conselho Diretivo
Eleito na XVI ASSEMBLÉIA GERAL – MIAMI – ESTADOS UNIDOS
É escolhida para o Conselho a Associação dos Sócios da Argentina, saindo a Colômbia.

19.03.1988 – 17º Conselho Diretivo
Eleito na XVII ASSEMBLÉIA GERAL – BUENOS AIRES – ARGENTINA

03.04.1989 – 18º Conselho Diretivo
Eleito na XVIII ASSEMBLÉIA GERAL – MONTEVIDÉU – URUGUAI

23.03.1990 – 19º Conselho Diretivo
Eleito na XIX ASSEMBLÉIA GERAL – SEVILHA – ESPANHA
É eleita para o Conselho a Associação dos Sócios da Colômbia, saindo o Panamá.

21.03.1991– 20º Conselho Diretivo
Eleito na XX ASSEMBLÉIA GERAL – MÉXICO – DF

12.03.1992 – 21º Conselho Diretivo
Eleito na XXI ASSEMBLÉIA GERAL – TOLEDO – ESPANHA

02.04.1993 – 22º Conselho Diretivo
Eleito na XXII ASSEMBLÉIA GERAL – MIAMI – ESTADOS UNIDOS
Depois de vários anos sem qualquer modificação no Conselho, salvo a volta da Colômbia em 1990, em que nem mesmo as pessoas físicas foram mudadas,

[68] Nicanor Gonzalez Urrutia – o Nico – é filho de Nicanor Gonzalez Vasquez, o velho e querido lutador peruano da AIR.

o mais jovem dos fundadores – Alfredo Escobar – de volta ao seu país, dirigindo "Megavision" faz o Chile retornar ao Conselho, substituindo Teleamazonas, do Equador, que ele dirigiu, levou e manteve nos altos escalões da OTI durante 14 anos seguidos.

25.03.1994 – 23º Conselho Diretivo
Eleito na XXIII ASSEMBLÉIA GERAL – RIO DE JANEIRO – BRASIL
Sugestão de Luis Borghert é aprovada para reconduzir de volta ao Conselho o fundador Fernando Eleta e sua Corporáción Panameña de Radiodifusión, o canal 4 do Panamá, em substituição ao canal 4, de Montevidéu, Monte Carlo.

04.04.1995 – 24º Conselho Diretivo
Eleito na XXIV ASSEMBLÉIA GERAL – SANTIAGO – CHILE
Concluíam seus mandatos: A Associação de Sócios de OTI em Argentina; a Megavision, do Chile; Univision, dos Estados Unidos; Radio Televisão Portuguesa, Venevision, da Venezuela e América, canal 4, de Lima, Perú. Por proposta da Espanha, os 5 primeiros foram reeleitos por aclamação e para o

*Eduardo Reyna, ao centro, com o autor e José Piza Marcondes, do Sistema Brasileiro de Televisão.*

lugar do Perú retornou ao Conselho o Uruguai com um arranjo no mais puro de estilo de antes: os aplausos da sala, significando cem por cento de aprovação, redividiram os dois anos, em dois períodos de um ano: o primeiro para o canal 4 e o segundo para o canal 10. E a ata ainda achou que precisava frisar o importante detalhe: "ambos do Uruguai ".

26.03.1996 – 25º Conselho Diretivo
Eleito na XXV ASSEMBLÉIA GERAL – MÉXICO – DF

# NÚMEROS E ESTATÍSTICAS

Vale mencionar, para que aqueles que gostam de fazer as comparações, os países e as empresas que, 25 anos depois do primeiro, integram, em 1996, o Conselho Diretivo da OTI:

Presidente – Guillermo Cañedo – Televisa – México
Vice-presidente – Jordi Garcia Candau – Television Española – España
Vice-presidente – Luis Eduardo Borghert – TV Globo – Brasil
Vice-presidente – Carmelo Astesiano – Associação dos Sócios – Argentina
Conselheiros: – Chile – Megavision – Alfredo Escobar
– Colômbia – Associação dos Sócios – Samuel Duque Rozo
– Estados Unidos – Univision – Ray Rodriguez
– Panamá – Corporación Panamenha de Radiodifusão – Fernando Eleta
– Portugal – Radio Televisão Portuguesa – sra. Manuela Furtado
– Uruguai – Canal 4 – Hugo Romay
– Venezuela – Venevision – Rodolfo Rodriguez

Dos países fundadores só não está no Conselho o Perú. O campeão absoluto de permanência em todos os sentidos, como país, como empresa e como pessoa física, na qualidade de representante, é o México. Televisa (antes chamada Telesistema Mexicano)e o presidente Guillermo Cañedo continuam, intocáveis e inabaláveis, mesmo depois de 25 anos de sua primeira eleição. Ao seu lado, a Espanha e a Radio Televisão Espanhola, por mais de uma década com Luís Ezcurra, e após o seu afastamento com vários diretores gerais; e Venezuela com apenas Venevision e dois representantes diferentes em todo o período, devendo se salientar que Rodolfo Rodriguez, atual Conselheiro esteve nas reuniões de Caracas e do México. O Brasil jamais deixou o Conselho nestes 25 anos, onde foi representado por três emissoras – a TV Tupi (5 anos), a TV Bandeirantes (2 anos) e a TV Globo (18 anos).

Entre os que formam o atual Conselho, além de México, Espanha, Brasil e Venezuela, o Panamá é veterano e fundador, como é a Argentina. Ambos foram eleitos em diferentes ocasiões, mas alternaram períodos de ausência, com anos de ativa presença. Cara inteiramnte nova é a representação dos Estados Unidos. Os uruguaios já pertenceram ao Conselho, sempre com o Canal 4. Em Santiago do Chile, quando pleiteou retornar depois de estar apenas um ano afastado, a TV Monte Carlo, canal 4, de Hugo Romay, demonstrou que, mesmo em nossos dias, depois de tanto tempo, pode-se, ainda, interpretar os estatutos de maneira especial, quando se deseja encontrar solução no estilo do velho clube de amigos, como o já mencionado e inédito tipo de mandato para conselheiro, fracionado em duas partes, outorgado ao Uruguai sob inspiração de paz da Cordilheira branca dos Andes chilenos.

Quanto ao caso do Chile é um exemplo do valor da amizade bem construída e da confiança alicerçada em seriedade e trabalho eficiente. Primeiro, na fundação, uma reviravolta política no país afastou a Televisão Nacional e Osvaldo Barzelatto, que seria Conselheiro por direito de conquista. A Universidade Católica do Chile foi para o Conselho, com Alfredo Escobar indicado apenas como suplente. Impôs-se o substituto por suas qualidades e efetiva presença. Mas Escobar deixou o seu país e foi trabalhar em Quito. Com ele migrou a posição de Conselheiro, que, de chilena passou a ser equatoriana, com a Teleamazonas, sob sua liderança.

Muitos anos se passaram, nasceu em Santiago a Megavision que logo se tornou sócia da OTI, substituindo a equatoriana Teleamazonas. À frente da nova empresa chilena está Alfredo Escobar, agora em seu 21º ano como membro do Conselho Diretivo da OTI, por dois países e três empresas e o apoio de todos.

Perguntei-lhe, dentro do tom de grande estima e apreço que lhe tenho, qual era a receita do sucesso. Ele sorrindo, brincou: "Mas que sucesso?! Devo tudo ao árduo e duro trabalho do dia a dia em minha vivência com vocês homens de rádio e TV. Do psicólogo que me queriam tornar restou muito pouco ou quase nada."

CAPÍTULO 12

# ASSEMBLÉIAS GERAIS

Ao comemorar na cidade do México, nos salões do Hotel Presidente Intercontinental, nos dias 21 a 26 de março de 1996 o seu quarto de século, a Organização da Televisão Ibero-Americana (OTI) realizou a sua 25a. Assembléia Geral Ordinária, sem contar, naturalmente, com a assembléia de instalação, considerada parte das III Jornadas Ibero-Americanas de Comunicações via Satélite. Houve mais outras três Assembléias Gerais Extraordinárias, estas convocadas para fins específicos, como a reforma de Estatutos.

A mais simples análise do número de empresas participantes das Assembléias revela como foi rápido, intenso e seguro o crescimento da OTI. No México, na fundação foram 8 países e 12 empresas, que eram até insuficientes para compor o primeiro Conselho, como já vimos.

## CLIMA DE FESTA NO PANAMÁ

No Panamá, em 25 de fevereiro de 1972, o presidente Guillermo Cañedo abriu os trabalhos de instalação da I Assembléia Geral Ordinária. A lista de presença comprovava quorum, com 27 empresas membros detentoras de 81 votos, além de outras 18 empresas ali representadas.

Entre o dia 19 de março de 1971 e aquele dia, menos de um ano transcorrido, o Conselho Diretivo se reunira 5 vezes, uma em Bogotá, duas na cidade do México, uma em Buenos Aires e uma no dia anterior ali mesmo no Panamá. A OTI adquirira os direitos do

Campeonato Mundial de Futebol de 1974, na Alemanha; negociava em fase final a Copa Independência de Futebol no Brasil, estava ativo o Serviço Ibero-Americano de Notícias, trabalhavam as Comissões Técnica, Jurídica e de Programas, e já haviam ingressado como sócias 72 empresas de 20 países.

O Secretário Geral era Juan Palli. Em seu Informe ao Plenário, pleno de confiança e otimismo, voltou aos seus números preferidos: a OTI estava atuando, já no seu primeiro ano de vida em mercados com mais de 20 milhões de lares com televisores, servindo a 300 milhões de habitantes no mundo de idioma espanhol e português. (A exposição de Palli se baseava nos mesmos dados das reuniões para estabelecer a fixação dos critérios de quotas e votos na OTI, um ano antes).

Foi no Panamá a primeira reforma dos Estatutos, que passou a adotar nova redação do artigo 1 ao artigo 34, eliminando-se, desde logo, também, os artigos 41 e 42, prosseguindo a Comissão Jurídica nos estudos para revisão dos demais artigos, a ser feita na próxima Assembléia em Barcelona, no ano seguinte. (No titulo geral "**Documentos**" estão os Estatutos originais e destacadas as reformas feitas nos anos seguintes).

A Assembléia aprovou um borrador de balanço das contas correspondentes ao ano de 1971. O Secretário Geral Juan Palli teve, pela primeira vez, ajudando-o nos trabalhos de secretaria Amaury Daumas, que viria a ser, logo depois, designado para o cargo de Secretário Administrativo da OTI, com sede no México.

Alguns assuntos da maior importância na vida da entidade não foram abordados nas sessões, ou, se foram, não aparecem com informações completas. É o caso, por exemplo, do afastamento do engenheiro Roberto Kenny da presidência da Comissão Técnica, ele que fora o principal articulador da fundação da OTI, em nome de Telesistema Mexicano, bem como os detalhes de ordem financeira do primeiro ano e o orçamento para o ano de 1972. Todos estes assuntos e outros que não foram levados ao conhecimento da Assembléia ou que não figuram na Ata da mesma estão por nós registrados no capítulo especial sobre a reunião do Conselho realizada no Panamá, na véspera da mesma, dia 24.

# NA COLÔMBIA, CONTINUOU O CRESCIMENTO

Em Bogotá, a 29 de março de 1973, instalou-se a II Assembléia Geral Ordinária da OTI. Eram já 51 empresas membros da entidade, com 95 votos, correspondendo a 16 países. Estiveram também presentes observadores da União de Radiodifusão dos Estados Árabes, da União Européia de Radiodifusão e da AIR e da empresa alemã Transtel.

Abriu a Assembléia o ministro das Comunicações da Colômbia, que estava acompanhado do novo diretor de Inravision, Sr. Carlos Delgado. No decurso das sessões de trabalho, os

*Fernando Eleta, do Panamá (à esquerda o autor, Almeida Castro), preside a Assembléia Geral da OTI, em Lima, Perú, em 1974.*

pontos de destaque foram relacionados com os pagamentos dos pagamentos de direitos do Campeonato Mundial de Futebol de 1974, na Alemanha; o Festival OTI da Canção realizado em Madrí; o êxito do serviço de intercâmbio de notícias; os primeiros entendimentos com as mais altas autoridades argentinas sobre o Copa do Mundo de Futebol de 1978 e a conclusão das reformas dos Estatutos iniciada no Panamá no ano anterior, inclusive aumentando o número de conselheiros de 9 para 11. Contas do ano anterior e orçamento para 1973 foram aprovados sem qualquer contestação.[69]

A Assembléia de Bogotá marcou oficialmente a presença da Secretária Administrativa e de Amaury Daumas como seu titular.

[69] A TV Globo tinha enviado a Bogotá uma forte delegação, tendo à frente Castro Neves. Em grande ofensiva internacional, organizou um jantar e coquetel de grande requinte no Hotel Hilton, exibindo muitos dos seus programas. Não sei se maldosamente, a Ata registra apenas uma intervenção de Paulo Cesar Ferreira exigindo que todos os documentos fossem redigidos nos dois idiomas oficiais, português e espanhol, o que embora correto, jamais foi conseguido em todos estes 25 anos. A TV Globo teve muitas outras proveitosas intervenções durante toda a Assembléia.

*Eduardo Reyna, à esquerda; e Luis Ezcurra, durante os trabalhos da IX Assembléia Geral da OTI.*

# MELHORAM OS CONTROLES EM LIMA

A III Assembléia Geral Ordinária em Lima, no Perú, em 4 de abril de 1974, continuou registrando o pedido de ingresso de novas empresas como sócias, entre elas a TV Bandeirantes, do Brasil.[70] Eram 62 as empresas sócias presentes, com direito a voto. Além do Mundial de Futebol que ia ser disputado meses mais tarde, o fato mais destacado foi a primeira atuação efetiva de uma Comissão ad-hoc para Assuntos Financeiros e Econômicos, integrada por Pedro Mino, do canal 4 de Montevidéu; Guillermo Rubiano, da TV Tupi e Raul Lamus, de RTI da Colômbia. A Comissão recomendou uma redução de US$2.842,00 no orçamento, recomendando controles mais rígidos das despesas.

Fernando Eleta, vice-presidente, do Panamá, dirigiu os trabalhos da Assembléia, quando Guillermo Cañedo deixou a presidência com a renúncia de Televisa para facilitar a composição do novo Conselho.

[70] Em 1971, a TV Bandeirantes justificara não estar presente nos movimentos da OTI pelos problemas que atravessava, logo após sua inauguração como emissora local. E prometera em 3 a 4 anos pedir sua filiação e participar ativamente. Fez isso em Lima, com Cláudio Petraglia, Murilo Leite, o engenheiro Miguel Cipolla Jr. e foi a terceira emissora brasileira a se associar.

*Assembleia do Rio de Janeiro, 1994, vendo-se em primeiro plano, à esquerda do autor, José Roberto Maluf, da Rede Bandeirantes de S. Paulo, Brasil.*

A IV Assembléia Geral Ordinária foi realizada em Santiago do Chile, em março de 1975. Seguiram-se Buenos Aires, em 1977; Montevidéu, em 1978; o Rio de Janeiro, em 1979, as ilhas Canárias, em 1980.

A celebração do transcurso dos dez anos foi a 20 de março de 1981, na X Assembléia Geral Ordinária realizada no México. De 89 votos possíveis, havia 84 presentes. Ingressam como sócias o canal 10, de Mar del Plata, Argentina; e o Canal 13, de Assunção, Paraguai; e se retira uma das fundadoras – a TV Tupi, do Brasil, que encerrara suas atividades no ano anterior. Os integrantes do primeiro Conselho Diretivo e fundadores foram homenageados com uma placa de prata e a Assembléia tomou conhecimento da assinatura definitiva dos contratos com a FIFA para transmissão dos Campeonatos Mundiais de Futebol de 1982 (Espanha) e de 1986 (inicialmente previsto para a Colômbia e realizado no México).

Sucederam-na as reuniões de Assembléia em Madrí, em 1982, ano da Copa do Mundo na Espanha; em Montevidéu, em 1983; Buenos Aires, em 1984; Lisboa, em 1985, e outra vez o México, em 22 de março de 1986, para celebrar festivamente os 15 anos da entidade; Miami, nos Estados Unidos, em 1987; outra vez Buenos Aires, em 1988; Montevidéu, em 1989 e, depois, em Sevilha na Espanha, com duas Assembléias no mesmo dia 23 de março de 1990, uma delas Extraordinária.

# QUARTO DE SÉCULO

O 20º aniversário da OTI, como haviam sido os 5, os 10 e os 15 anos, foi comemorado em festiva Assembléia Geral Ordinária na cidade do México, em 21 de março de 1991. Quatro ex-Conselheiros e fundadores foram convidados e homenageados em sessão solene, com grande presença de assistentes: Luis Ezcurra, José Eduardo Reyna, o Autor destas linhas, os três já desligados das empresas que representavam em 1971;e Fernando Eleta, ainda hoje, em 1996, proprietário de RPC, do Panamá.

No ano seguinte, a Radio Televisão Espanhola organizou em Toledo, na Espanha, a 21ª Assembléia Geral Ordinária. Em 1993, um ano antes da Copa do Mundo de Futebol nos Estados Unidos, Miami recebeu os sócios para a 22ª Assembléia Geral, instalada no dia 2 de abril, com grande comparecimento.

O Rio de Janeiro, depois de muitos anos, voltou a sediar a OTI, em sua 23a. Assembléia Geral Ordinária, em 25 de março de 1994 e coube à Santiago do Chile, com Megavision à frente, reunir a 24ª Assembléia Geral.

Os 25 anos foram outra festa consagradora para a OTI e para os mexicanos, que relembraram os movimentados dias de março de 1971 e as figuras de homens como os espanhóis Felix Fernandez Shaw e de Eduardo Gavillan, já não mais na televisão espanhola. Aos fundadores presentes, o presidente e o Conselho prestaram homenagens especiais. Foi destacada a importância na construção da OTI do trabalho de Emilio Azcarga Milmo, que fez um significativo e sentido discurso; de Luis Ezcurra, de José de Almeida Castro, de Eduardo Reyna, de Fernando Eleta e de Alfredo Escobar, fundadores presentes, aos quais foram entregues peças de artesanato mexicano em prata de lei com o logotipo da OTI. Foram lembradas as empresas que garantiram a formação da Organização e a participação de companheiros mortos, mas não esquecidos, durante esta longa trajetória, como Juan Palli, Omar Pabst, Jacobo Aepli, Nicanor Gonzalez Vasquez e Hector Ponsdomenech. Presentes, como convidados especiais, o senador Miguel Aleman e o Sr. João Havelange, presidente da FIFA. Este, agradecendo homenagem que recebia, ao destacar o valor do futebol como fonte de grandes amizades, relembrou ter conhecido Emilio Azcarga ao atender um pedido dos seus amigos da TV Tupi do Rio de Janeiro para tratar de assuntos das transmissões da Copa do Mundo de 70.

O Secretário Geral, Amaury Daumas, depois de homenageado pelo Conselho e pelos presentes, pelos seus longos anos de eficiente trabalho na OTI, interpretou o desejo unânime dos participantes em destacar a importância do trabalho do presidente Guillermo Cañedo, entregando-lhe, também, uma lembrança, em nome dos Conselheiros e de todos os Sócios.

Em clima de festa e homenagem, ali, na mesma cidade em que nascera, estava se completando, com a 25ª Assembléia Ordinária, seu primeiro ciclo de vida a Organização da Televisão Ibero-Americana – OTI.

1971 - 1996
VEINTICINCO ANIVERSARIO
OTI
ORGANIZACION DE LA TELEVISION IBEROAMERICANA

Capítulo 13

# AS COMISSÕES

Os Estatutos, em seu artigo 27, item XIII, atribui ao Conselho Diretivo a faculdade de "**criar Comissões e Grupos de Trabalho... determinando funções, sua duração e designando os respectivos presidentes e vice presidentes**".

A primeira Comissão da OTI foi a Técnica, praticamente criada nas III Jornadas Ibero-Americanas de Comunicações via Satélite, no México, em março de 1971. Mas, formalmente, as três primeiras Comissões foram criadas em Bogotá[71]: a Técnica, a Jurídica e a de Programas.

A Técnica era presidida por Roberto Kenny, de Telesistema Mexicano, tendo na vice-presidência, Jacobo Aepli, do Canal 5, da Venezuela e como integrantes Llloyd O'Mealy, do Panamá; Federico Licht, da Guatemala; Gustavo Ramirez, da Colômbia; Lorenzo Baruvin, do Perú; Pedro Carabell, do Chile; Carlos Killian, da Argentina; Victor Purri Neto, do Brasil; e Eduardo Gavillan e Alfredo Barjau, da Espanha.

A Jurídica e Legal (assim se chamava) presidida por Felix Felix Fernandez Shaw, da Espanha; Oscar Gutierrez, do México e como integrantes Jaime Restrepo, da Colômbia; Juan David Morgan, do Panamá; Belisário Bernales, do Perú; José de Almeida Castro, do Brasil e representantes do Chile e da Argentina, cujos nomes seriam posteriormente informados.

A de Programas era presidida por José Eduardo Reyna, da Venezuela; tendo na vice-presidência, Abraham Zalzmann, da Colômbia e como membros Luis de Lhano, do México;

[71] 1ª Reunião do Conselho, em 4 de maio de 1971.

Alfredo Escobar, do Chile; Mário Velázques, do Panamá; Tomás Garcia, da Espanha; Júlio Estremadoyro, do Perú; Alberto Salem, da Argentina e um representante do Brasil que a TV Tupi iria designar.

Em 1991, na comemoração dos 20 anos da OTI, o engenheiro Eduardo Gavilán, da Espanha, presidia a Comissão Técnica, sendo dois os vice-presidentes: Cesar Gerbasi, da Argentina; e Victor Rojas, do México. Na Comissão Jurídica o presidente era o licenciado Oscar Gutierrez, havendo três vice-presidentes: Hector Pondsdomenech, da Venezuela; Nestor Ick, da Argentina e Lúcia Liévano, da Colômbia. E Nicanor Conzalez, do Perú, com Alfredo Escobar, do Equador e Eladio Larez, da Venezuela nas vice-presidências, presidia a Comissão de Programas.

No decorrer de seus 25 anos, foram criados grupos operacionais transitórios para eventos especiais e constitui das várias Comissões, que se tornaram permanentes.

Em Março de 1995, a Assembléia de Santiago do Chile, conheceu o relatório da 1ª reunião da Comissão de Informação, Desenvolvimento e Serviços sobre Televisão, presidida por Camilo Astesiano, da Argentina, que analisou um novo e importante aspecto da atividade, a televisão, via cabo, por assinatura.

Estavam em pleno funcionamento mais as seguintes Comissões:

ASSUNTOS ECONÔMICOS E FINANCEIROS – presidida por José Roberto Maluf, do Brasil

SERVIÇO IBERO-AMERICANO DE NOTÍCIAS – presidida por Jordi Garcia Candau, da Espanha

FORMAÇÃO PROFISSIONAL – presidida por Thomaz Bettencourt, da Espanha

COMISSÃO DE ASSUNTOS CULTURAIS – presidida por Eladio Larez, da Venezuela.

Embora tenha havido muita movimentação até pouco tempo, não se encontra registro das atividades da Comissão de Serviços Especiais de Interesse Público, que, logo após sua criação, foi presidida por Carlos Barba, dos Estados Unidos, e o presidente era Felix Cardona Moreno, da Venezuela, falecido no exercício do cargo.

## SEDE E SERVIÇOS PERMANENTES

No dia seguinte à sua fundação se confirmava que a nova organização disporia de uma boa sede, por empréstimo, sem ônus, na elegante e movimentada Zona Rosa do México, na rua Varsóvia, 44. Emilio Azcarga e Guillermo Cañedo possuíam, para alguns dos seus negócios em sociedade, enorme "penthouse" de um edifício de esquina, um bom endereço, com todas as facilidades e todas as disponibilidades. Seu maior ou quase único usuário era Guillermo Cañedo. Inicialmente, bastaria separar espaço para o escritório de um auxiliar

OTI do Presidente, que já contava com seu "staff" de secretárias e ajudantes. Entre estes estava o motorista e "faz tudo" Simão que, em muito pouco tempo, se tornaria o mais importante relações públicas de seu chefe. Tudo seria cedido, inclusive o pessoal, praticamente sem nenhum custo, por mais de um ano.

Varsóvia 44 foi o primeiro e único endereço da OTI até mudar-se para sua atual sede própria na calle Tennyson nº 10. Mas, embora no mesmo prédio, foram três os locais que ocupou no prédio. Primeiro, a penthouse cedida por Cañedo. Depois, em 8 de janeiro de 1972, na reunião do Conselho na cidade do México, o presidente comunicou que estavam estabilizadas as finanças da OTI e havia sido encontrada uma boa instalação no quarto andar do mesmo edifício, em Varsóvia, 44, que mandara alugar e estava mudando todas as instalações necessárias ao funcionamento da Organização. Anos mais tarde, a ampliação dos serviços e dos quadros funcionais levaram a alugar área maior ali mesmo no edifício. Nesta nova fase, havia uma boa sala onde era possível realizar algumas reuniões de Conselho, evitando-se os gastos de aluguel de salas de reuniões em hotéis nas proximidades. Ali no quarto andar, com a OTI crescendo sempre, se instalaram todos os serviços permanentes, inclusive a nova direção de Programas.

Até a reunião citada do Conselho, não havia sido solucionado o problema da Secretaria e o presidente relatou as gestões realizadas para selecionar e incorporar um profissional competente, diante da necessidade de colocar em marcha alguns projetos fundamentais para a própria vida da OTI. O Conselho aprovou uma proposta de Cañedo tornando-a resolução nos seguintes termos: "Designar ao Sr. Juan M.Palli para que transitoriamente assuma as responsabilidades da Secretaria Geral com sede – também provisória – em Buenos Aires".[72] Na I Assembléia Geral no Panamá, Juan Palli entregou os trabalhos de credenciamento e secretaria a uma equipe que esteve sob o comando de Amaury Daumas, convidado em Buenos Aires. Ainda se passaram outras reuniões do Conselho para que, oficialmente, aparecesse no comando de todo o "staff" e como representante direto do presidente e do Conselho, como até hoje, o Secretário Geral Amaury Daumas.

Amaury é um cidadão brasileiro, nascido em Paris, registrado no Consulado do Brasil na França, cujos pais estiveram vinculados ao serviço diplomático. Recebeu na infância e na juventude educação esmerada e trabalhou na mocidade na extinta companhia aérea brasileira Panair. Seus primeiros contatos profissionais com a televisão foram no grupo de empresas argentinas de Goar Mestre, diretamente ligado a Juan Palli, que o admirava e o encarregou de muitas tarefas importantes na área de relações públicas. Na condição de funcionário do canal 13 e de Pró-Artel trabalhou na infra-estrutura de reuniões e recepções internacionais. Dominando espanhol e o inglês e falando corretamente seu idioma natal, foi um nome lembrado por Juan Palli logo que se estava estruturando a OTI. Em Buenos Aires, na terceira reunião do Conselho Diretivo, Amaury esteve presente como Pró-Artel e

[72] Ata da Quarta Reunião do Conselho Diretivo de 8 de janeiro de 1972, no México.

acompanhou, ajudando bastante os trabalhos, o pro-rateio dos direitos do Mundial de 1974. Naquela ocasião, havia quatro ou cinco nomes apontados como preferidos para as funções de executivo principal da OTI e o engenheiro argentino Carlos Killian (que logo depois foi eleito presidente do consórcio Intelsat) era o preferido de Palli e contava com o entusiasmo de Eduardo Reyna, que o conhecia e recomendava seu nome. Amaury apenas "figurava" e como tal não chegava a ter opositores ou inimigos. O Conselho quis deixar o assunto ser resolvido por Guillermo Cañedo e deu-lhe todos os poderes para tal. Juan Palli convidou Amaury para fazer com as equipes panamenhas um trabalho em que ele sempre foi extremamente competente. Levou-o para dirigir a infra-estrutura da Assembléia no Panamá, onde teria oportunidade de conversar com Cañedo. De lá, ele voou para o México e ficou. Alguém disse que pesou muito o fato do candidato ser brasileiro e falar português, uma das duas línguas oficiais da Organização.[73] Pode até ser verdadeiro. Mas não acredito. Primeiro porque, mesmo sendo oficial, o português continua ausente nestes 25 anos em documentos, discursos em portunhol e reuniões da OTI. Depois, porque Amaury não morava no Brasil, não possuía vínculos com a televisão brasileira e, creio, tinha toda a sua vida construída em espanhol... e portenho.[74] Amaury voou para o México, não recebeu imediatamente o título oficial, mas deixaram que o fizesse e ele provou toda a sua habilidade em segurar as boas oportunidades. Ficou na OTI, tornou-se pessoa de confiança do presidente, é o amigo do "Rei". Para muitos outros... ele é o rei.

Adaptando-se às mil maravilhas ao mais puro estilo mexicano, com indiscutível capacidade de trabalho, bom nível intelectual e sabendo utilizar sua inteligência, ele é hoje parte destacada da história da Organização e, sem nenhuma dúvida, sua figura de maior representatividade e repercussão nos setores ligados a eventos e à televisão no Exterior. Foram várias as tentativas contra ele, que sempre conseguiu superar as manobras. Sabe preparar o caminho para usar muito bem os resultados, falando daquilo que as pessoas preferem ouvir. O Brasil, que teria sido a razão da sua escolha, um sócio da maior importância na OTI, é talvez, entre os ditos grandes, o país que menos visitou. E seus maiores e mais francos confrontos têm sido precisamente com os brasileiros, entre os quais, também, conquistou muitos admiradores.

Comanda o staff à sua feição e é tal o seu poder que lembra uns azulejos pendurados em algumas casas do interior brasileiro: "A dona da casa é a minha mulher, mas fora disso quem manda sou eu".

Na hierarquia funcional, o posto imediato é o do diretor de Programas. Inicialmente, quando a OTI começou a crescer, Luís Ezcurra indicou um profissional europeu de alto

[73] A OTI é rigorosamente uma organização que subordina a admissão dos sócios ao critério do idioma. Operando em espanhol ou português e transmitindo um número mínimo de horas programas falados nesses idiomas a TV pode estar na Groenlândia ou no Butão, lá no sopé do Himalaia. Do mesmo modo que estando ali no Caribe e falando francês, como o Haiti, não lhe é permitido associar-se.

[74] Amante de moto-náutica, Amaury andava no delta do Tigre, em Buenos Aires, em uma lancha veloz, que ele registrara com o nome de "Bundinha", para manter um espírito brasileiro de gosador bem vivo.

nível – Condorcet da Silva Costa – para as funções de Coordenador de Programas. Com grande experiência em emissora de televisão, embora estatal, Condorcet conhecia bem a Eurovisão e durante anos foi figura importante nos quadros da Radio Televisão Portuguesa. Por múltiplas razões de ordem administrativa e funcional, a coordenação de Programas não conseguiu chegar aos níveis pretendidos pelo seu próprio responsável e Condorcet deixou a OTI para assumir a direção da América – Canal 4 – de Lima, Perú, a convite de Nicanor Gonzalez Urrutia. Com o advento da televisão comercial em seu país, voltou a Portugal, onde trabalha hoje num canal privado.

Seu substituto foi um outro jovem e competente veterano, cedido pela Televisão Espanhola e recomendado também por Luís Ezcurra: Dario de la Peña. Ajustando-se muito ao esquema OTI e trabalhando com grande profissionalismo, Dario transformou, com o apoio ostensivo de Amaury, sua área em Direção de Programas, e é responsável por um grande número de importantes realizações, desde os serviços de intercâmbio de notícias ao Festival OTI e a grandes eventos esportivos.

O pessoal que trabalha em caráter permanente na sede da calle Tennyson é, em sua maioria, formado por veteranos com excelente folha de serviços, com mais de dez anos de OTI, como a jovem secretaria Ana Lilian.

## PATRIMÔNIO E FINANÇAS

No fim de 1971, nove meses e meio depois de fundada, não tinha havido tempo suficiente para cuidar das finanças e a OTI vivia do apoio dos seus sócios mais importantes. Na Primeira Assembléia Geral no Panamá, em fins de fevereiro de 1972, o Conselho Diretivo, por falta de documentação decidiu apresentar ao plenário apenas um borrador dos recebimentos e despesas. Como o saldo era altamente favorável não houve nenhum problema, mesmo porque o clima de euforia só permitia que se olhasse para a grande realização; o Mundial de 74, na Alemanha. A ata dos trabalhos da Assembléia se limitou a dizer, textualmente, o seguinte: **"A continuácion se trató el tercer punto del Orden del Dia relativo a las cuentas correspondentes al ejercicio de 1971, que fueron aprobadas por unanimidad"**. E logo a seguir: **"Seguidamente, se trató el punto 4 del Orden del Dia relativo a la aprobación de los presupuestos de ingressos y egressos de la Organizacion en el ejercicio de 1972, siendo los presupuestos aprobados también por unanimidad."** Mais nada foi feito, nem se ficou sabendo. As 72 empresas membros, representando 20 países, pagaram suas quotas no ato do credenciamento e ninguém que não estivesse em dia com as obrigações financeiras participou da Assembléia.

Na ata de reunião de Conselho, realizada na véspera ali mesmo no Panamá, foi aprovado, em borrador, o balanço do ano de 1971, com a receita de US$60.628,60 e a despesa de US$18.317,09 até o dia 31 de dezembro.

Complementando a receita ingressaram nos cofres da OTI até a Assembléia cerca de US$33.000,00, não havendo naquele momento dados completos.

Na mesma reunião, o Conselho também aprovou o primeiro orçamento da OTI, calculado para o ano de 1972.

A receita foi estimada em US$100.000,00 e as despesas para o período em US$113.000,00, havendo um deficit de US$13.000,00, que seria amplamente coberto com o saldo em caixa, remanescente do ano de 1971.

A OTI não tinha nenhum passivo, nem qualquer patrimônio.

Ao longo dos 25 anos, além das quotas sociais outras importantes fontes de receita foram obtidas pela OTI. Nos contratos de direitos de televisão, por ser responsável por um percentual maior e por ter interesse no assunto foi atribuído à OTI, pelo Consórcio, os direitos de venda para videocassete e também para filmes. As negociações conduzidas pela Secretaria Geral foram extremamente produtivas e a Organização arrecadou expressivas quantias. Também o Conselho Diretivo aplicou sanções pecuniárias em canais associados que haviam infringindo contratos de direitos e normas estabelecidas.

Aos 25 anos de sua fundação, em 1996, a OTI segundo os auditores independentes Price Waterhouse tinha depositados em contas bancárias US$835.131,91, de cujo total cerca de 350 mil dólares constituíam inversão e cerca de 400 mil dólares eram do "Fundo OTI Operacional".

A Assembléia Geral aprovou o relatório da Comissão de Economia e Finanças, a que se anexa também uma minuciosa auditoria dos mesmos auditores independentes. O parecer da Comissão, presidida pelo brasileiro José Roberto Maluf, da TV Bandeirantes, recomendava a aprovação das contas, juntamente com recomendações sobre novos procedimentos no controle de alguns gastos. Em outro parecer favorável, mas com ressalvas, a Comissão pediu a aprovação do orçamento para o ano de 1996, autorizando gastos no total de US$1.431.174,00, em que só as despesas com telex, telefones e fax totalizam quase o dobro da despesa de 1972 ou sejam US$200.000,00.

A receita regular de quotas foi estimada no mesmo valor, cabendo quotas iguais, nos limites máximos de 20% a três países: Brasil, Espanha e Estados Unidos, cada um deles responsável por 286.235 dólares. A menor quota, ajustada para o mínimo de 0,50%, correspondendo a US$7.156,00 anuais, é de responsabilidade da Bolivia, Costa Rica, El Salvador, Panamá, Paraguai e Uruguai.

# UN GRAN SEÑOR

A Organização da Televisão Ibero-Americana tem à sua frente, desde a sua inauguração, Guillermo Cañedo, um presidente de quem a OTI já tem a cara, depois de 25 anos. Até alguns anos atrás, algumas pessoas ainda se preocupavam em pedir a minha opinião, sobre este reinado mexicano à frente daquela que hoje é uma das duas mais importantes organizações de radiodifusão do mundo. Parece que cansaram, enquanto Guillermo Cañedo, ao seu estilo pessoal, vai se perpetuando na OTI, e vendo crescer seu imenso prestígio, está a cada dia mais forte como vice-presidente da FIFA.

É desnecessário ser inteligente ou até mesmo bom observador para saber que Guillermo Cañedo não se mantém nestas posições por passes de mágica, troca de favores ou fortes padrinhos. Da OTI, onde trabalhamos juntos, tenho alguma autoridade para falar. É evidente que o trabalho, a capacidade individual, o jeito especial de exercer a liderança e a vontade férrea imposta com doçura, malícia e sorriso foram fundamentais, juntando-se a um invejável comportamento como chefe de família, pai e jovem avô. Tudo isso consolidou para Cañedo a base que ele recebeu de amigos que soube formar, todos eles importantes e decisivos para sua vida e a sua carreira. Mas, sem desmerecê-lo em nada – até mesmo servindo para realçar sua aguçada visão dos acontecimentos à sua volta – devemos considerar a incapacidade de enfrentá-lo se disputa houvesse para a presidência. Sempre se fez nos bastidores, à socarra, medrosamente, temendo cair em desgraça a pergunta: que país poderia se candidatar a ter o presidente da OTI ? O Brasil ? Aí paravam todos, porque jamais houve vontade nacional legitima, união sincera, entendimento verdadeiro para colocar no topo o "outro" idioma oficial da OTI.

Ainda bem, que, até agora, os movimentos tenham parado nas tentativas desalinhavadas de alguns pretensiosos, sem capacidade e sem apoio, apenas pretensiosos mesmo. Ainda bem que Cañedo tem boa saúde, muita disposição de luta e pensa muito para frente e, com todo o fervor, conversa sobre os direitos de transmissão da Copa do Mundo do ano 2008. Aliás, no quadro da FIFA ele sempre foi um "niñito". Pessoalmente, sempre o respeitei e considerei, o que não significa, em absoluto, concordar com todas as coisas que faz.

Em relação ao comando da OTI é aquela história que chamam de "confiança pessoal". A sede da OTI está no México, em prédio próprio. O mexicano presidente, há 25 anos podia ser muito ilustre, mas os homens de televisão não o conheciam. Hoje, a confiança no mexicano é a confiança no Guillermo Cañedo, mais do que em Televisa, mais do que na sede própria.

Cabe a ele traçar os rumos para o futuro, para o tempo em que ele, como eu agora, vai ter apenas saudade dos tempos em que lutou para fundar e manter viva alguma coisa de que tanto nos orgulhamos. Com muito mais direito pelo muito mais que fez do que este seu intrometido admirador. Não será fácil encontrar mais um "gran señor".

# SERVIÇO IBERO AMERICANO DE NOTICIAS – SIN

Iniciado antes da própria OTI em sua fase experimental, o Serviço Ibero-americano de Noticias (SIN) é considerado a mais importante realização da Organização. Desde 1º de março de 1971, quando começou seu primeiro período de provas, utilizando os circuitos de um dos satélites do sistema Intelsat, um Centro de Coordenação de Notícias em Madri recebe e envia noticias, em convênio com o serviço de notícias da Eurovisão, para diversos países da Ibero-América. A decisão inicial de estabelecer o serviço foi tomada por uma recomendação das I Jornadas Ibero-americanas de Comunicações, realizadas em Santiago do Chile, em outubro de 1970. Aprovada, imediatamente em Zagreb, em função de gestões de Luís Ezcurra, pela Eurovisão a experiência foi definitivamente aprovada nas 2as Jornadas, em Caracas. Assumiram o compromisso de participar do intercâmbio das notícias com a Radio Televisão Espanhola, os canais 7, 11 e 13 da Argentina; a Tupi, do Brasil; a Inravision, da Colômbia; os canais 7, 9 e 12 do Chile; Telesistema Mexicano; os canais 2 e 4, do Panamá; os canais 4 e 5, do Perú e os canais 4, 5 e 8, da Venezuela. Todas as emissoras comprometidas enviaram seus responsáveis pelos serviços noticiosos a uma reunião em Madri, realizada entre os dias 22 e 25 de fevereiro de 1971, quando os mesmos tiveram oportunidade de se familiarizar com os procedimentos da transmissão de notícias da Eurovisão e manter contatos com os representantes das maiores agências noticiosas internacionais fornecedoras de material para a televisão.

Decidiu-se pelo envio de um coordenador das emissoras das Américas para ficar baseado em Madri, com a responsabilidade de centralizar todos os serviços de intercâmbio dos dez minutos diários de notícias via satélite saídas e chegadas de Prado del Rey, na capital espanhola. Telesistema mandou o seu especialista Horácio Estavilla, que iniciou as atividades no dia 1º de março. Quando se iniciaram as III Jornadas e daí se chegou à fundação da OTI, o SIN vinha sendo operado há mais de 15 dias, com intensa repercussão.

Ao terminar o período inicial de provas, Luís Ezcurra, em nome da Televisão Espanhola, solicitou e obteve a aprovação do Conselho Diretivo da OTI e depois a adesão de vários membros para um novo período experimental de um ano de duração.

O SIN permanece no ar, oscilando muito o número de participantes nas transmissões, em função de diversos fatores, acentuadamente daqueles de ordem econômico financeira, relacionados com os custos de satélite de vídeo e circuitos de audio. Mas, apesar de várias crises e de muitas ameaças de extinção tem se recuperado e vem sendo mantido, sob a supervisão geral de Dario de la Peña, diretor de Programas da OTI.

# OS NÚMERO GERAIS

No primeiro período, compreendido entre 1º de março de 1971 e 29 de fevereiro de 1972 a duração média dos boletins diários do SIN foi de 10 minutos e 8 segundos, com qualidade de vídeo e de audio 4, ou seja boa.

Partindo da estação terrena espanhola de Buitrago, houve um total de 261 programas aproveitados, perdendo-se apenas 1 dos 262 transmitidos. Foram 2.655 minutos de notícias enviadas da Europa para a América.

No mesmo período, Buitrago recebeu apenas 829 minutos, em 157 programas, perdendo-se 13 programas. A duração média do noticiário enviado da América para a Espanha foi de 4 minutos e 45 segundos diários.

Os número se mantiveram estáveis nas prorrogações dos prazos de manutenção do intercâmbio de notícias por mais 3 anos, mas apenas nas emissões originárias de Buitrago. No sentido inverso, ou seja vindo dos países participantes nas Américas os números caíram, chegando a atingir o nível dos 773 minutos em 1974.

Em 1995, aumentou o número de países e de empresas participantes do SIN, com a Argentina, Bolivia, Brasil, Chile, Costa Rica, Colômbia, Dominicana, Equador, El Salvador. Estados Unidos, Guatemala, Honduras, México, Panamá, Paraguai, Perú, Portugal, Uruguai e Venezuela.

O uso do seu satélite foi bastante facilitado no aspecto de custos, o que proporcionou aumento no total de noticias, com o contrato feito com o Panamsat 13 B. Foi também ampliado o serviço chamado OTI Desportivo transmitido aos domingos das 23.30 às 24.00 GMT – de setembro a março e de 22.30 às 23.00 GMT de março a setembro.

O SIN passou a ter a duração diária, de segunda a sábado, de 15 minutos, O total de notícias em 1995 foi de 3508, das quais 1032 foram originadas dos países da área OTI.

As maiores participações no envio de notícias para a Eurovisão foram do México, com 51, seguidos da Colômbia com 44 e da Argentina, com 24.

CAPÍTULO 14

# COPAS DO MUNDO

Desde a sua fundação, a OTI passou a adquirir os direitos de transmissão das Copas do Mundo, em associação com a Eurovisão e com as outras uniões de radiodifusão. Prevenindo-se, sempre, da ação de grupos de promotores de eventos internacionais junto aos Organizadores, a OTI antecipou, de muitos anos, o compromisso de compra, mesmo quando nem sequer era ainda conhecido o país anfitrião do turno final. (**Ver no título "Documentos", ao final, a fotocópia de contratos com a FIFA**).

Em 1974, a eleição do brasileiro João Havellange para a presidência da FIFA e a presença, a seu convite, em uma das vice presidências e mais tarde na mais importante de todas – como está até hoje cumulativamente com a OTI – de Guillermo Cañedo veio consolidar o relacionamento com a entidade suprema do futebol mundial, de quem tem sido adquiridos também os direitos de outros campeonatos disputados entre seleções nacionais, a nível mundial, como os juniores e as categorias mais jovens.

## ALEMANHA - 74

O valor inicial do contrato de direitos de rádio e televisão do Campeonato Mundial de Televisão de 1974 foi estabelecido em 15 milhões de marcos alemães, dos quais 60%, ou seja 9 milhões de marcos alemães, eram referentes à área americana. Este montante inicial, no equivalente a US$2.720.000,00, cotado o dólar norte americano a DM 3,40, estava dentro dos limites autorizados na segunda reunião do Conselho, no México, a que já aludimos. Foi apresentada aos participantes da reunião de 27, 28 e 29 de agosto, no Plaza Hotel, em Buenos Aires, para ser pró-rateada entre todos os países do Hemisfério, com sócios ou não da OTI.

Valendo-se basicamente das informações da Copa do Mundo de 1970, fornecidas por Telesistema, o rateio foi feito entre 20 países: o mínimo de US$10.000,00 para Bolívia, República Dominicana, Honduras, Nicarágua, Panamá e Paraguai; US$15.000,00 para El Salvador e Guatemala; US$25.000,00 para Porto Rico; US$30.000,00 para Costa Rica; US$40.000,00 para Equador; US$60.000,00 para Chile e Colômbia; US$85.000,00 para o Uruguai; US$100.000,00 para Venezuela e Perú; US$350.000,00 para Argentina; US$500.000,00 para o México e US$850.000,00 para o Brasil. Aparecia em vigésimo lugar, em conjunto, o mercado hispânico dos Estados Unidos e Canadá com US$430.000,00.

Houve protestos e recursos, mas as percentagens básicas não se alteraram. Mudaram, sim os valores. Por dois motivos: a flutuação da moeda alemã frente ao dólar e o reajuste exigido para o contrato ser finalmente assinado, o que ocorreu somente em 16 de dezembro de 1971. **(Ver no título "Documentos" cópia do contrato entre a OTI e as emissoras brasileiras).**

Os países participantes e que adquirissem o direito de transmitir o Mundial de 1974 da Alemanha foram cientificados que, nos termos dos Estatutos, seriam responsáveis por um novo pró-rateio para cobertura do saldo total devedor, no caso de alguma área não adquirir, ou não pagar, o previsto na primeira distribuição de custos. Do mesmo modo, a OTI deveria organizar um Grupo Operacional para dar apoio aos sócios em suas transmissões na Alemanha e preparar boletins informativos diários, que seriam enviados via satélite.

Os custos das atividades do Grupo, das gravações, serviços e subida ao satélite dos resumos seriam rateados entre os países participantes na mesma proporção dos direitos.

A FIFA exigiu garantias bancárias e a presidência da OTI negociou com o Banco Comercial Mexicano. O contrato foi finalmente ajustado, no que se referia a direitos, em 9.686.000,00 marcos alemães, importância a ser paga em 5 parcelas, vencendo-se a primeira em 15 de janeiro de 1972, no valor de DM 1.080.000,00; a segunda em 10 de abril de 1972, no valor de DM 1.350.000,00; a terceira em 10 de abril de 1973 e a 4ª. em 31 de dezembro de 1973, cada uma delas do mesmo valor de DM 975.000,00 e a parcela final em 10 de julho de 1974, no valor de DM 5.306.000,00. Em conseqüência dos novos números e da cotação do marco alemão o Brasil deveria pagar, exclusivamente pelos direitos para rádio e TV em seu território a soma total de US$911.266,56, ainda passível de variação em função de variações na cotação do dólar.

As dificuldades da Legislação brasileira tornavam difíceis e encareciam a apresentação de garantias e o prazo de sua apresentação pelo Brasil foi, seguidamente, sendo protelado. Negociei, então, com o apoio do presidente Guillermo Cañedo a fórmula para solucionar: um contrato, com a interveniência da OTI, dando como garantia de pagamento o próprio direito de transmissão para o Brasil, que seria, independente de qualquer ação judicial, adjudicado totalmente, com a perda do que houvesse sido pago, ao Banco Comercial

Mexicano S.A., imediatamente após o atraso de qualquer prestação O contrato foi assinado por mim, pela Rede Tupi de Televisão; e por Walter Clark Bueno, pela TV Globo Ltda., sem data, mas com nossas firmas autenticadas no dia 16 de outubro de 1972, três dias depois de concluirmos o acordo com o Sr. Miguel Monroy Milan. A nosso favor havia o fato de que, graças às gestões da TV Globo, com um termo de responsabilidade a corretora carioca Dreyfus Cattan S/A havia depositado no Banco Comercial Mexicano, no México, os US$350.000,00 equivalentes às parcelas vencidas e comissões bancárias.

Posteriormente, como fora avisado, o Brasil assumiu a responsabilidade no rateio do saldo negativo decorrente da não participação da Bolivia, República Dominicana, Paraguai e Porto Rico. E foi compensado com o rateio dos direitos pagos por países não incluídos, na área do contrato com a FIFA, mas de idioma inglês, francês ou holandês – o Haiti, a Jamaica, Trinidad Tobago e as Antilhas Holandesas.

O Conselho ainda atendeu às reivindicações do Uruguai e da Costa Rica, fazendo descontos em suas quotas anteriormente fixadas quando foram conhecidos os reajustes nos preços dos direitos.

O Grupo Operacional, que atuou muito bem na Alemanha, instalado no Centro de Imprensa de Frankfurt, foi presidido por Fernando Carrera, do Telesistema Mexicano, com o Secretário Amaury Daumas de executivo principal. Seu orçamento final foi de 135 mil dólares, sendo os itens mais caros o aluguel de escritórios no Centro alemão, hospedagem, transportes internos e diárias de alimentação e uso de telexes, telefones e telegramas. As empresas que enviaram coordenadores pagaram as suas passagens internacionais e os salários regulares de seu pessoal enviado á Alemanha.

Ao Brasil coube pagar mais de um terço dos custos do grupo operacional, mas foi sem dúvida o país que mais utilizou os serviços da OTI, principalmente na reserva de posições de comentaristas nos estádios e "off-tube", requisição de credenciais e estacionamentos por causa do grande número de emissoras de rádio com equipes na Alemanha. A Televisão tinha apenas equipes da TV-Tupi e da TV-Globo, mas a imagem foi cedida, limpa e sem comerciais, na Embratel de São Paulo, à TV Bandeirantes, canal 13. Murilo Leite, diretor da emissora paulista, seis meses antes da Copa, assinou com a Tupi/Globo um pequeno contrato, pagável em prestações de uso do sinal.

Os comentários e manifestações em Conselhos e Assembléias, após a Copa da Alemanha, foram todas favoráveis ao trabalho da OTI.

## ARGENTINA 78

No final de 1974, já havia acertado um contrato para transmitir a Copa do Mundo da Argentina quatro anos depois. O compromisso foi realmente assinado em Munich, no dia 2 de abril de 1975, pela EBU, OIRT e OTI, que formaram um consórcio para as transmissões.

Mas não havia nenhuma certeza de que isto iria mesmo acontecer, diante da situação que atravessava aquele país. José Maria Villone, secretário de Imprensa e de Comunicações do governo de Maria Isabel de Perón, quando estivera exilado no Brasil, tinha trabalhado nas Emissoras Associadas de Porto Alegre, integrantes de minha área de direção na empresa brasileira e me conhecera. Para falar do Festival de Folclore que a OTI programara para Buenos Aires fui vê-lo, a pedido de Juan Palli, na Casa Rosada. Falando do Mundial, ele me assegurou que tudo estava sendo feito a tempo de reformar a companhia telefônica, implantar a TV a cores e garantir os circuitos de micro-ondas entre as várias sedes. Ia haver a Copa, sim e seria um grande sucesso.

Em 27 de maio de 1975, Villone foi recebido[75] com todas as honras para abrir a XX Reunião do Conselho Diretivo em Buenos Aires. Em sua presença, o Sr. Carlos Eduardo de la Rosa, representando a Televisão argentina, assinou com a OTI o convênio de geração das transmissões do Campeonato Mundial de 1978.

Em 24 de março de 1976, Isabel de Perón foi deposta pelos militares. Assumiu o poder uma Junta, tendo na presidência o comandante chefe, o tenente general de Exercito Jorge Rafael Videla. A menos de dois anos da data marcada para o sorteio dos grupos, a OTI se reuniu em Buenos Aires e viu o terreno de avenida Figueroa Alcorta sendo trabalhado por centenas de homens, que estavam construindo o centro de televisão para geração a cores – a ATC – Argentina Television Color; na Entel, os engenheiros, técnicos e operários estendiam os enlaces de microondas ligados às sedes dos jogos por modernos circuitos. Um organismo autônomo, controlado com mão de ferro e extrema eficiência pelo almirante Carlos Alberto Lacoste, coordenava tudo e fazia andar o que fosse necessário. Foi em tempo record. Os argentinos viram imagens em preto e branco, os serviços telefônicos locais e regionais continuaram deficientes para os nacionais, mas sua seleção ganhou a Copa e muita coisa ficou como base para as novas estruturas de comunicações. A televisão mostrou como foi que tudo aconteceu e muita gente não acreditou, mas teve que se render aos fatos.

Após a reunião de 1975 com Villone, gente que costumava cortejar Cañedo dizia, em sua ausência, à boca pequena, que ele se precipitara assumindo compromissos com a Argentina, quando não se podia ter certeza de nada. Com o golpe militar de 1976, houve quem afirmasse que era tempo de negociar com a FIFA a mudança de sede e de contrato. Nem uns, nem outros, para felicidade geral, acertaram.

Naquela reunião com Villone e de Rosa, o presidente leu o convênio e forneceu ao Conselho amplas explicações a respeito, enfatizando que o percentual correspondente à OTI fora

[75] Nesta noite, o secretário - denominação argentina para ministro de Estado - ofereceu uma ceia especial aos conselheiros da OTI, numa boite, que ele ordenou fosse fechada para esse fim. Durante a comida, bailarinas orientais, em trajes típicos, executavam a dança do ventre em cima das mesas dos convidados.

reduzido em relação à 1974. O custo total dos direitos foi fixado em 25 milhões de marcos alemães, correspondente a um aumento de 38,88% sobre os custos de 1974. A OTI absorvia o equivalente a 53% ou DM 13.250.000,00. Esta cifra, embora 7% menor no percentual de participação, representa um aumento de 36,79% sobre os DM 9.686.000,00 pagos no Campeonato anterior. Como os direitos eram mundiais neste novo contrato, o consórcio deverá vender a parte referente às áreas não cobertas pela EBU, OIRT e OTI, dividindo o obtido em três partes iguais.

Houve, também, modificações nas quotas pró-rateadas pelos países da área OTI, cabendo, mais uma vez, a maior responsabilidade ao Brasil, com 34.88% (DM 4.621.070), Estados Unidos 25% (DM 3.312.500) e México 20,51% (DM 2.718.502,50). A Argentina por ser o país sede não pagou direitos, gerando, em troca as imagens dos jogos. Panamá, Nicarágua e Honduras pagaram o mínimo de 0,415% ou DM 54.987,50.

O Grupo Operacional foi presidido pelo Autor destas linhas, representante na OTI da TV-Baré, de Manaus, que comandou uma rede de emissoras independentes com a TV-Record de São Paulo. As outras redes brasileiras de televisão na Argentina foram Tupi, Globo e Bandeirantes e emissoras de rádio de todo o Brasil, no total de 15, a tal ponto que a transportadora de sinal Embratel enviou equipes para Buenos Aires e para as sedes onde a seleção brasileira ia jogar.

# ESPANHA 82/MÉXICO 86

Na 38ª reunião do Conselho Diretivo, realizada a 30 de março de 1979, no Rio de Janeiro, o presidente Guillermo Cañedo fez um relato das negociações de que resultaram a formação do Consórcio de Uniões (**Ver no título geral "Documentos" a fotocopia do convênio**), para cuja presidência havia sido escolhido o Sr. Luís Ezcurra. Só depois da constituição do Consorcio houve uma reunião com o Sr. Arthemio Franchi, da FIFA, para tratar do Mundial de 1982, em que o secretário da UER propôs reduzir os custos dos direitos em 3 milhões de francos suíços, moeda a ser adotada nos próximos contratos. Como já havia um acordo interno no Consórcio quanto ao total e aos percentuais para cada união, o presidente Cañedo pediu à FIFA uma carta com preços e condições de pagamento para o Mundial de 1982, na Espanha, assim como uma opção para o Mundial de 1986. Definida a nova modalidade de disputa do Mundial na Espanha, quando foram 24 equipes nacionais e 16 cidades sedes, em seis grupos, com a abertura em Barcelona e o encerramento em Madri, os direitos foram estabelecidos e confirmados por carta de 14 de março de 1979, dirigida ao Sr. Cañedo pelo Sr. Helmut Kaser, secretário geral da FIFA.

A carta, que atendia àquilo que o presidente da OTI solicitara, se referia à disposição da FIFA de assinar o mais pronto possível o contrato com o Consórcio de Uniões, estabelecendo os montantes acertados e as respectivas formas de pagamento.

Eram as seguintes as cifras da carta do Sr. H.Kaser:

a) –Direitos mundiais para o Mundial da Espanha em 1982
– 39 MILHÕES DE FRANCOS SUÍÇOS
Em três pagamentos, assim programados: antes de 31.12.1979 - 13 milhões de francos suíços
antes de 31.12.1980 - 13 milhões de francos suíços
antes de 30.06.1981 - 13 milhões de francos suíços

Jogo de abertura –13 Junho de 1982 – Jogo Final – 11 Julho 1982

**Nota:** O percentual referente à OTI – SF 15.600.00,00 foi pago, pelo novo esquema obtido pelo sr.Cañedo em 4 vencimentos, em datas diferentes, sendo 3 de SF 4.680.000 (31.12.80) –(31.03.81) (31.08.81) e 1 em 31.07.82 de SF 1.560.000,00, no dia 31.07.82, após o final da Copa, portanto. (Versão corrigida no contrato final FIFA-OTI).

b) –Direitos mundiais para o Mundial da Colômbia (depois realizado no México) em 1986
– 49 MILHÕES DE FRANCOS SUÍÇOS
Em quatro pagamentos, assim programados: antes de 30.06.1983 - 12,25 milhões de francos suíços
antes de 30.06.1984 - 12,25 milhões de francos suíços
antes de 30.06.1985 - 12,25 milhões de francos suíços
antes de 01.01.1986 - 12,25 milhões de francos suíços

Jogo de abertura – Junho de 1986

A divisão interna no Consorcio foi levada ao conhecimento da FIFA e ficou sendo para os dois mundiais de 40% para a OTI, 28% para a Eurovisão; 15% para OIRT; 11% para a ABU (Ásia); 5% para a ASBU e 1% para a URTNA. Coube, assim, à OTI o total de SF 19.600.000,00. Na divisão interna da OTI não foram alterados os percentuais para o Mundial da Espanha 82, onde também atuou um grupo operacional muito maior, sob a presidência do Autor destas linhas, á época contratado pela TV Globo. Com orçamento de US$361.440,00, para atender 52 partidas, mobilizou 22 profissionais. Foi o último Grupo a não estar sob o comando e controle direto e pessoal do Secretário Geral da OTI.

Em 1982, quebrando a tradição, por não terem as demais sócias brasileiras outorgado as garantias exigidas pela OTI, ou pago no vencimento as suas prestações contratuais, a Rede Globo resistiu a todos os apelos de rever sua posição e transmitiu o Mundial de Futebol da Espanha com exclusividade para o Brasil.

Na Espanha, também, pela primeira vez, a TV Globo pagou a parte brasileira no rateio da perna de subida do segmento espacial a serviço de toda a OTI, mas não utilizou o sinal em suas transmissões para o público brasileiro. Preferiu mixar as imagens espanholas, que recebia em seu centro de controle em Madri, com as tomadas de sua própria camera, autorizada pelos Organizadores a operar nas plataformas dos estádios, e enviada de sua unidade móvel, por circuito independente, até o controle central. De lá, por canal próprio de satélite os jogos eram mandados para o Brasil.

Como é sabido, a Colômbia desistiu de realizar a Copa do Mundo de 1986 pouco antes de começarem as séries eliminatórias, no primeiro trimestre de 1984. Como única solução para manter a disputa nas Américas, o México, com Emilio Azcarga e Guillermo Cañedo, liderando um grupo de empresas privadas aceitou repetir o desafio de 1970. O sorteio dos grupos, em dezembro de 1985, foi realizado num dos estúdios de Televisão. E, outra vez, a Copa do Mundo foi um grande sucesso mexicano.

# ITÁLIA - 90
# ESTADOS UNIDOS - 94
# FRANÇA - 98

Há muito tempo, ou seja ainda não terminara a operação de emergência do México para solucionar os problemas de 1986, e a OTI já estava negociando as Copas futuras. No dia 7 de março de 1987, em Zurich, na sede da FIFA os entendimentos estavam concluídos e foi assinado um contrato único cobrindo os direitos dos Campeonatos Mundiais de Futebol dos anos de 1990-1994 e 1998 (**Ver no título "Documentos" a integra do contrato para as 3 Copas**) Amaury Daumas e Oscar Gutierrez fizeram excelente trabalho junto ao Consórcio e a participação da OTI que fora de 60% no primeiro contrato, se reduzira a 40% nos dois seguintes, para os anos de 1990 e 1994 se fixara em 32,5% uma substancial redução no valor de sua quota.

Em janeiro de 1995, o Conselho foi informado de que a FIFA aumentara o número de seleções participantes na Copa do Mundo de 98, na França e, em conseqüência, o total das partidas a serem jogadas e transmitidas. Por isso, estava pleiteando da OTI uma revisão do preço estabelecido no contrato que se deveria começar a pagar em abril de 1996. O presidente Cañedo disse ser necessário discutir a solicitação com os demais integrantes do Consorcio, mas em sua opinião o pedido era lógico se guardadas as proporções com o aumento do total de partidas. O Conselho Diretivo manifestou estar de acordo.

# MAIS DOZE ANOS

No mesmo dia 5 de janeiro de 1995, o presidente Cañedo comunicou ao Conselho que a FIFA informara ao Consórcio que desejava tratar e esperava concluir até o fim do ano um novo contrato para os Campeonatos Mundiais de Futebol dos anos 2002, 2006 e 2010. Foi antecipado que a soma estabelecida para os direitos mundiais no ano de 2002 era de 400 milhões de francos suíços e deveria se discutir um aumento consistente para os dois campeonatos seguintes. A cifra corresponde exatamente ao dobro do total pago pelo Consorcio pela Copa França 1998, depois do reajuste anunciado em janeiro de 1995 e feito em função do aumento de partidas de 52 para 64 e as seleções nacionais de 24 para 32.

Em 1990, os direitos para a OTI foram fixados em SF 28.475.000,00; em 1994 – SF 32.525.000,00 e em 1998 em SF 40.200.000,00. Em todos os casos estes números correspondem aos 40% do valor total dos direitos mundiais de transmissão.

Para uma breve comparação, mais por curiosidade do que outra coisa, pois mudaram os fatores de influência, devendo ser sempre considerados os efeitos inflacionários regulares de todo o mundo, o aumento do número de partidas e consequentemente de horas de transmissão, analisem os dois orçamentos, em relação à OTI exclusivamente:

**1974 – Campeonato Mundial da Alemanha**

| | |
|---|---|
| Custo dos direitos de transmissão – | US$ 3.000.000,00 |
| Grupo Operacional – | US$ 120.000,00 |

**1994 – Campeonato Mundial dos Estados Unidos**

| | |
|---|---|
| Custo dos direitos de transmissão – | US$ 29.000.000,00 |
| Grupo Operacional – | US$ 1.200.000,00 |

Mas, se abandonarmos o critério pura e simplesmente financeiro, vamos verificar a existência de um abismo entre as duas oportunidades. Vale a pena citar um pouco do excelente Informe do Grupo Operacional 1994:

*"A retransmissão dos jogos da Copa USA 94 teve para a OTI exigências de qualidade e quantidade muito superiores às pré-existentes nas operações dos Torneios anteriores, a saber: Pela primeira em uma Copa de Futebol ou em qualquer outro Evento a OTI alugou um canal de satélite permanente e um ocasional, para enviar aos seus membros as transmissões dos 52 jogos ao vivo, repetindo alguns de maneira diferida. Para desenvolver esta operação se instalou e operou um equipamento de distribuição e controle, parcialmente alugado e parcialmente comprado. Também pela primeira vez em Copa do Mundo foi instalado um equipamento de reprodução de gravações para uso unilateral dos sócios, complementado com um ponto de inserção, em base ocasional, de equipamentos de propriedade das empresas.*

*A quantidade de empresas OTI no centro internacional cresceu mais de 50% em relação à Itália 90. Sócios da OTI que nesta Copa estrearam em sua condição de empresas privadas fizeram uma cobertura ambiciosa. TV Azteca do México, Artear, Telefe e América [2] da Argentina foram um exemplo"*

# OUTROS GRANDES EVENTOS ESPORTIVOS

A Comissão de Programas da OTI articula, contrata e coordena uma serie de outras transmissões, desde o intercâmbio de programas, o Festival da Canção e várias outras iniciativas de caráter cultural e social até campanhas internacionais de combate à droga e à violência.

Logicamente, sem que seja necessário maior esforço para ser percebido, os Campeonatos Mundiais de Futebol ocupam o lugar de maior destaque no conjunto das atividades e, pela sua importância, tem tratamento diferenciado e prioritário. Mas isso também vem ocorrendo com outros grandes eventos esportivos, cuja repercussão e interesse aumentam cada ano. Em nome dos seus sócios e pró-rateando, na esmagadora maioria dos casos, entre a totalidade dos seus sócios, com exceção de Espanha e de Portugal, a OTI comprou direitos, montou grupos operacionais e coordenou transmissões via satélite dos:

| | | |
|---|---|---|
| – Jogos Olímpicos de Verão – | Montreal – | 1976 |
| | Moscou – | 1980 |
| | Los Angeles – | 1984 |
| | Seul – | 1988 |
| | Barcelona – | 1992 |
| | Atlanta – | 1996 |
| * Já contratados | Sidney – | 2000 |

– Jogos Pan Americanos – desde 1975 – com exceção de 1995, em Mar del Plata, Argentina
* Já contratados Winnipeg – 1999

– Campeonato Mundial de Futebol Juvenil Sub 20 – da FIFA/Coca Cola
– Campeonato Mundial de Futebol – Sub 17 – da FIFA
– Campeonato Mundial de Basquetebol
– Eurocopa 96 – de futebol – da UEFA
– Campeonato de Futebol da Espanha

Regularmente, é feita a coordenação de outras competições esportivas, que não são designadas como Eventos OTI, mas interessam a grupos de muitas emissoras filiadas á Organização. São disputas mundiais de títulos de box, torneios de tênis, corridas de Formula 1, campeonatos de vôlei e competições de interesse público de um número de mercados que justifica a ação conjunta.

Vale ressaltar aqui um ponto e, mais uma vez, – mesmo se tornando insistente – a importância do futebol. Em nossos dias, os Jogos Olímpicos de Verão já constituem um espetáculo de grande atração, permitindo a conquista de altos índices de audiência e a participação de patrocinadores de prestígio e dispostos a aplicar boas verbas. Não era assim há 20 anos atrás. A imensa maioria dos sócios da OTI, baseada na disposição de Estatuto que não obrigava o pró-rateio dos eventos senão entre os participantes, só assumiu compromisso para os Campeonatos Mundiais de Futebol. Era uma postura perigosa para a entidade, que ficava muito limitada.

O Conselho decidiu então, todos assinaram a resolução e depois cem por cento dos sócios confirmaram a norma, criar os chamados Eventos OTI. Assim chamados eram obrigatórios, segundo o entendimento de cada caso apreciado pelo Conselho. Daí veio o casamento compulsório: quem quer o Mundial de Futebol – e só a OTI tem os direitos – se obriga a comprar os Jogos Olímpicos, um Evento OTI. Hoje, um, atraente e lucrativo evento em toda a área.

CAPÍTULO 15

# FESTIVAL OTI DA CANÇÃO

A sugestão de realizar um festival internacional da canção apareceu em várias oportunidades. Além do sucesso do Festival da Eurovisão, em muitos países este tipo de programa era êxito indiscutível, como acontecia no Brasil, onde o Festival Internacional da Canção [76] reunia no ginásio do Maracanã, no Rio de Janeiro, 40.000 pessoas vibrando de forma ensurdecedora por suas canções preferidas. Eduardo Reyna, muitas vezes insistiu em dizer que ele sugerira o Festival OTI da Canção, e a idéia não foi aceite, especialmente, afirma, pela oposição de Genaro Delgado Parker. Oficialmente, dizem os documentos que Hector, irmão de Genaro, em reunião de Conselho, no dia 5 de abril de 1972, na cidade do México, apoiou a criação do Festival, votando a favor da sugestão de Luís Ezcurra, a seguinte resolução, adotada por unanimidade:

*"1 – A OTI cria o Festival Ibero Americano da Canção, cuja celebração anual patrocinará.*

*2 – O Conselho Diretivo da OTI aceita o oferecimento da Televisão Espanhola para realizar na Espanha o Primeiro Festival, a 12 de outubro de 1972. O país ganhador do festival, cujo nome poderá variar, será a sede da segunda edição e assim se repetirá no futuro.*

*3 – A Televisão Espanhola assumirá todos os custos de produção do programa, com exceção das viagens dos cantores e diretores de orquestra enviados por cada país, colocando a imagem no satélite, inclusive com o pagamento do segmento espacial da subida. Em conseqüência, os países*

[76] Criado por Augusto Marzagão na antiga TV-Rio, o FIC foi depois transferido para a TV Globo, que se especializou no gênero, sempre com muito sucesso.

*participantes, excluída a Espanha, nesta primeira edição, pagarão apenas a parte que lhes corresponda no pró rateio do segmento espacial de baixada (perna de descida) e o segmento espacial correspondente da estação terrena receptora, mais os gastos de viagem de seus representantes artísticos á Espanha.*

*4 – O Conselho designará para elaborar o projeto de Regulamento do Festival a uma Comissão integrada pelos senhores Eduardo Reyna, que atuará como presidente por sê-lo da Comissão de Programas da OTI, Genaro Delgado Parker, José Otávio Castro Neves e Tomás Garcia.*

*5 – Os países representados nesta reunião do Conselho Diretivo se comprometem a participar do mencionado Primeiro Festival Ibero-americano da Canção, pelo menos através das Empresas que cada um deles representa.".*

Rui Viotti representava naquela reunião a TV Tupi. Ao ouvir a proposta feita por Luís Ezcurra, me chamou pelo telefone, no Rio de Janeiro, onde me encontrava numa Convenção do Condomínio da Empresa e pediu instruções, explicando que José Otávio, que representava a TV Globo, já lhe dissera estar autorizado a assumir os compromissos do Festival, uma das demonstrações das boas intenções de sua empresa na primeira reunião a que comparecia como novo sócio da OTI. Assim foi feito. Rui, como Conselheiro suplente, transmitiu ao Conselho a posição brasileira, com a presença de seu colega e solicitou que assim constasse em Ata. A Secretaria deve ter esquecido do registro e ficou como o registrado na Ata.

Em outubro, a TV Globo, que internamente exigira da Tupi absoluta exclusividade do Festival no Brasil, enviou cantores, maestro e o próprio José Otávio à Madri. Cláudia Regina e Tobias ganharam o festival, com a canção "Dialogo", de Paulo Cesar Pinheiro e Baden Powell. Soube-se disso no Brasil pelas notícias publicadas nas colunas dos jornais e da revista especializada em assuntos de rádio e televisão "Amiga". Na televisão, convidados, em alguns programas diurnos, os vencedores fizeram menção ao prêmio da OTI.

Os números informam que o Brasil ganhou o Festival duas vezes, foi segundo colocado uma vez (em 1993, com Emílio Santiago, em Valência, na Espanha), organizou um Festival – o segundo em Belo Horizonte – e esteve ausente em sete. Ao contar a história é preciso dizer, no que se refere ao Brasil, que o Festival OTI é quase inédito no país, mesmo quando suas canções foram as vencedoras. Uma vez unicamente, em 1972, ele foi transmitido, ao vivo, na integra, pela Rede Tupi de Televisão, diretamente de Belo Horizonte, mesmo assim tendo de enfrentar dificuldades que a concorrência lhe criou à última hora e tendo, no mesmo horário, outra programação da TV Globo, a emissora especialista em festivais. Quando ganhou em 1972, em Madrí e 1983, em Washington D.C. seu representante, enviado pela TV Globo, cantou somente para a OTI ver e ouvir, e não teve o direito sequer de um simples registro do fato como notícia em transmissões no território brasileiro. A outra vitória, a de Denise DeKalaffe, em Santiago, em 1978, chegou em video-tape ao Brasil, mais precisamente à Manaus, no distante Estado do Amazonas, num compacto de ¾ de polegadas, gentilmente mandado editar por Hernan Garcia, diretor geral da Televisão Nacional do Chile, que o enviou, a meu pedido para a TV Baré. A pequenina sócia amazonense e não a TV Tupi, como aparece em alguns documentos da própria OTI, foi que enviou, por gentileza do empresário Marcos Lázaro, que incluísse "bancou" as passagens aéreas pela VARIG, a cantora para o Festival.

As estatísticas (Veja no título **Documentos**) indicam a presença de canções mexicanas em 23 festivais, dos 24 realizados até outubro de 1995. A ausência da canção representando o México foi precisamente no I Festival realizado em Madri. Durante, muitos anos, a desistência mexicana foi um mistério para mim e para muita gente. Mais ainda, porque, todos sabiam que a música indicada era de Roberto Cantoral (famoso por sua canção "La Barca") vencedora de um festival nacional organizado e comandado por Raul Velasco no Telesistema Mexicano, e além da música inscrita também o Sr. Guillermo Cañedo, presidente da OTI, não foi à Madri. Eduardo Reyna [77] , que até hoje, apesar de tudo reclama de Genaro Delgado e reivindica a paternidade da realização do Festival da Canção na OTI, era, então, além de Conselheiro titular, o presidente da Comissão de Programas. Afirma Reyna que, quando a canção mexicana, aclamada pelo público desde suas primeiras apresentações nas eliminatórias dos domingos no auditório de Telesistema, chegou à Espanha, em mãos dos organizadores espanhóis, surgiu um sério problema. O seu tema teria conotações políticas e anti-militares e seria inaceitável no Festival. Luís Ezcurra telefonou, então, para Guillermo Cañedo e mencionou as dificuldades que estava tendo, solicitando, em forma de apelo, que o México substituísse a sua representante. Embora cordiais e conduzidas em tom de pedido, as conversações indicavam que a canção mexicana escolhida não seria, de nenhuma forma, apresentada em um festival organizado pela Televisão Espanhola, em Madri. Cañedo, que foi sempre muito hábil e paciente, procurou todos os caminhos para evitar o choque inevitável e muito perigoso para a nova Organização. A grande repercussão dos programas do festival nacional criara um compromisso público com a canção de Cantoral. A solução encontrada foi "esquecer" o Festival da OTI em Madri, única vez em duas décadas de realizações em que o México não esteve presente, não transmitiu ao vivo, nem cobriu jornalisticamente o evento. Curiosamente, só encontrei, nas atas, elogios para o festival madrilenho e nenhuma referência aos acontecimentos. A ata de reunião do Conselho registra o acordo que felicita a Televisão Espanhola "pela excelente organização do Festival", recomenda ajustes no processo de votação e manda reiterar **"a TV Globo sua designação como organizadora do próximo Festival da Canção, tendo em vista que até aquela data [78] não se recebera nenhuma resposta do telex a respeito do assunto enviado em dezembro".**

[77] Depoimento ao Autor, em Buenos Aires, em janeiro de 1996, reconfirmando conversações anteriores, com muito mais detalhes.

[78] 8a. reunião - 29 de janeiro de 1973 - na cidade do México, primeira após o Festival en Madri.

# REALIZAÇÃO CARA

O Regulamento, inspirado no Festival da Canção da Eurovisão, previa um sistema muito acorde com a nova tendência de utilização dos satélites. Embora, os países pudessem enviar para o local do Festival os chamados "juízes de sala" a votação era toda feita por circuitos de áudio, via satélite, diretamente dos estúdios das emissoras transmitindo ao vivo o Festival. Lá se encontravam, frente às cambares, abertas apenas para seu próprio país, integrantes de um pequeno júri, que atribuíam notas, imediatamente expostas num imenso painel eletrônico instalado no palco em que atuavam os participantes do Festival. Os "juízes de sala" votariam, apenas, como suplentes, quando, por motivo técnico, a votação via satélite não se completasse. O motivo técnico passou a ser desculpa para quem não queria mesmo receber o festival ou para aqueles que, por econômia, não estavam recebendo as imagens ao vivo, ou, se estavam, não podiam ou não queriam pagar circuitos de audio para a votação, que se arrastava demasiadamente. O registro de votos era muito demorado. Também a confecção e a montagem do painel eletrónico de votação eram caros.

Vencer o Festival, portanto, era muito honroso, mas representava compromissos financeiros pesados. Isto foi sempre um obstáculo para transmitir e sobretudo aceitar ser a sede do Festival OTI da Canção. Vencendo o primeiro em Madri, o Brasil teria que sediar o segundo.

A TV Globo, pressionada, disse assumir a responsabilidade no planejamento e organização do festival no Brasil, (área que dominava totalmente), mas, internamente, informou à TV Tupi que ela deveria participar, ativamente, cabendo-lhe ocupar-se de todos os contatos e entendimentos com o Exterior. Ou seja, para o Conselho Diretivo a TV Globo assegurou que realizaria o Festival, com a colaboração da TV Tupi. No Brasil, comunicou à Tupi que cuidaria apenas da realização do espetáculo, ficando toda a parte preparatória e os contatos com o Exterior sob os cuidados do outro sócio brasileiro. Nos dias que se seguiram para os membros da OTI, o Brasil e responsável pelo Festival era a TV-Tupi. De comum acordo com os departamentos de vendas e de promoções aqui no Brasil, decidimos que a sede não poderia ser no Rio de Janeiro, pensando-se, de preferência, em cidade menor, onde seria possível obter auxílio de governo local. Só a TV-Tupi, àquela época, possuía emissoras próprias em Belo Horizonte e Brasília. Comunicamos à OTI que o Festival seria em Belo Horizonte e fomos tomando todas as providências necessárias. Mas a TV Globo protelou decisões e deixou a TV Itacolomi, empresa do grupo da Tupi, com todos os problemas. A união das Tupi, de São Paulo e do Rio, ao incansável pessoal de Belo Horizonte, a ajuda da Maria José Martinez (a Pepa da Televisão Espanhola ) e do engenheiro Eduardi Gavillan, que chegaram dias antes e "vestiram a camisa Tupi" ) e o imenso espírito de luta das equipes, com o engenheiro Victor Purri Neto no comando, colocaram na rede da Embratel e no satélite, precisamente na hora determinada, as imagens coloridas da cidade de Belo Horizonte, a grande Orquestra da Tupi vinda de São Paulo[79] em avião especial e o cantor argentino Victor Heredia abrindo o II Festival OTI da Canção Ibero-americana. Ninguém notou, nem tinha porque, a importância da coincidência do titulo da canção de Heredia, intitulada, significativamente para a TV Tupi, "Sabe que estamos aqui, América". O mesmo Regulamento, o mesmo sistema de votação e a vitória – com um ano de atraso – do México, com outra canção vencedora em seu bonito festival nacional : "Que alegre va Maria", cantada alegremente por Imelda Miller.

# MUDA O REGULAMENTO

O México esbanjou a beleza de Acapulco, no III Festival OTI, que organizou. De lá saiu uma estrela tornada famosa: Nydia Caro, a vencedora representando Porto Rico. Da ilha caribenha, o Festival voltou ao México, com a vitória de Gualberto Castro. Em Acapulco a vitória espanhola determinou o retorno à Madri, após cinco anos do primeiro Festival.

O VI Festival OTI da Canção Ibero-americana definiu a questão de sedes futuras. A Nicarágua superou-se e foi à Madri para ganhar, com a aprovação geral. O interprete Eduardo Gonzalez, a canção "Quincho Barrilete". Se chegasse a vencer – e venceu – ia pedir tempo para fazer o impossível e realizar o Festival em Managua. Foi o tempo para o jovem Octavio Sacasa entender que, não obstante seu enorme desejo, era tarefa muito pesada mesmo para quem tem um bonito passado de lutas e vitórias como ele e seu canal 2. Desistiu, logo antes do fim do ano, por achar que não podia se comprometer. Acabou nem mesmo podendo mandar um representante para o Festival, que poderia ser o seu, mas acabou acontecendo em Santiago em 1978.

O tema das letras das canções, com suas implicações políticas foi abordado, desta vez, diretamente em reunião do Conselho, após o Festival em Madri. Diz a Ata: "O Sr. Luis Ezcurra sugeriu que, em virtude da diferença de opiniões suscitada por algumas letras de canções participantes do Festival e para evitar, a tempo, os problemas causados por letras inadequadas para alguns países,[80] solicitou que o Conselho Diretivo aprovasse a realização de uma reunião prévia, com a presença do Presidente, dos Vice-Presidentes, do Presidente da Comissão de Programas, do Secretário da OTI e do Senhor Condorcet Costa[81], para que analisem as letras das canções apresentadas para a disputa final".

O ato explícito de determinação legalizada de censura foi aprovado unanimemente pelo Conselho. Apenas Alfredo Escobar considerou muito difícil para o grupo sugerido pelo Sr.

[79] Um Convair voou para Belo Horizonte com os músicos paulistas, quando fomos informados que não contariamos com alguns profissionais da Sinfonica comprometidos com outra emissora.

[80] Não consta em nenhum documento que o fato tenha ocorrido, se alguem perguntou o porque da preocupação ou se era mera medida preventiva.

[81] Condorcet da Silva Costa fora indicado por Ezcurra, com meu apoio em ata do Conselho Diretivo, para ocupar a posição de diretor de Programas da OTI, mas á época só lhe permitiram aparecer como Coodenador.

Luís Ezcurra qualificar a qualidade das canções. Com a intervenção do Sr. Guillermo Cañedo de que o Grupo não iria qualificar qualidade, mas somente examinar o conteúdo das letras para evitar transgressões ao regulamento e aos próprios Estatutos da OTI, os Conselheiros ficaram satisfeitos e mesmo entusiasmados com a proposta do representante da Televisão Espanhola, como foi o caso do Sr. Jesus Alvarez Botero, da Colômbia.

Finalmente, em Montevidéu, a VII Assembléia Geral examinou e aprovou, com pequenas modificações, o projeto da Comissão de Programas do novo Regulamento para o Festival da Canção, ratificando decisão de que cabe ao Conselho Diretivo determinar o país sede do Festival e alterando, parcialmente, o processo de votação.

A última edição do festival OTI antes da Assembléia dos 25 anos foi considerado marco importante na renovação do Evento, depois de quase um quarto de século de sua primeira realização. Foi responsável um pequeno e aguerrido país – o Paraguai – por intermédio de um canal dos mais novos entre os sócios da OTI – o canal 13, de Assunção. Com a intensa campanha promocional em torno do Festival e da OTI e o excelente trabalho das equipes comandadas por Nestor Lopez Moreira e Leo Cohan, a festa das canções ibero-americanas tornou-se o grande acontecimento da capital daquele país, de onde saiu consagrada, uma vez mais, a canção espanhola, com Marcos Llunas interpretando "Eres mi debilidad".

## DADOS ESTATÍSTICOS

Entre os 24 Festivais OTI da Canção Ibero-americana realizados desde a sua criação até novembro de 1995, foram produzidos:

– 6 – pela Televisão Espanhola, sendo 3 em Valência, 2 em Madri e 1 em Sevilha.

– 5 – por Telesistema/Televisão, 3 vezes em Acapulco e 2 vezes na cidade do México.

– 3 – por Univision dos Estados Unidos, em Washington, D.C.; Las Vegas e em Miami.

– 2 – pelos canais argentinos em Buenos Aires

– 2 – pela televisão chilena, em Santiago. O primeiro pela Televisão Nacional e o outro pelo canal 13.

Dos seis restantes, um foi realizado na Europa e produzido pela Radio Televisão Portuguesa. Os demais se originaram de Belo Horizonte, no Brasil; de San Juan de Porto Rico; de Caracas, na Venezuela; de Lima, no Perú e Assunção, no Paraguai.

Em Madri, em 1972, estiveram presentes 13 países. No Festival de Assunção foram 24 países, ausentes apenas a Guiné Equatorial (que só participara em 1992, em Valência, na Espanha) e as Antilhas Holandesas, que em total já haviam participado de 20 festivais.

Os países campeões absolutos de presença, que sempre tiveram uma canção a representá-los em todos festivais, foram Argentina, Colômbia, Chile, Espanha, Panamá, Perú, Porto Rico e Venezuela. Saliente-se que Cuba, desde que ingressou na OTI, em 1991, compareceu a todos os festivais.

Os países com o maior número de vitórias são: Espanha e México, com 5; Argentina, com 4; e Brasil, com 3. Venezuela e Porto Rico ganharam dois festivais cada um e Chile, Estados Unidos e Nicarágua os outros três. Um intérprete apenas ganhou duas vezes: Francisco que representou a Espanha em 1981, no México; e retornou onze depois, em 1992, em Valência, para ganhar a segunda vez.

Capítulo 16

# FESTIVAL IBERO-AMERICANO DO FOLCLORE

Em 1974, o majestoso Teatro Colon, de Buenos Aires, abriu suas portas para a realização do I Festival Ibero-americano do Folclore, uma outra marcante realização da OTI. Infelizmente, o grande espetáculo de música, danças e cores foi o primeiro e único do gênero realizado por iniciativa da OTI e transmitido pela televisão.

Além de ter ficado no primeiro, não obstante os elogios recebidos de todos os lados, inclusive do próprio Governo da Argentina que, por intermédio do secretário José Maria Villone, apresentou os cumprimentos ao presidente Guillermo Cañedo, oficialmente em nome da presidente Maria Isabel de Peron, o I Festival Ibero-americano do Folclore é o mais escondido e com mais precária informação nos arquivos da OTI. Andei buscando detalhes em atas da Comissão de Programas e do Conselho Diretivo, perguntei a várias pessoas e não consegui reunir material melhor do que algumas anotações pessoais e as lembranças guardadas em minha memória.

O Festival esteve várias vezes ameaçado de não se realizar. A pedido de Juan Palli, que lutava para obter a confirmação de datas do teatro e de outros compromissos assumidos pelo Governo argentino, estive na Casa Rosada, em Buenos Aires, visitando o secretário de Imprensa e Comunicações da Argentina, que trabalhara comigo no Brasil e por isso fiquei muito envolvido com o Festival.

Uma das dificuldades principais era a transmissão em cores, uma exigência natural, sobretudo para o tipo de festival que a OTI queria realizar. A TV Tupi assumiu a responsabilidade de gerar, no sistema NTSC, o sinal em cores, com uma unidade móvel. Cumpriu integralmente, por sua conta, sozinha, o compromisso. Chegaram a Buenos Aires os grupos folclóricos, em geral integrados por dezenas de participantes como os de canto e danças da Espanha e seu similar da Venezuela. Era um espetáculo, sob o ponto de vista de televisão, somente para o Exterior, a que os argentinos não tiveram acesso.

A participação da Tupi foi toda gaúcha. A unidade móvel partiu de Porto Alegre, da TV Piratini, sob o comando do chefe técnico Nelson Leite, para fazer quase dois dias de estradas, montar o equipamento, transmitir som e imagem por micro-onda para a Entel argentina, que a mandou para a estação terrena de Balcarce.

No caminhão, um pequeno VT – U-Matic, de ¾ de polegadas gravou todo o espetáculo, cuja iluminação era, sob o aspecto de televisão, deficiente, por exigência dos efeitos dos grupos participantes.

Uruguaios, argentinos e brasileiros – estes também gaúchos de Porto Alegre – apresentaram números muito parecidos das tradições dos Pampas.

Mas, com todos os percalços, aconteceu o Festival e a transmissão se realizou, em cores. Todo mundo elogiou e depois esqueceu o I Festival Ibero-americano do Folclore. Ele é tão esquecido que os livretos oficiais dos 20 anos da OTI, em 1991; e dos 25 anos, em 1996 relacionam tudo, até algumas merecidas honrarias atribuídas ao pessoal da OTI, mas o Festival do Folclore não merece uma simples citação.

*Da esquerda para a direita, o autor, Jordi Candau (Espanha), Monica Cañedo e seu marido, o presidente Guilhermo Cañedo e Eládio Lares, da Radio Caracas-Television.*

Capítulo 17

# PRAZER DE REGISTROS

Muitos anos de constante vinculação a pessoas e empreendimentos deixaram marcas indeléveis. De algumas dessas coisas e dessas pessoas, falei neste desfilar de recordações a que me obriguei para reconstituir a história da OTI. Outras, cruzaram os meus caminhos e não me detive para falar delas, por qualquer motivo. Este "cantinho final", antes da frieza da transcrição de documentos é o lugar do meu prazer de alguns registros imprescindíveis em toda esta longa história.

O relato da trajetória da OTI terá, sempre, que considerar a importância de Mônica Cañedo, dama excepcional pela dignidade, equilíbrio e simpatia permanentemente demonstradas nestes 25 anos ao lado de seu esposo o presidente Guillermo Cañedo. A presença de Mônica, marcante pela sua eterna juventude e beleza, foi o contraponto de serena tranquilidade ao agitado trabalho de ascensão de Cañedo e de consolidação da OTI.

Com ela, sua amiga e companheira de muitos momentos, Adelita Gutierrez, vivaz, alegre, calorosa, complementando a serenidade de seu esposo Oscar Gutierrez, leal e eficiente advogado, que assumiu a paternidade da OTI ao registrá-la perante as leis mexicanas e soube transformar, com muita paciência, os novos conhecimentos em sólidas amizades.

Para mim e para muitos da OTI são imperecíveis as recordações guardadas da figura de Maria José Martinez – a Pepa da Televisão Espanhola – profissional de altíssima qualidade, dedicada, eficiente e vibrante. Como serão sempre lembradas duas pioneiras dos primeiros momentos, as mexicanas Anamaria Aguirre, a secretária que tomou outros rumos; e Maricela Vargas, que vimos ir crescendo, ontem e hoje, paciente, honesta, silenciosa e eficiente zeladora das contas da OTI.

No campo mais estritamente pessoal, embora diretamente ligados aos compromissos que assumia em nome da TV-Tupi, dois nomes devo registrar: João Calmon, presidente das Emissoras Associadas do Brasil àquela época, ex-deputado federal, velho amigo, ex-senador da República, cujo apoio ao meu trabalho pela OTI pode ser sintetizado no fato de que jamais tive revogada ou reformulada qualquer decisão tomada como representante da Empresa no Exterior: e Nereu Gusmão Bastos, profissional pouco lembrado pela maioria daqueles a quem ajudou a crescer na vida. Nereu, um cearense de inteligência privilegiada, inabalável integridade e honradez, impressionante capacidade de trabalho, alçou de modesto auxiliar gráfico de jornal em Fortaleza ao posto mais alto do contrôle das finanças da Tupi, unicamente pelos seus méritos e dedicação. Ele teve a visão de defender em 1960 a aproximação com o Exterior, quando a tarefa era, para muitos, apenas desculpa para fazer turismo. Nereu foi um dos mais decisivos apoios que recebi em todas as minhas viagens à procura de relações com emissoras fora do Brasil, especialmente no caso da OTI. Morreu prematuramente. Mas, ainda chegou a ver um pouco do que antevia como o futuro da televisão.

Todos aqueles que viveram os anos de constituição e afirmação da OTI conheceram e estiveram, em muitos momentos, ao lado de profissionais que incluo nos meus registros especiais: Oduvaldo Cozzi, um dos maiores profissionais do rádio e da TV brasileiros em todos os tempos, meu dileto amigo e companheiro que, famoso e consagrado, não encontrava dificuldades em ser o mais simples quando necessário; Rui Viotti ainda hoje um destacado homem do esporte e da publicidade, conselheiro suplente pela Tupi, na OTI; o colombiano Guillermo Rubiano, que tive a felicidade de conhecer na Universidade do Missouri e a sorte de trazer para a televisão brasileira, onde brilhou na Tupi e na Globo; e a sempre querida e respeitada d. Maria, a leal, competente, amiga e excelente profissional Maria da Silva Porto, ex-diretora, até o fechamento, da Panair do Brasil, contratada por mim para dirigir a divisão de relações internacionais da Tupi.

DOCUMENTO II

# PRIMEIROS ESTATUTOS DA OTI

## APROVADOS EM MARÇO DE 1971 NA CIDADE DO MÉXICO, COM A INDICAÇÃO "EM ITÁLICO" APÓS CADA ARTIGO DO TEXTO EM VIGOR ATUALMENTE.[82]

# CAPÍTULO I

## DENOMINAÇÃO, CARÁTER JURÍDICO, DOMICIO E DURAÇÃO

ARTIGO PRIMEIRO – A ORGANIZAÇÃO DA TELEVISÃO IBERO AMERICANA (OTI) é uma instituição de caráter não lucrativo e com personalidade jurídica distinta de cada um de seus membros, que agrupa as empresas e entidades vinculadas aos serviços de televisão nos países de idioma espanhol e português.
A sede será no país que designe a Assembléia Geral.

> REDAÇÃO ATUAL – *"A ORGANIZAÇÃO DA TELEVISÃO IBERO-AMERICANA (OTI) é uma instituição civil, de caráter não lucrativo, com personalidade jurídica distinta de cada um dos seus sócios, que agrupa a empresas e entidades vinculadas aos serviços de televisão nos países de idioma espanhol e português.*

[82] Afim de facilitar a comparação pelos interessados, deliberamos colocar em destaque, logo após cada artigo dos Estatutos em sua forma original, em itálico, apenas a parte do texto modificado em Assembléias e em vigor na atual versão.

*Em todos os casos em que nestes Estatutos se faça referência a países de idioma espanhol ou português, fica desde logo entendido que se incluem também as línguas ou dialetos oficiais falados nos referidos países.*
*A sede será no país que designe a Assembléia Geral.*

ARTIGO SEGUNDO – Integram a Organização os seguintes membros:

A) – Honorários:

As pessoas físicas e jurídicas vinculadas à indústria da televisão nos países de idioma espanhol e português que em virtude de excepcional aporte à criação e/ou ao desenvolvimento desta Organização mereçam esta distinção. Seus deveres e direitos serão idênticos aos dos sócios ativos plenos;

B) – Ativos Plenos:

As pessoas físicas ou jurídicas que sejam titulares de um serviço da indústria da televisão privada nos países de idioma espanhol e português;

C) – Ativos Associados:

a) – Os titulares de um serviço de Televisão nos países de idioma espanhol e português não compreendidos na categoria anterior;

b) – As empresas produtoras e provedoras de programas de produção própria em blocos, mediante convênios com televisões ou sistemas de televisões estatais ou privadas. Para que uma empresa produtora resulte exigível como membro deverá produzir e prover no mínimo cem horas mensais como média anual de programação ou o mínimo de vinte e cinco por cento do tempo total das horários de transmissão de mais de três cidades em seu país ou mercado;

c) – As entidades proprietárias de estações terrenas para comunicações via satélite que transportam sinal de televisão em países de idioma espanhol e português; ou transportadoras de programas por meio de microondas, cabos coaxiais ou outros meios.

D) – Membros Aderentes

a) – Poderão ser membros aderentes as empresas operadoras de serviços de televisão, produtoras, operadoras de estações terrenas que transportem sinal de televisão, assim como as empresas ou entidades vinculadas à televisão em todo o Mundo;

b) – As entidades e fundações de caráter científico, educativo e cultural, cujo assessoramento possa ser útil aos fins desta Organização.

**REDAÇÃO ATUAL** – *A Organização será integrada por Sócios Ativos e Sócios Aderentes.*

*I – Os Sócios Ativos poderão ser:*

*A – PLENOS – As pessoas físicas ou jurídicas que sejam titulares de um serviço da indústria da televisão privada, nos país de idioma espanhol e português, assim como aqueles que, sem reunir as características mencionadas precedentemente tenham sido reconhecidas como sócios fundadores, com idênticos deveres e direitos aos dos sócios ativos plenos.*

*B – ASSOCIADOS – 1– Os titulares de um serviço de televisão, em países de idioma espanhol ou português não compreendidos na categoria anterior e os titulares de um serviço de televisão em outros países, que transmitam regularmente, no mínimo, sessenta por cento de sua programação, em idioma espanhol ou português*

*2 – As empresas produtoras e administradoras de programas de produção própria em bloco e em idioma espanhol ou português que, mediante convênio com as televisões ou sistemas de televisão estatais ou privadas proporcionem a estas seus programas. Para que uma empresa produtora se torna elegível sócia deverá produzir e distribuir dentro de seu mercado o mínimo de cem horas de programação ou nunca menos do equivalente a 25% do total do horário de transmissão de mais de três cidades, em seu país ou mercado.*

*3 – As entidades proprietárias de estações terrenas para comunicação via satélite, que transportem sinal de televisão nos países de idioma espanhol ou português, ou as transportadoras de programas de televisão por intermédio de micro-ondas, cabos coaxiais ou outros meios.*

*II – Sócios Aderentes*

*A – As empresas operadoras de serviços de televisão, produtoras, operadoras de estações terrenas que transportem sinais de televisão, assim como as empresas ou entidades vinculadas à televisão em geral, em todo o mundo.*

*B – As entidades e fundações de caráter técnico, científico, educativo ou cultural, cujo assessoramento poderá ser útil aos fins desta Organização.*

*Se algum dos Sócios modificar, por decisão voluntária ou por imposição de Lei. a condição jurídica que ostentava no momento de seu ingresso na Organização, o Conselho Diretivo determinará a sua nova situação.*

ARTIGO TERCEIRO – A duração da Organização será indefinida. Só poderá dissolver-se por acordo de SETENTA E CINCO POR CENTO dos membros ativos que a constituírem.

**REDAÇÃO ATUAL – apenas acrescenta:** *em decisão tomada em Assembléia Geral Extraordinária, convocada especialmente para tal fim.*

# CAPÍTULO II

## PRINCÍPIOS E FINALIDADES

ARTIGO QUARTO – São princípios e finalidades da Organização promover, manter e acrescentar as relações entre os organismos e empresas de Televisão e ou vinculadas à televisão dos países de idiomas espanhol e português e para isto executar quantos atos sejam necessários e convenientes para seu melhor desenvolvimento.

Criar os instrumentos operativos, técnicos e jurídicos para o intercâmbio de serviços de noticias, de informação, de programas culturais, educativos e esportivos, assim como de alto interesse informativo e comercial, fazendo o melhor uso de procedimentos técnicos.

> **REDAÇÃO ATUAL – apenas acrescenta:** *de acordo com estes princípios e para cumprir as suas finalidades, a Organização da Televisão Ibero-americana se define como uma associação com funções estritamente operativas, totalmente à margem de questões religiosas, raciais ou políticas. Qualquer intento ou iniciativa por parte de um ou de vários de seus sócios de abordar questões de caráter religioso, racial ou político, por afetar a essência mesma da Organização, não poderá ser objeto de consideração por parte de qualquer de seus órgãos.*

ARTIGO QUINTO – A filiação à OTI é um ato voluntário e obriga a quem ou àqueles que a obtenham a acatar seus Estatutos, Regulamentos e demais disposições. No entanto, em nenhum caso qualquer membro será obrigado a participar daqueles serviços de intercâmbio, de comunicação ou de programas a que não tenha prestado sua expressa adesão e participação e, portanto, não participará dos gastos que eles causem.

# CAPÍTULO III

ARTIGO SEXTO – A filiação é outorgada pela Assembléia. Todavia, o Conselho Diretivo poderá, excepcionalmente, conceder-lha mediante prévia consulta aos membros ativos e depois de obter a aprovação de mais de 50% de seus votos.

> **REDAÇÃO ATUAL** – *A filiação é outorgada pela Assembléia Geral, por indicação do Conselho Diretivo. Todavia, o Conselho Diretivo poderá concedê-la, em caráter provisório, depois de consultar previamente os sócios ativos do país do solicitante e com base em informe da Comissão Jurídica. Os sócios ativos do país de onde procede a solicitação terão um prazo improrrogável de 45 dias para responder à referida consulta; em não fazendo dentro desse prazo, o Conselho deverá entender que os mesmos estão de acordo com o pedido.*

*Existindo oposição, que deve por escrito e fundamentada, o Conselho Diretivo poderá, ainda assim, admitir, em caráter provisório ao novo sócio, se sessenta por cento dos votos dos conselheiros presentes à reunião foram favoráveis. Qualquer que seja a decisão do Conselho Diretivo, no sentido de aceitar ou não a admissão provisória de um novo sócio, a solicitação deverá ser considerada na mais próxima Assembléia Geral Ordinária.*
*Quando o Conselho Diretivo rechaçar o pedido de admissão por considerar a existência de oposição, a Assembléia só poderá admitir o solicitante como novo sócio com o voto favorável de mais de 65% dos votos presentes.*
*A Assembléia, por proposta do Conselho Diretivo, fixará uma quota de ingresso, que será aplicada onde o Conselho considere mais adequado.*

ARTIGO SÉTIMO – Os membros ativos terão os seguintes direitos:
I) – Gozar das funções e prerrogativas que em seu favor estabeleçam os Estatutos.
II) – Ter e voz e voto nas Assembléia Gerais na forma prevista nos Estatutos.
III) – Solicitar da Organização os Informes, dados, serviços e colaboração que, em razão de suas funções, esteja em capacidade de proporcionar.
IV) – Apresentar iniciativas ao Conselho Diretivo e à Assembléia e tomar parte nas deliberações e resoluções que esta adote.
V) – Ser designado membro do Conselho Diretivo.

ARTIGO OITAVO – Os membros aderentes terão unicamente direito a voz nas Assembléia Gerais, assim como o que se estabelece no item III do artigo anterior.

**REDAÇÃO ATUAL – acrescentou logo após Assembléias Gerais –** *e poderão participar das reuniões das Comissões especializadas designadas pelo Conselho Diretivo,...*

ARTIGO NONO – São obrigações de todos os membros:
I) – Pagar pontualmente as quotas que lhes correspondam.
II) – Exercer os cargos e comissões que a Organização lhes confie.
III) – Procurar, por todos os meios, o progresso da Organização e a manutenção do seu bom nome.

ARTIGO DÉCIMO – A qualidade de membro se perde:
a) – Por renúncia expressa do membro.
b) – Por falta de pagamento das quotas de mais de um semestre.

**REDAÇÃO ATUAL DESTE INCISO –** *Por falta de pagamento de suas quotas sociais por mais de quatro meses na situação prevista no inciso II, parágrafo B, do* *artigo décimo primeiro; ou quando, havendo sido suspenso temporariamente por falta de pagamento ele não pague sua dívida antes da celebração da Assembléia.*

c) – Por cessar na atividade que lhe permitiu ser qualificado e admitido como membro.
d) – Pela realização de atos contrários aos interesses gerais da indústria e aos propósitos e fins da Organização.
Os casos assinalados nos incisos anteriores não liberam o membro de pagar as quotas de que seja devedor.
Nos casos dos incisos a) e b) não poderá voltar a ser membro ativo até que tenha transcorrido um prazo de dois anos. Ao reingressar, se for aceite, deverá permanecer na qualidade de membro aderente por um ano e previamente deverá pagar as quotas que tenha deixado pendentes. Transcorrido o referido ano, automaticamente readquirirá sua qualidade de sócio ativo.

**A redação atual elimina o prazo de um ano como sócio aderente e manda cobrar encargos e juros relativos aos débitos anteriores.**

ARTIGO DÉCIMO PRIMEIRO – O Conselho Diretivo tem a faculdade de suspender a qualquer membro em sua qualidade, desde o momento em que conheça que o mesmo incorreu em qualquer das causas previstas nestes Estatutos que seja motivo para perder a qualidade de membro.
Na Assembléia seguinte, o Conselho Diretivo submeterá o caso à apreciação e julgamento da Assembléia para que ela, conhecendo os motivos da suspensão e ouvida a defesa do membro que se pretende suspender tome a determinação que corresponda.

REDAÇÃO ATUAL – *O Conselho Diretivo, após ouvir previamente o sócio, tem a faculdade de suspendê-lo, desde o momento em que tome conhecimento de ter o mesmo incurrido em qualquer das cláusulas previstas no artigo 10 destes Estatutos.*
*O sócio poderá ser punido nos seguintes casos:*
*I – Pela realização de atos contrários aos interesses gerais da indústria ou aos propósitos e fins da Organização. Estes atos serão analisados e avaliados ponderadamente pelo Conselho Diretivo, com base no informe da Comissão Jurídica. O Conselho apreciará os atos realizados de acordo com a sua gravidade, natureza dos danos ou prejuízos causados, assim como segundo o grau de intencionalidade do fato ou fatos em consideração, afim de adotar uma decisão justa dentro das seguintes possibilidades:*
*A – Advertência, que poderá incluir paralelamente, uma compensação financeira a favor da Organização e ou dos afetados. O não cumprimento de tão compensação financeira motivará a perda da qualidade de sócio, sem que tal fato venha a liberar o punido de seus compromissos e do pagamento de suas dívidas à Organização.*

*B – Suspensão temporária da qualidade de sócio, com a perda dos direitos que lhe são atribuídos. Entre estes direitos podem ser citados, de forma enunciativa, mas não limitativa, os seguintes: – A assistência às reuniões e às Assembléias da Organização.*
*– A participação nos eventos e programas que a OTI tenha adquirido ou realize durante o período de suspensão, assim como nos serviços proporcionados pela Organização.*
*A suspensão dos direitos a que se refere este inciso não elimina a obrigação de todos os compromissos do sócio com a Organização.*
*C – Eliminação definitiva do sócio.*
*II – Por falta do pagamento regular das quotas sociais estabelecidas no artigo 38 por mais de quatro meses após as datas em que sejam as mesmas fixadas pelas respectivas Assembléias. O atraso do sócio facultará ao Conselho, sem prejuízo do disposto no artigo 17 e da cobrança dos encargos e juros que venham a ser fixados, poder aplicar ao sócio alguma das seguintes sanções.*
*A. – Suspensão temporal, com os efeitos previstos no inciso I-B do presente artigo;*
*B. –Perda da condição de sócio em casos graves de reincidência.*
*Todas as sanções aplicadas pelo Conselho Diretivo poderão sofrer pedido de apelação pelo punido, dentro dos sessenta dias posteriores à sua notificação, para que considerando o expediente a ser preparado pela Secretaria Geral, a Assembléia Geral seguinte tome a que determinação defintiva. Nos casos em que a sanção consista da perda da qualidade de sócio, o Conselho Diretivo, ainda mesmo quando o sócio punido não apresente recurso de apelação, deverá submeter todas as informações e antecedentes à Assembléia Geral, afim de que a mesma delibere em caráter defintivo.*

ARTIGO DÉCIMO SEGUNDO – Todo pedido de filiação deverá conter os seguintes dados:

I) – Nome completo do industrial, se se tratar de pessoa física e se é pessoa jurídica se proporcionarão:
  a) – Razão social ou denominação.
  b) – Data de constituição da Sociedade e dados de sua inscrição no Registro correspondente de acordo com as Leis de seu país.
  c) – Nomes dos sócios, se se trata de sociedade de pessoas; e nomes dos Administradores e Comissários ou gerentes no caso de Sociedades por ações.

II) – Domícilio da sociedade, com os dados de localização da estação transmissora, dos estúdios e dos escritórios.

III – Data de início das operações.

**A redação atual não altera os fundamentos do artigo, determinando apenas**

**que o pedido seja encaminhado ao Conselho Diretivo através da Secretaria Geral e acompanhado da Lei e Regulamentos do país solicitante e acrescenta o parágrafo seguinte:**
*– O solicitante terá direito a falar perante o Conselho Diretivo ou Assembléia nas reuniões para decidir sobre sua admissão como novo sócio.*

# CAPÍTULO IV

## DA DIREÇÃO ADMINISTRATIVA DA ORGANIZAÇÃO

ARTIGO DÉCIMO TERCEIRO – São órgãos de administração:
I) – A Assembléia Geral
II) – O Conselho Diretivo
III) – A Secretaria Geral

**REDAÇÃO ATUAL – O CAPÍTULO IV eliminou do seu "caput" a palavra "administrativa e o item III – a Secretaria Geral**

ARTIGO DÉCIMO QUARTO – O Conselho Diretivo fica com a faculdade de designar comissões permanentes ou temporárias para a melhor realização dos fins e propósitos da Organização, estabelecendo o tempo de sua duração e determinando as suas funções.

**REDAÇÃO ATUAL – O artigo décimo quarto, com a redação acima, foi eliminada, alterando-se a ordem numérica no CAPÍTULO V.**

# CAPÍTULO V

## DA ASSEMBLÉIA

ARTIGO DÉCIMO QUINTO – A Assembléia Geral é o órgão supremo da Organização e se reunirá mediante prévia convocatória e terão voz e votos todos os sócios ativos, segundo se estabelece nestes Estatutos. Poderão assistir seus trabalhos os sócios aderentes.

**REDAÇÃO ATUAL – Este artigo passou a ser o décimo quarto, incluindo-se após o verbo "reunirá" a expressão** *em qualquer país da área* **antes de** *"prévia convocatória*

ARTIGO DÉCIMO SEXTO – Haverá quorum nas Assembléias quando estejam presentes

ou representados mais de cinqüenta por cento de seus membros ativos e suas resoluções serão válidas quando aprovadas pela maioria dos votos presentes, salvo nos casos especiais que estes Estatutos estabelecem.
No entanto, se na hora determinada para a primeira convocação, bem seja em Assembléias Ordinárias ou Extraordinárias não estiverem presentes ou representado o numero de votos suficientes para constituir o quorum, as mesmas se celebrarão, em segunda convocação, vinte e quatro horas mais tarde do que a determinada inicialmente, exigida a declaração clara desse procedimento na primeira convocação. Em tal caso, as resoluções serão válidas com o voto favorável de mais de cinqüenta por cento dos membros presentes, salvo o previsto nestes Estatutos. A citação de convocação se fará por meio de telex, telegrama ou carta certificada, enviada, quando menos com trinta dias de antecedência.

**"Este artigo manteve-se inalterado, inclusive sua numeração.**

ARTIGO DÉCIMO SÉTIMO – As Assembléias Gerais serão ordinárias e extraordinárias. As primeiras se celebrarão dentro do primeiro trimestre de cada ano, as extraordinárias se reunirão quando assim decida o Conselho Diretivo, dada a importância do assunto a resolver. Se reunirá também quando requerida por um grupo de membros ativos da Organização, que representem mais de vinte e cinco por cento dos votos e a solicitem ao Conselho Diretivo.

**Alterado apenas o número que passou a ser artigo décimo quinto.**

ARTIGO DÉCIMO OITAVO – Não poderão estar presentes ou representados nas Assembléias aqueles membros que se encontrem suspensos do exercício de seus direitos ou aqueles que não estejam em dia com o pagamento de suas quotas, requisito este que não pode ser dispensado nem mesmo por acordo da Assembléia.

**Alterado o número para décimo sétimo.**

ARTIGO DÉCIMO NONO – Presidirá as Assembléias Gerais o Presidente do Conselho Diretivo e, em sua ausência o Vice presidente que corresponda em ordem de sucessão. Atuará como Secretário o secretário do Conselho Diretivo e em sua falta quem a Assembléia designe.

**Alterado o número para artigo décimo oitavo e definida a ordem de sucessão do Vice-Presidente, como a** *de maior antigüidade no cargo* **e passou a determinar:** *Atuará como Secretário o Secretário Geral e em sua ausência a pessoa que o Conselho Diretivo.*

ARTIGO VIGÉSIMO – Corresponde à Assembléia em suas sessões ordinárias:
I) – Aprovação da Ata da Assembléia anterior.
II) – Tomar conhecimento e decidir sobre o Informe do Conselho Diretivo e da Secretaria Geral sobre as atividades da OTI durante o período anterior.

III) – Aprovação das contas correspondentes ao exercício anterior.
IV) – Aprovação do orçamento de receitas e despesas da Organização.
V) – Deliberar sobre as iniciativas e propostas apresentadas pelo Conselho Diretivo e ou pelos membros ativos.
VI) – Eleger os membros do Conselho.

**REDAÇÃO ATUAL – Passou a ser o artigo décimo nono, alterando a redação inicial para** *"corresponde à Assembléia em suas sessões Ordinárias conhecer e resolver sobre:*

*I – A Ata da Assembléia anterior*
*II – O Informe do Conselho Diretivo, do Secretário Geral e das Comissões e Grupo de Trabalho que decida o Conselho Diretivo. referente às atividades da Organização no período anterior;*
*III – As contas correspondentes ao Exercício anterior;*
*IV – Os orçamentos de receitas e despesas da Organização;*
*V – As iniciativas e propostas apresentadas pelo Conselho Diretivo, assim como o ingresso e a exclusão de sócios;*
*VI – A eleição dos membros do Conselho Diretivo*

**REDAÇÃO ATUAL – É introduzido um novo artigo vigésimo, com a seguinte redação:**

*ARTIGO VIGÉSIMO – Corresponde à Assembléia, em suas sessões extraordinárias, conhecer e resolver sobre:*

*I – Modificações propostas a estes Estatutos.*
*II – A dissolução da Organização de acordo com o artigo terceiro.*
*III – Qualquer outro assunto não compreendido no artigo anterior.*

*Qualquer emenda ou acréscimo a estes Estatutos deverá ser aprovada pelo menos por 75% (setenta e cinco dos votos dos sócios ativos presentes ou representados. As emendas, ou acréscimos propostos, deverão circular entre todos os sócios no mínimo com 30 dias antes da data prevista para a correspondente Assembléia.*

ARTIGO VIGÉSIMO PRIMEIRO – Não poderá ser objeto de resolução, nem de decisão nas Assembléias Gerais, outros assuntos além daqueles constantes da respectiva convocatória, salvo no caso de que na Assembléia estejam presentes ou representados todos os membros ativos da Organização.

ARTIGO VIGÉSIMO SEGUNDO – Todas as decisões e acordos aprovados pelas Assembléias Gerais constarão de Atas assinadas pelo Presidente e pelo secretário da Assembléia.

# CAPÍTULO VI

## DO CONSELHO DIRETIVO

ARTIGO VIGÉSIMO TERCEIRO – O Conselho Diretivo é o órgão executivo e administrativo e se integrará por eleição da Assembléia, em maioria de votos, com nove membros titulares, que deverão ser a sua vez membros ativos. Nenhum país poderá ter mais de um Conselheiro.

**REDAÇÃO ATUAL** – *com onze membros titulares* –

ARTIGO VIGÉSIMO QUARTO – Os membros do Conselho permanecerão em seus cargos por dois anos e poderão ser reeleitos. A renovação do Conselho Diretivo se fará parcialmente de forma alternativa, de tal maneira que em um ano sejam substituídos cinco membros e outros quatro no ano seguinte e assim sucessivamente.

**REDAÇÃO ATUAL** – *em um ano sejam substituídos cinco membros e seis outros no ano* seguinte...

ARTIGO VIGÉSIMO QUINTO – A OTI é uma instituição integrada por empresas ou entidades e como tal são elas as únicas que podem ser eleitas como membros do Conselho Diretivo. Por esta razão, deverão designar, ao serem eleitas membros, a uma pessoa física como Conselheiro Titular e a outra como Conselheiro Suplente, atuando este último no caso de ausência do titular. Se ambos os Conselheiros não puderem comparecer, o membro designará, por escrito, um representante para participar da reunião do Conselho.

Os Conselheiros representantes dos membros eleitos designarão entre os Conselheiros Titulares a um Presidente, um Vice-Presidente e um Secretário Geral, cujos mandatos terão a duração de dois anos e poderão ser reeleitos indefinidamente.

**REDAÇÃO ATUAL** – *um Presidente e Três Vicepresidentes. Os cargos de Presidente e Vicepresidente são" ïntuita personae" e no caso da pessoa eleita deixar de representar a empresa pela qual se elegeu Conselheiro, o Conselho Diretivo elegerá um substituto que não necessita, necessariamente, ser conselheiro pela mesma Empresa.*

ARTIGO VIGÉSIMO SEXTO – Os membros eleitos para integrar o Conselho tomarão posse em seus cargos na própria Assembléia Geral Ordinária em que tenham sido eleitos. O Conselho Diretivo se reunirá, pelo menos, duas vezes cada ano no domícilio sede da Organização ou onde a maioria decida e celebrará, ademais as sessões extraordinárias que sejam necessárias a juízo do Presidente ou por solicitação de cinco dos membros que o integram. Haverá quorum com a presença de cinco membros no mínimo para reunir-se em primeira convocatória e se não for obtido o quorum na hora determinada, se constituirá o Conselho, em segunda convocatória, com o número de assistentes presentes vinte e quatro horas mais tarde, fazendo-se constar tal procedimento na primeira citação convocatória. As resoluções se adotarão por maioria de votos dos conselheiros presentes e, em caso de empate, o Presidente decidirá com o seu voto de qualidade.

**REDAÇÃO ATUAL – O quorum se altera para seis presentes.**

ARTIGO VIGÉSIMO SÉTIMO – São faculdades do Conselho Diretivo:

I) – Programar e desenvolver a política geral da Organização, de acordo com as linhas mestras destes Estatutos e o que se origine das resoluções da Assembléia.

II) – Zelar pelo cumprimento destes Estatutos, dos acordos e decisões da Assembléia e do próprio Conselho, e dos Regulamentos que se sejam aprovados, executando e fazendo com que se execute o que eles disponham.

III) – Estabelecer, alterar, eliminar e supervisionar as atribuições do Administrador Geral e do pessoal que venha a ser contratado.

IV) – Formular o Balanço Anual de cada exercício e submetê-lo à Assembléia Geral.

V) – Submeter à apreciação da Assembléia Geral o informe detalhado dos trabalhos realizados no ano anterior e o projeto orçamentário de receitas e despesas da Organização.

VI) – Representar a Organização perante toda a classe de Autoridades, Organismos, Entidades e ou pessoas de qualquer País, com todas as faculdades gerais e especiais que se requeiram; propor ações e promover toda a classe de defesa, em qualquer País, em qualquer parte e em todos os foros e ou jurisdições, inclusive na criminal.

VII) – Celebrar toda a espécie de contratos; comprar e vender os bens móveis ou imóveis necessários para o melhor logro dos objetivos da Organização; comprar, vender, ceder, transferir direitos e serviços, dentro dos objetivos da Organização; e abrir e encerrar contas bancárias, sacar contra elas, abrir e encerrar cartas de crédito; aceitar e/ou endossar todo tipo de títulos de crédito, cheques e demais documentos ou ordens de pagamento em qualquer país.

VIII) – Outorgar e/ou revogar poderes gerais e/ou especiais, com todas e/ou qualquer das faculdades que estes Estatutos concedem ao Conselho Diretivo.

IX) – Decidir, em caráter provisório, sobre a admissão e exclusão de seus membros, submetendo suas decisões a respeito à consideração da Assembléia Geral Ordinária imediata. Delegar suas faculdades a alguns dos seus membros ou a pessoa estranha ao Conselho, em casos especiais discutidos e previamente acordados segundo os princípios e normas destes Estatutos.

X) – Solicitar e obter dos membros da Organização os informes considerados necessários para o melhor desenvolvimento de suas atividades.

XI) – Realizar, em geral, todos os atos de mando e de administração essenciais à realização dos objetivos da Organização.

XII) – Determinar lugar e data para a realização de suas reuniões, que poderão ser celebradas em qualquer país.

XIII) – Filiar a Organização a qualquer outro organismo ou instituição de propósito e finalidades afins, desde que as mesmas não contrariem o disposto nestes Estatutos, especial e singularmente ser não lucrativa, apositiva e essencialmente operacional.

**REDAÇÃO ATUAL – Eliminadas no item I, as expressões além de programas e desenvolver a política da Organização. Eliminar integralmente a parte final do item IX sobre delegação de suas faculdades e o item XII já incluído no artigo décimo quarto. Criar, sob n. XIII um novo item** *"Criar Comissões e Grupos de Trabalho para a melhor realização dos fins e propósitos da Organização, determinando funções, determinando tempo de sua duração e designando os respectivos Presidentes e Vicepresidentes.*

ARTIGO VIGÉSIMO OITAVO – Das sessões do Conselho serão lavradas Atas, em que constarão as decisões tomadas, devendo as mesmas serem assinadas por todos os membros que tenham assistido às reuniões.

ARTIGO VIGÉSIMO NONO – Em casos excepcionais, de notória urgência, a Presidência poderá submeter qualquer assunto à consideração dos membros do Conselho por carta registrada, telex ou telegrama. A resposta favorável de 50% dos membros eqüivalerá a uma resolução adotada pelo Conselho.

**REDAÇÃO ATUAL – Eliminado**

ARTIGO TRIGÉSIMO – Os membros do Conselho Diretivo não receberão qualquer tipo de remuneração pelo desempenho de suas funções.

**Passou a ter o número vigésimo nono.**

# CAPÍTULO VII

## DA SECRETARIA GERAL

ARTIGO TRIGÉSIMO PRIMEIRO – A Secretaria Geral funcionará subordinada ao Conselho Diretivo e à Presidência e pode estar ou não instalada no mesmo lugar ou país da sede da Organização.

ARTIGO TRIGÉSIMO SEGUNDO – A Secretaria estará a cargo do Secretário Geral, que será designado pelo Conselho e determinará suas funções e remuneração.

**REDAÇÃO ATUAL – O CAPÍTULO VII passa a se intitular DA PRESIDÊNCIA estando assim redigidos os artigos correspondentes:**

*ARTIGO TRIGÉSIMO – São atribuições do Presidente:*

*I – Exercer a representação legal da Organização. A assinatura do Presidente, para obrigar a OTI, deverá estar acompanhada de outra, que poderá ser a de um Conselheiro ou de um procurador.*

*II – Presidir as Assembléias Gerais e as reuniões do Conselho Diretivo. Será membro nato de todas as Comissões e Grupos de Trabalho, assistindo a suas reuniões na medida de suas possibilidades.*

*III – Executar as resoluções das Assembléias Gerais e do Conselho Diretivo.*

*IV – Decidir em caso de urgência, entre uma e outra reunião do Conselho Diretivo, os assuntos que assim o requeiram, depois de ouvir a opinião dos Vicepresidentes.*

*V – Dirigir a Organização.*

*ARTIGO TRIGÉSIMO PRIMEIRO – Os Vice-Presidentes devem constituir o principal apoio da Presidência na execução das decisões da Assembléia Geral e do Conselho Diretivo. Sem prejuízo dos mandatos específicos que possam vir a receber do Conselho, atenderão na direção da Organização às áreas que lhes forem designadas pelo Presidente. Serão, além do mais, membros natos de todas as Comissões, subcomissões e Grupos de Trabalho e participarão de suas reuniões na medida de suas possibilidades, conveniência e especialização, como membros qualificados.*

*ARTIGO TRIGÉSIMO SEGUNDO – O Presidente será substituído nos casos de ausência, renúncia ou incapacidade pelo Vice-Presidente mais antigo no cargo. Em caso de renúncia ou incapacidade do Vice-Presidente que esteja no exercício da Presidência, exercerá o cargo o Vice Presidente que lhe siga em ordem de antigüidade no cargo até a realização da Assembléia seguinte.*

ARTIGO TRIGÉSIMO TERCEIRO – O Conselho Diretivo, por proposta do Secretário Geral, estabelecerá os Regulamentos Internos, orgânicos e operacionais do Escritório Central e contratará o pessoal necessário.

**Mantida a numeração com outro texto. Substituído integralmente, como abaixo.**

ARTIGO TRIGÉSIMO QUARTO – Independentemente dos Informes que apresente ao Conselho Diretivo na forma que seja estabelecida, o Secretário Geral, por intermédio do Conselho, apresentará à Assembléia um informe anual da gestão técnica e operacional da Secretaria.

**Ide. Substituído integralmente**

# CAPÍTULO VIII

**Este CAPÍTULO passou a tratar "Dos Serviços Permanentes", com dois artigos, como a seguir:**

*ARTIGO TRIGÉSIMO TERCEIRO – Diretamente subordinado ao Conselho Diretivo e à Presidência funcionarão a Secretaria Geral e a Direção de Programas, que deverão funcionar na sede da Organização.*

*O Secretário Geral, o Diretor de Programas e todo o pessoal de que necessite a Organização deverão ser contratados segundo as normas e condições determinadas pelo Conselho Diretivo.*

*ARTIGO TRIGÉSIMO QUARTO – O Secretário Geral e o Diretor de Programa apresentarão ao Conselho Diretivo um informe anual de seus trabalhos e colaborarão com os presidentes de Comissões que assim o solicitem na apresentação dos informes dos mesmos à Assembléia. Fica especificamente estabelecido que cabe ao Secretário Geral a redação das Atas das reuniões das Assembléias Gerais e do Conselho, bem como a elaboração da Memória ou Informe anual de atividades da Organização que o Conselho deve apresentar à Assembléia.*

# CAPÍTULO IX

## DA DISTRIBUIÇÃO DOS VOTOS

ARTIGO TRIGÉSIMO QUINTO – Para a fixação do número de votos por países e dentro deles aqueles que correspondem às Empresas ou Entidades de cada um, serão tomadas como base as seguintes normas:

a) – Cada empresa ou grupo de empresas compreendidas em um país ou mercado terá, como mínimo, um voto, tomando como base 100.000 lares com televisão ou a fração de 100.000.

b) – Por cada fração adicional de 100.000 lares com televisão até o número de 800.000 se obterá um voto adicional. Depois de 800.000 lares com televisão equivalentes a 8 votos, os votos aumentarão em um por cada 300.000 lugares adicionais.

c) – Nunca poderá uma Empresa ou grupo de Empresas compreendidas em um país ou mercado, seja qual for o número de seus lares com televisão, votar em proporção de mais de doze por cento dos votos possíveis.

**REDAÇÃO ATUAL – O primeiro período sem nenhuma alteração. Depois dos dois pontos total nova. A partir de normas, como a seguir:**

*I – O número de votos correspondentes ao conjunto de sócios de um país será proporcional à quota atribuida a esse país, conforme o Artigo Trigésimo Nono, mas em nenhum caso poderá exceder de um total de doze (12) votos por país. Todos os países terão direito, no mínimo, a um(1) voto.*

*II – A tabela de distribuição de quotas e de votos será atualizada anualmente pelo Conselho Diretivo e submetida à Assembléia Geral Ordinária para a sua aprovação. Só incluirá aqueles países cujos sócios estejam em dias com seus pagamentos à Organização. Os votos por países se expressarão por números inteiros.*

ARTIGO TRIGÉSIMO SEXTO – Para o exercício do voto, os membros ativos plenos terão direito a uma unidade, enquanto os membros associados terão direito a meia unidade, tanto direta e individualmente nas assembléias gerais, como em pró-rata dentro de cada país ou mercado. No caso de que não haja acordo entre os membros de um país quanto à distribuição dos votos à pro-rata, esta será determinada pelo Conselho Diretor.

**REDAÇÃO ATUAL – Sem alteração até o primeiro ponto. Logo depois da indicação "dentro de cada país ou mercado", acrescentar:** *"Uma unidade contabil é o produto resultante de dividir a quota e/ou o número de votos que correspondem a cada país entre o número de membros ativos plenos, mais a metade dos membros ativos associados. Quando em um país ou mercado for necessário estabelecer a quota ou participação dos sócios localizados em áreas diferentes, cidades ou zonas de cobertura, esta quota ou participação será determinada com base no número de lares com televisores nas diferentes áreas, cidades ou zonas de cobertura que correspondam aos sócios em questão. No caso de não existir acordo entre os sócios de um país sobre o rateio na distribuição de votos, o mesmo será determinado pelo Conselho Diretivo".*

ARTIGO TRIGÉSIMO SÉTIMO – **Adotada esta numeração para um novo texto sobre matéria totalmente diversa do numeral anterior, que passou a ser o 38º. É a seguinte a redação atual:**

*"Quando só comparecerem à Assembléia um ou parte dos sócios de um país, será considerado que os ausentes delegaram ao mesmo ou aos presentes a sua representação na proporção de seus percentuais de voto. Nenhum sócio poderá se fazer representar por outro sócio de país que não seja o seu próprio.*

# CAPÍTULO IX

## ADMINISTRAÇÃO E FINANÇAS

**Nota : O CAPÍTULO IX, sob o mesmo título de Administração e Finanças, passou a ser, o CAPÍTULO X.**

ARTIGO TRIGÉSIMO SÉTIMO – Os meios econômicos ordinários da Organização para seus fins, estarão determinados:

a) – Pelo orçamento que a Assembléia aprove e pelas quotas sociais arrecadadas.
b) – Pelos saldos orçamentários que tenham sido destinados à constituição de um fundo de operações, dentro dos limites que a Assembléia determine e para fins eventuais.
c) – Por doações.

**Redação atual – Mudança apenas de forma e de número, diz:**

*ARTIGO TRIGÉSIMO OITAVO – Para atingir seus objetivos, a Organização contará com os seguintes recursos econômicos:*

*I – Com as quotas ordinárias e/ou extraordinárias fixadas em cada Assembléia Geral para cobrir o orçamento aprovado.*
*A Assembléia Geral poderá, por resolução expressa, delegar esta faculdade ao Conselho Diretivo.*

*II – Com as doações que receba.*

**ATENÇÃO – Os antigos artigos sob números de 38 ao final ou seja até o 43, em que se incluem as Disposições Transitórias foram totalmente eliminados ou substituídos, ficando com a redação transcrita, em itálico, logo em seguida, às formulas para cálculo de quotas e votos, antes do "Acordo de Constituição"**

ARTIGO TRIGÉSIMO OITAVO – Para a fixação das quotas dos membros se tomará como base a soma de lares com televisores existentes na totalidade dos países em que haja membros ativos da OTI, de acordo com estatísticas e dados considerados confiáveis pelo Conselho Diretivo.
A determinação da parte correspondente à empresa ou às empresas de um país será obtida pela relação entre o número de lares com televisores do mesmo e o total geral de todos os países onde haja membros ativos. A quota parte atribuída a cada país em função do estabelecido nos parágrafos anteriores será distribuída entre os distintos membros ativos, e no caso de ser apenas um só, este assumirá o total da quota que para seu país seja fixada. A distribuição entre os membros de cada país será determinada a pró-rata, de acordo com as áreas de cobertura ou serviços de cada um ou na forma que os mesmos, entre si, decidam de comum acordo estabelecer: fica, porém, entendido que todos e cada dos membros tem a responsabilidade solidária e mancomunada pelo pagamento da quota atribuída a seu país. No caso de não ter sido possível um acordo entre os membros de um país no que se refere à distribuição de suas quotas, estas serão fixadas pelo Conselho Diretivo.

Em relação com a fixação de quotas a que se refere o primeiro parágrafo, fica entendido que as correspondentes aos membros de cada país não poderão ser superiores a vinte por cento das quotas totais, seja qual for o número de televisores que o país tenha.

ARTIGO TRIGÉSIMO NONO – Para determinar o aporte direito à Organização, por parte de cada um dos membros ativos plenos e ativos associados, ou da mesma forma para determiná-lo a pro-rata dentro do grupo de membros ativos compreendidos em um país ou mercado, se considerará como base aquilo que cada membro ativo pleno assuma como responsabilidade e pagamento de unidade, cabendo, todavia, a cada membro ativo associado a responsabilidade pelo equivalente à proporção de meia unidade.

ARTIGO QUADRAGÉSIMO – No caso em que a Organização preste algum serviço especial a um determinado grupo de membros, os gastos daí decorrentes serão contabilizados independentemente dos gastos orçamentários de caráter geral e deverão ser reembolsados pelos membros aos quais se prestou o serviço, sem nenhum custo adicional, dado o caráter não lucrativo da Organização e de acordo com o estabelecido nos artigos Primeiro e Quinto dos Estatutos.

# CAPÍTULO X

## RELAÇÕES COM OUTROS ORGANISMOS INSTITUCIONAIS

ARTIGO QUADRAGÉSIMO PRIMEIRO – A Organização se empenhará em estabelecer as melhores relações com outros organismos ou instituições e, em tal caráter, seus membros representativos poderão participar de assembléias, congressos e conferências internacionais.

ARTIGO QUADRAGÉSIMO SEGUNDO – A Organização poderá filiar-se a qualquer outro organismo ou instituição de propósitos e finalidades afins, desde e quando as mesmas não se contraponham sob qualquer forma ao disposto nestes Estatutos, especialmente em seu caráter de entidade de fins não lucrativos, apositiva e essencialmente operacional.

## DISPOSIÇÕES TRANSITÓRIAS

PRIMEIRA – Os membros do Conselho Diretivo eleitos nesta reunião constitutiva permanecerão por dois e a renovação alterna parcial a que se refere o artigo 25 se iniciará no terceiro ano. Por sorteio, se determinarão os cinco membros que na primeira renovação devam ser substituídos, continuando, portanto, os quatro restantes por um ano mais, ou seja que estes quatro membros permanecerão por três anos.

SEGUNDA – Até que o Conselho Diretivo esteja de posse dos dados a que se referem os artigos 35, 36, 38 e 39, que lhe permitam fazer as avaliações para a distribuição de votos e quotas, serão os mesmos, de forma transitória, estabelecidos de acordo com a tabela a seguir incluída nestas Disposições:

## FÓRMULAS PARA DETERMINAR QUOTAS E VOTOS DA ORGANIZAÇÃO, EM CARÁTER TEMPORÁRIO

| PAÍSES COM MEMBROS MÁXIMOS FUNDADORES | NUMERO ESTIMADO DE LARES COM TV | % | VOTOS |
|---|---|---|---|
| ARGENTINA | 3.300.000 | 19,44 | 12 |
| BRASIL | 5.000.000 | 20,00 | 12 |
| COLÔMBIA | 600.000 | 3,53 | 6 |
| CHILE | 400.000 | 2,36 | 4 |
| ESPANHA | 4.500.000 | 20,00 | 12 |
| PANAMÁ | 150.000 | 0,88 | 2 |
| PERU | 500.000 | 2,95 | 5 |
| PORTUGAL | 500.000 | 2,95 | 5 |
| MÉXICO | 3.000.000 | 17,68 | 12 |
| VENEZUELA | 800.000 | 4,71 | 8 |
| | ========= | ====== | ==== |
| | 18.750,000 | 94,50 | 78 |

## PAÍSES QUE SE ESPERA SEJAM MEMBROS ATIVOS

| | | | |
|---|---|---|---|
| BOLÍVIA | 30.000 | 0,17 | 1 |
| COSTA RICA | 50.000 | 0,29 | 1 |
| EQUADOR | 200.000 | 1,18 | 2 |
| GUATEMALA | 120.000 | 0,70 | 2 |
| HONDURAS | 25.000 | 0,15 | 1 |
| NICARÁGUA | 35.000 | 0,20 | 1 |
| PARAGUAI | 50.000 | 0,29 | 1 |
| EL SALVADOR | 100.000 | 0,61 | 1 |
| URUGUAI | 250.000 | 1,47 | 3 |
| REPUBLICA DOMINICANA | 75.000 | 0,44 | 1 |
| | ========= | ====== | ==== |
| | 19.685.000 | 100,00 | 92 |

## ARTIGOS ORIGINAIS DO TRIGÉSIMO NONO AO QUADRAGÉSIMO SEGUNDO

## TODOS SUBSTITUÍDOS. REDAÇÃO ATUAL

ARTIGO TRIGÉSIMO NONO – Anualmente o Conselho Diretivo apresentará à Assembléia Geral o orçamento dos gastos, que deverá estar coberto por cem por cento (100%) do total das quotas. Estas, por sua vez, serão estabelecidas com base no Produto Interno Bruto de cada país ou área de serviço, de acordo com as últimas cifras de igual data publicadas pela Organização das Nações Unidas ou outro organismo igualmente confiável. No entanto, a quota parte atribuída a cada país não poderá exceder de 20%, nem ser inferior a 0,5% do total de todas as quotas, salvo no caso da saída de todos os sócios de países cujas quotas totalizem juntas 5% do orçamento vigente. Neste caso, o montante dos percentuais a serem redistribuídos será rateado entre todos os países.
As quotas correspondentes a empresas de televisão que operam em países distintos aos de idioma espanhol e português serão fixadas pelo Conselho Diretivo, que considerará o Produto Interno Bruto, o número de lares com televisores, a população servida pela emissora, usando a mais completa informação estatística disponível ou, em sua falta, o sistema que o Conselho estime procedente.

ARTIGO QUADRAGÉSIMO – A distribuição entre os sócios de casa país se regerá pelo estabelecido no artigo trigésimo sexta, desde logo entendendo-se que todos e cada um dos sócios de um país tem responsabilidade solidária e conjunta pelo pagamento da quota fixada para este país ou mercado.
No caso de não haver acordo entre os sócios de um país quanto à distribuição de suas quotas, estas serão fixadas pelo Conselho Diretivo.

ARTIGO QUADRAGÉSIMO PRIMEIRO – Em caso de prestação de algum serviço especial a um ou mais sócios, as despesas disso decorrentes serão contabilizadas independentemente dos gastos orçamentários de caráter geral e deverão ser reembolsados pelo sócio ou sócios aos quais foi prestado o serviço.

ARTIGO QUADRAGÉSIMO SEGUNDO – O Conselho Diretivo fixará a quota parte de cada sócio participante que lhe corresponda nos custos de aquisição de direitos de transmissão de eventos de interesse geral para a Organização.
Para fixar estas quotas, o Conselho será assessorado pela Comissão de Assuntos Econômicos e Financeiros e levará em consideração as propostas que lhe sejam apresentadas pelos sócios, o Produto Interno Bruto de cada país, o interesse pelo evento e os demais elementos que considere adequados.

Os gastos operacionais comuns, decorrentes das transmissões dos eventos referidos, serão pro-rateados entre todos os sócios que usem as transmissões, de acordo com a distribuição aprovada pelo Conselho Diretivo. Para tal fim, o Conselho Diretivo levará em consideração os orçamentos apresentados pelo Grupo Operacional e as recomendações, no caso, da Comissão de Assuntos Econômicos e Financeiros.

ARTIGO QUADRAGÉSIMO TERCEIRO – As empresas de radiodifusão sonora de alcance nacional dentro da área da OTI poderão participar das transmissões dos eventos contratados, nos termos e nas condições estabelecidas pelos Sócios Ativos de cada país em que operem. Não sendo possível chegar a um acordo entre os interessados em um país, o Conselho Diretivo, com o voto favorável de SETENTA E CINCO POR CENTO dos seus membros tomará a decisão que considere ser a mais conveniente.

## ACORDOS DE CONSTITUIÇÃO

PRIMEIRO – Os Estatutos que antecedem foram aprovados no México, Distrito Federal, aos 19 dias do mês de março de 1971, pelos membros ativos a quem se reconhece o caráter de membros fundadores, em função da Assembléia Constitutiva.

SEGUNDO – Se lhe concede valor e força legal de ata Constitutiva da ORGANIZAÇÃO DA TELEVISÃO IBERO-AMERICANA (OTI).

TERCEIRO – Acorda-se levar ao conhecimento dos delegados às III Jornadas Ibero-americanas de Comunicações via Satélite, que a Organização da Televisão Ibero-americana foi constituída.

QUARTO – Convida-se a todos e a cada um dos participantes nas III Jornadas Ibero-americanas de Comunicações via Satélite, que tenham qualidade e qualificação necessárias para serem membros ativos desta Organização e não são membros fundadores a formar parte dela, apresentando suas respectivas solicitações.

QUINTO – É designado o Licenciado Oscar Gutierrez Villalobos, mexicano, maior de idade, casado, advogado em exercício nesta Cidade para que, cumprindo todos os requisitos legais necessários, protocolize ante Notário Público o presente documento constitutivo e siga todos os tramites pertinentes.
E para constância assinam, na cidade do México, Distrito Federal, hoje, dezenove de março de mil novecentos e setenta e um.
Por PRODUCCIONES ARGENTINAS DE TELEVISION – Juan Manuel Palli.

Por UNIVERSIDADE CATÓLICA DE CHILE – CANAL 13 –TV – Omar Pabst – Alfredo Escobar G.
Por CORPORÁCION VENEZOLANA DE TELEVISION C.A.- VENEVISION – CANAL 4 – CARACAS – José Eduardo Reyna
Por PANAMERICANA DE TELEVISION S.A. DE LIMA – PERÚ – Júlio Estremadoyro
Por CADENA VENEZOLANA DE TELEVISION – CVTV – CANAL 8 – Nelson Bocaranda Sardi
Por TELEVISION ESPANHOLA – Luis Ezcurra – Felix Fernandez Shaw
Por CIA.PERUANA DE RADIODIFUSION – Gilberto Navarro
Por CORPORÁCION PANAMEÑA DE RADIODIFUSION S.A. – CANAL 4 – Fernando Eleta Almarán
Por TELEVISORA NACIONAL S.A. – CANAL 2 – PANAMÁ – Mário Velazqeuz
Por CORPORACION VENEZOLANA DE TELEVISION C.A.-VENEVISION – Hector Pondsdomenech
Por COMPANHIA ANONIMA NACIONAL DE TELEFONOS DE VENEZUELA – CANTV TELEVISORA NACIONAL – TVN 5 – Jacobo Aepli
Por S.A. RADIO TUPI – RIO DE JANEIRO – CANAL 6 – José de Almeida Castro
Por TELESISTEMA MEXICANO S.A. – Emilio Ascárraga Milmo – Romulo O'Farrill Jr.

## A LEGALIZAÇÃO

É esta versão original, aplaudida na sessão de encerramento das III Jornadas Ibero-americanas de Comunicações via Satélite, no imenso salão do Hotel Fiesta Palace, na cidade do México. Foi ela que Oscar Gutierrez levou ao licenciado Rafael Oliveros Delgado, titular da Notaria n. 2 da cidade do México, conforme ter-mo lavrado no volume 603, n.42.283, no dia 25 de março de 1971. Cumpridas as formalidades de praxe, os Estatutos e seus acordos de constituição foram inscritos na seção Quarta do Registro Público, no livro 36 de Sociedades e Associações Civis, às folhas 438 e seguinte, sob o n. 534, no dia seguinte, 26 de março, expedindo-se as certidões respectivas.

Documento II

# CAMPEONATOS MUNDIAIS DE FUTEBOL

## A) - CONTRATOS DE TRANSMISSÃO

## B) - CONTRATO DE CONSTITUIÇÃO DO CONSÓRCIO INTER-UNIÕES

As págs. seguintes são reproduções do original

CONVENIO QUE CELEBRAN POR UNA PARTE LA ORGANIZACION DE LA TELEVISION IBEROAMERICANA, A.C., "O.T.I.", REPRESENTADA POR SU PRESIDENTE SEÑOR GUILLERMO J. CAÑEDO, Y POR LA OTRA SOLIDARIAMENTE "REDE TUPI DE TELEVISAO", REPRESENTADA POR EL SEÑOR JOSE DE ALMEIDA CASTRO Y TV GLOBO LIMITADA, REPRESENTADA POR EL SR. WALTER CLARK BUENO, DE RIO DE JANEIRO, BRASIL, PARA LA TRANSMISION POR RADIO Y/O TELEVISION CON FINES COMERCIALES DE LOS JUEGOS DEL CAMPEONATO MUNDIAL DE FUTBOL QUE TENDRA LUGAR EN ALEMANIA EN EL AÑO DE 1974.

## ANTECEDENTES

I LA ORGANIZACION DE LA TELEVISION IBEROAMERICANA conjuntamente con la EBU (European Broadcasting Union) y las Cadenas de la Televisión Alemana ARD y ZDF, adquirieron de la F.I.F.A. (Federación Internacional de Fútbol Asociación) los derechos exclusivos para transmitir los partidos de la Copa del Mundo de Fútbol de 1974, por Radio y Televisión, para ser transmitidos en forma directa o diferida, en circuito cerrado en cualquier sistema de televisión de paga, por cable o por aire; para ser exhibidos en forma privada o pública en todo el mundo y para reproducir dichos partidos o autorizar que sean reproducidos para efectos de su transmisión. Por lo que se refiere a la televisión estas transmisiones directas o diferidas pueden ser en blanco y negro o a todo color y podrán efectuarse por cualquier medio técnico.

2

La única limitación consiste en que cualquier transmisión diferida que se desee efectuar después del 31 de diciembre de 1974, deberá ser autorizada por escrito por la F.I.F.A.

II Mediante dicho Contrato, la O.T.I. adquirió el derecho exclusivo para efectuar las transmisiones antes mencionadas en Norte, Centro y Sud-América, es decir, en todo el Hemisferio Americano.

III Como importe del pago de los Derechos que O.T.I. adquirió de la F.I.F.A., se convino en cubrir a ésta la cantidad de: D.M. 9,686.000.00 Marcos Alemanes equivalentes a: Dls. 2,900.000.00 Dólares Americanos a un tipo de cambio que se fijó en 3.34 Marcos Alemanes por cada Dólar Americano.

Esta cantidad tendrá que cubrirse a la F.I.F.A. en la siguiente forma:

| | |
|---|---|
| El 15 de enero de 1972 | 1,080.000.00 D.M. |
| El 1° de abril de 1972 | 1,350.000.00 D.M. |
| El 1° de abril de 1973 | 975.000.00 D.M. |
| El 31 de diciembre de 1973 | 975.000.00 D.M. |
| El 1° de julio de 1974 | 5,306.000.00 D.M. |

Se estipuló que las partes contratantes tendrían que proporcionarle a la F.I.F.A., respectivamente, una garantía bancaria para cubrir oportunamente sus respectivas obligaciones de pago, antes del 15 de enero de 1972.

Brasil, representada por REDE TUPI DE TELEVISAO y TV GLOBO LTDA, en su calidad de miembros activos asociados de O.T.I., tienen derecho a participar en forma proporcional con:

BRASIL
COLOMBIA
COSTA RICA
EL SALVADOR
ESTADOS UNIDOS
GUATEMALA
HONDURAS
MEXICO
NICARAGUA
PANAMA
PERU

3

URUGUAY
VENEZUELA

en la adquisición parcial de esos derechos para:

ARGENTINA
BOLIVIA
CHILE
REP. DOMINICANA
ECUADOR
PARAGUAY
PUERTO RICO

pagando la parte proporcional que le corresponde.

IV En la IV Reunión del Consejo Directivo de la O.T.I. celebrado en México el 8 de Enero de 1972, según consta en el Acta respectiva - cuya copia anexamos - en la resolución 4, letra C - de la página 5:

C. - Se establece, para garantizar al Banco Comercial Mexicano, S. A., entre la Organización de la Televisión Iberoamericana y cada uno de los miembros adquirentes de los derechos de transmisión de que en el punto resolutivo contenido en el inciso "e" se habla, una solidaridad pasiva respecto de la obligación de reintegrar al Banco los pagos que éste llegare a efectuar a la Federation International de Football Association como consecuencia de la expresada carta de crédito.

En la solicitud de la carta de crédito de fecha 8 de enero de 1972, mediante la cual la O.T.I. tomó la obligación de reembolsar al Banco Comercial Mexicano las cantidades que éste pagara a la F.I.F.A. por los derechos de transmisión para radio y televisión del Campeonato Mundial de Fútbol de 1974, se establece la solidaridad pasiva para la O.T.I. y los países asociados a la misma, según consta en las condiciones a continuación transcritas:

4

VI En garantía de las responsabilidades que por la presente resultan a nuestro cargo y de cualquiera que tengamos ó llegáremos a tener a virtud de la misma para con el Banco, quedan ustedes autorizados para adjudicarse, a su elección, y sin juicio previo alguno, los derechos de transmisión que adquirimos de la FI.F.A., mediante contrato de fecha 16 de Diciembre de 1971. Sin perjuicio de lo expresado en el punto IX.

VII Conjuntamente los que suscriben con la solicitante la presente, se constituyen en deudores solidarios en favor de esa Institución respecto de cada una de las obligaciones establecidas a cargo de la solicitante en el presente documento, salvo lo indicado en los párrafos VIII y IX.

VIII La O.T.I. ha convenido con los miembros de la misma que en seguida se detallan en hacerles cesión para áreas determinadas de los derechos de transmisión que adquiere de la F.I.F.A. contra el pago que dichos miembros hagan de las siguientes cantidades proporcionales.

| | |
|---|---|
| ARGENTINA | 373,161.95 |
| BOLIVIA | 10,661.77 |
| BRASIL | 906,250.45 |
| CHILE | 63,970.62 |
| COLOMBIA | 63,970.62 |
| COSTA RICA | 31,985.31 |
| RE. DOM. | 10,661.77 |
| ECUADOR | 42,647.08 |
| EL SALVADOR | 15,992.66 |
| GUATEMALA | 15,992.66 |
| HONDURAS | 10,661.77 |
| MEXICO | 533,088.50 |
| NICARAGUA | 10,661.77 |
| PANAMA | 10,661.77 |
| PARAGUAY | 10,661.77 |
| PERU | 106,616.24 |

5

| | |
|---|---|
| URUGUAY | 90,625.05 |
| VENEZUELA | 106,617.70 |
| PUERTO RICO | 26,654.43 |
| E.U. Y CANADA | 458,452.11 |
| TOTAL: | 2900.000.00 |

Los deudores solidarios que suscriben la presente solicitud se obligan para con el Banco Comercial Mexicano, S.A., a que dentro de un plazo que no exceda del 15 de Feb. 1971, se otorguen a favor de ese Banco garantías bancarias a satisfacción de éste, que le garanticen el pago de las cantidades a que se refiere el párrafo anterior, Cesa la solidaridad de los deudores respecto de aquéllos países que hayan otorgado la Garantía Bancaria correspondiente a satisfacción del Banco. Cesa igualmente la solidaridad en los casos en que el Banco llegara a adjudicarse los Derechos de alguno de los miembros de O.T.I., en la proporción de la obligación de éste miembro.

IX Tanto la solicitante como los deudores solidarios aquí constituidos, expresamente autorizamos a ustedes para que a su elección y sin necisidad de juicio previo alguno, se adjudiquen los derechos de transmisión correspondientes a aquéllos miembros de la O.T.I. listados en el apartado anterior, que no otorguen la garantía a que se refiere el apartado, O.T.I. tendrá derecho de TANTO respecto a los derechos de sus transmisiones de sus miembros a los que llegara a adjudicarse.

V REDE TUPI DE TELEVISAO Y TV GLOBO LTDA., de Brasil, según lo reconocen expresamente en el presente documento, se obligaron con anterioridad a otorgar al Banco Comercial Mexicano, S.A., garantías bancarias a satisfacción de éste que le aseguraran el pago de las cantidades que proporcionalmente les correspondían conjuntamente cubrir de los derechos de transmisión por radio y televisión a que ántes se hace referencia, que importan en el presente caso la cantidad de 206.643.27 Dólares de EE.UU. de Norteamérica.

6

Las mencionadas REDE TUPI DE TELEVISAO Y TV GLOBO LTDA., de Brasil han solicitado del Banco Comercial Mexicano, S.A., por convenir así a sus intereses, les exima del otorgamiento de las expresadas garantías, sin perjuicio desde luego de la obligación que tienen de entregarle las cantidades que les corresponde pagar conjuntamente por los derechos de transmisión a que como miembros de la O.T.I. tienen derecho, por ser dicho Banco quên satisfiso la garantía bancaria exigida por la F.I.F.A. a la O.T.I.

VI En la Séptima Reunión del Consejo Directivo de la O.T.I., celebrada en la Ciudad de Barcelona el 12 de Julio de 1972 según consta en el Acta respectiva - cuya copia anexamos - en la resolución 4 de la página 9:

"Se acordó que cada una de las empresas firmantes del Contrato suscrito con el Banco Comercial Mexicano, S.A., así como todas y cada una de las Empresas de los distintos países que han adquirido sus derechos correspondientes, y realizado sus pagos así como asumido sus garantías están en la obligación de cumplir lo estipulado, lo que lleva consigo el prorrateo entre ellas de las cantidades no pagadas por los demás miembros de la O.T.I. surogándose, a todos los efectos, en los derechos para la retransmisión del Campeonato Mundial de Fútbol de 1974 para esos mismos países".

Expuesto lo anterior, las partes otorgan las siguientes:

CLAUSULAS

PRIMERA: Teniendo en cuenta que los países no adquirentes de los Derechos, así como sus cantidades respectivas son las siguientes:

7

| | |
|---|---|
| ARGENTINA | 380, 284. 11 U$S |
| BOLIVIA | 10, 865. 30 U$S |
| CHILE | 65, 189. 91 U$S |
| REP. DOMINICANA | 10, 865. 30 U$S |
| ECUADOR | 43, 460. 27 U$S |
| PARAGUAY | 10, 865. 30 U$S |
| PUERTO RICO | 27, 163. 28 U$S |
| | 548, 693. 47 |

SEGUNDA: Por corresponderle al Brasil un porcentaje del 38. 38%, la suma que debe abonar en concepto de prorrateo, es de U$S 206, 643. 27 (DOSCIENTOS SEIS MIL SEISCIENTOS CUARENTA Y TRES 27/100 DOLARES MONEDA AMERICANA), pagaderos de la siguiente forma y en las siguientes fechas:

| | |
|---|---|
| 1a. entrega - Enero 15 de 1972 | 23, 040. 96 U$S (vencida) |
| 2a. entrega - Abril 1° de 1972 | 28, 800. 16 U$S (vencida) - |
| 3a. entrega - Abril 1° de 1973 | 20, 800. 91 U$S (vencida) |
| 4a. entrega - Diciembre 31, de 1973 | 20, 800. 91 U$S. - |
| 5a. entrega - Julio 1° de 1974 | 113, 200. 33 U$S. - |
| TOTAL: | 206, 643. 27 U$S. - |

Las cantidades antes mencionadas podrán variar en el caso de que el tipo de cambio con el Marco Alemán tenga fluctuación que O.T.I. tuviera necesidad de absorver y distribuir entre sus miembros.

TERCERA: Tal como se desprende del Acta de la Reunión del Consejo Directivo en Barcelona, al pagar Brasil las cantidades que le corresponden en el prorrateo, adquieren en forma compartida y proporcional al 38. 38% los Derechos de los países citados en la Cláusula PRIMERA.

CUARTA: Si posteriormente alguno de los países citados en la cláusula PRIMERA quisiera comprar los Derechos que originalmente les fueran establecidos, se citará a una Reunión Extraordinaria de Consejo Directivo y escuchándose los diferentes puntos de vista de los países que participan en el prorrateo, se fijarán las bases económicas y financieras para la venta.

QUINTA: Como consecuencia de lo estipulado en el presente contrato, Rede Tupí de Televisao y TV-Globo Ltda, se obligan para con el Banco Comercial Mexicano, S.A., a pagar a éste en los plazos estipulados en la Cláusula SEGUNDA, las cantidades que allí se indican.

8

SEXTA: Queda entendido que Rede Tupí de Televisao y TV-Globo Limitada de Brasil autorizan expresamente al Banco Comercial Mexicano para que en su elección, y sin necesidad de juicio previo alguno, se adjudique los Derechos proporcionales de transmisión que por los países citados en la Cláusula PRIMERA haya efectuado Brasil, en el caso de que incurran en incumplimiento a los pagos y/o a los plazos establecidos en la Cláusula SEGUNDA. Así como los Derechos de transmisión por radio y televisión de la Copa del Mundo de 1974 para Brasil. Esto con objeto de que los derechos de transmisión antes referidos garanticen el adeudo que tuvieran las Televisoras del Brasil para con el Banco Comercial Mexicano, S.A.

SEPTIMA: Convienen REDE TUPI DE TELEVISAO y TV GLOBO LTDA., de Brasil y el Banco Comercial Mexicano, S.A., en excluir a los dos primeros del otorgamiento de las garantías bancarias a que se refiere la declaración V.

OCTAVA: Para la interpretación y cumplimiento del presente Convenio, las partes se someterán a la decisión de Arbitros designados uno por cada una de ellas, y a la de un tercero designado por los Arbitros en caso de desacuerdo. La decisión de los Arbitros primeramente designados o la del tercero en desacuerdo, en su caso, sería definitiva.

Se firma este Convenio en la Ciudad de a los días del mes de de mil novecientos setenta y dos.

ORGANIZACION DE LA TELEVISION IBEROAMERICANA

Guillermo J. Cañedo

BANCO COMERCIAL MEXICANO, S.A.

Miguel Monroy Milan

REDE TUPI DE TELEVISAO

Jose de Almeida Castro

TV. GLOBO LTDA.

Walter Clark Bueno.

En el acto de la firma del presente Contrato, se firma una carta adjunta que forma parte integrante del mismo.
Rio de Janeiro, 16 de Otobre de 1972.

## CARTA ADJUNTA DEL CONTRATO, A QUE SE HACE REFERENCI EN LA PÁGINA 8

En este Contrato, donde se lee Rede Tupí de Televisão, deberá entenderse: S.A. Rádio Tupí.

En lo referente a la Cláusula Cuarta del Contrato de Prorrateo de los Derechos de los países no adquirentes, Rede Tupí de Televisão y TV Globo Ltda. se reservam el derecho de solicitar una Reunión Extraordinaria del Consejo Directivo de la OTI, junto con los demás países adquirentes de esos Derechos, a efectos de establecer las fechas, así como las condiciones de venta de los Derechos de Transmision que proporcionalmente han adquirido. Lo expresado, no afecta ni cambia los Derechos y obligaciones del Contrato.

Organizacion de la Television IBEROAMERICANA

Guillermo J. Canedo

Banco Comercial Mexicano, S.A.

Miguel Monroy Milan

Rede Tupí de Televisão

Jose D'Ameida Castro

TV Globo Ltda.

Walter Clark Bueno

A FIRMA DE
JOSE D'AMEIDA CASTRO
CONFERE COM A DO NOSSO REGISTRO
16 OUT 1972
BANCO NACIONAL DE MINAS GERAIS, S.A.
Agência Leblon
1572-13
99A

A FIRMA DE
WALTER CLARK BUENO
CONFERE COM A DO NOSSO REGISTRO
16 OUT 1972
BANCO NACIONAL DE MINAS GERAIS, S.A.
Agência Leblon
1572-13
99A

3 February 1979

CONSORTIUM CONTRACT FOR THE WORLD FOOTBALL CUP 1982

1. Arab States Broadcasting Union (ASBU)
2. Asia-Pacific Broadcasting Union (ABU)
3. European Broadcasting Union (EBU)
4. International Radio and Television Organization (OIRT)
5. Organization de la Television Iberoamericana (OTI)
6. Union of National Radio and Television Organizations of Africa (URTNA)

have concluded the following contract between them:

1. (i) The ASBU, ABU, EBU, OIRT, OTI and URTNA hereby agree to form a consortium in order to acquire directly from FIFA or its representative the world television rights of the 1982 World Football Cup at the lowest possible price. By "television right" is to be understood the right to effect a television transmission by any technical procedure (including direct broadcast satellite, wire, hertzian cable or micro-wave link, in closed circuit or pay television, in colour or black and white, live or recorded by any technical means whatever) for private and public reception.

(ii) The consortium mentioned above will also attempt to acquire from FIFA the cinematographic and videogram operating rights other than the broadcasting rights included in the rights indicated in paragraph (i) above.

2. The present contract does not establish a company or an association having legal personality.

3. The consortium will negotiate with the FIFA at a time which suits the partners in the consortium and the FIFA. For this purpose, a consortium delegation will be drawn up by unanimous decision of the members. The secretariat of the negotiating delegation will be handled by the European Broadcasting Union (Secretariat General in Geneva).

4. The consortium will negotiate with FIFA to obtain without payment the same conditions for sound broadcasting as applied in the previous contracts.

- 2 -

5. The consortium will do its utmost to limit the advertising at the stadia, in the neighbourhood of the stadia and on the score-boards, to a level acceptable to all its partners. Any negotiations which might be necessary with one or more advertising agencies concerned will be carried out by a delegation of the consortium whose membership, as small as possible, will take into account the respective interests of the Unions with regard to this problem.

6. Under the terms of the contract to be signed by the consortium, each consortium partner has the exclusive television right for the territories of its Members listed in Annex 1 and/or for the territories for which an exclusive competence has been recognized by the other consortium members, these territories being given in Annex 1.

7. Any changes in the constitution of the Regional Unions which are the consortium members - in particular through admission, resignation or expulsion - must be notified by the Union concerned to the other consortium members. The same applies to changes in the geographical areas mentioned in Annex 1.

The changes in the constitution of the Regional Unions or in the geographical areas mentioned in Annex 1 will be examined in a plenary session of the six members of the consortium in order to modify accordingly the present contract, especially the provisions of Article 8.

8. (i) Of the total sum which must be paid to FIFA,

| | |
|---|---|
| the ASBU shall pay | 5 percent |
| ABU shall pay | 11 percent |
| EBU shall pay | 28 percent |
| OIRT shall pay | 15 percent |
| OTI shall pay | 40 percent |
| URTNA shall pay | 1 percent |

(ii) In the contract to be signed with FIFA by the six members it shall be specified that none of the consortium partners shall be a guarantor for the payment of the others. The contract shall also stipulate that all payments to FIFA by the consortium partners are to be made in one and the sam currency, to be named and agreed upon in the same contract. Non-payment by any partner of the sums it is due to pay will engender the loss of the rights acquired by the Regional Union in question and the termination of its participation in the consortium.

- 3 -

9. The television rights for territories other than those specified in Article 6 above will be sold by the consortium as such or on its behalf by one of its partners specially mandated to this effect, on terms fixed by the consortium during a plenary session of its six members. The terms of the mandate entrusted to one of the partners will form the subject of a decision taken unanimously by the consortium members. The net profit of the consortium resulting from the sale of these rights, will be credited to each of the consortium partners in pro rata shares of the amounts they paid for the purchase of the rights. By "net profit" is to be understood the total amount paid by the purchaser, less all costs incurred in negotiating the sale concerned.

10. Should the consortium acquire the cinematographic or videogram (videocassette, videorecord) rights, these rights would be assigned to OTI.

The assignments should, if the occasion arises, reserve to the member organizations of the Unions forming the consortium, the broadcasting rights mentioned in Articles 1, 4 and 6 above.

11. In order to avoid third parties acquiring any of the television rights for the World Cup from the FIFA, the consortium will obtain as soon as possible a first option from the FIFA.

12. Membership of the consortium excludes any separate or individual negotiation with the FIFA or any third party.

13. The present contract is governed by Swiss law. Any litigation arising between the consortium partners, unless settled out of court, will be settled before the competent courts of Switzerland.

14. The provisions of the present contract come into force as soon as they are approved by the directing bodies of all the consortium partners. Each partner in the consortium commits itself to notify this approval to the other parties as soon as possible, and at least by the 31 of July 1979.

- 4 -

If by the 31 of July 1979 any of the six Regional Unions cannot notify the approval of its directing body, it ceases to be a member of the consortium. The present contract shall be re-examined by the members of the consortium and modified accordingly.

Signed in Zurich on 3 February 1979

FOR ABU:

Roku Ito

Kambiz Mahmoudi

FOR ASBU:

Salah Abdel Kader

FOR EBU:

Regis de Kalbermatten

FOR OIRT:

Jaromir Hrebik

FOR OTI:

Oscar Gutierrez

Amaury Daumas

FOR URTNA:

In accordance with the mandate of URTNA:

Regis de Kalbermatten

3 February 1979

PROTOCOL ANNEXED TO CONSORTIUM CONTRACT BETWEEN
ASBU - ABU - EBU - OIRT - OTI - URTNA
CONCERNING THE WORLD FOOTBALL CUP 1982

1. Arab States Broadcasting Union (ASBU)
2. Asia-Pacific Broadcasting Union (ABU)
3. European Broadcasting Union (EBU)
4. International Radio and Television Organization (OIRT)
5. Organizacion de la Television Iberoamericana (OTI)
6. Union of National Radio and Television Organizations of Africa (URTNA)

have decided for the application of the Article 8(i) of the consortium contract mentioned above the following conditions:

1. The percentages for each Union of the total sum to be paid to FIFA were accepted by the consortium members on the assumption that the increase between 1978 and 1982 of the fee due to FIFA will be at the maximum: 20 percent. If the increase in this fee is more than 20 percent, the percentages mentioned in Article 8(i) will be reconsidered by the consortium members in a plenary session.

2. The percentage of 40 percent was accepted by OTI under the condition that it covers the television rights for the territories listed for OTI and the cinematographic right and videogram right for the world.

If this condition cannot be fulfilled, the 40 percent payable by OTI and the percentages payable by the other Unions will be re-examined in a plenary session of the six members.

Signed in Zurich on 3 February 1979

FOR ABU:

Roku Ito

Kambiz Mahmoudi

FOR ASBU:

Salah Abdel Kader

- 2 -

PROTOCOL ANNEXED TO
CONSORTIUM CONTRACT

3 February 1979

FOR EBU:

Regis de Kalbermatten

FOR OIRT:

Jaromir Hrebik

FOR OTI:

Oscar Gutierrez

Amaury Daumas

FOR URTNA:

In accordance with the
mandate of URTNA:

Regis de Kalbermatten

ANNEX 1
TO CONSORTIUM CONTRACT

## ARAB STATES BROADCASTING UNION (ASBU)

United Arab Emirates

Bahrein

Egypt

Soudan

Somalia

Djibouti

Syria

Iraq

Kuwait

Qatar

Saudi Arabia

Democratic Yemen

Arab Yemen

Oman

Palestine

Mauritania

ANNEX 1 continued

## ASIA-PACIFIC BROADCASTING UNION (ABU)

Afghanistan

Australia

Bangladesh

Brunei

People's Republic of China

Hong Kong

India

Indonesia

Iran

Japan

Republic of Korea

Malaysia

Mauritius

New Zealand

Pakistan

The Philippines

Singapore

Sri Lanka

Thailand

ANNEX 1 continued

EUROPEAN BROADCASTING UNION (EBU)

| Countries where EBU has active and supplementary active members | Overseas territories |
|---|---|
| Algeria | |
| Austria | |
| Belgium | |
| Cyprus | |
| Denmark . . . . . . . . . | Faroes, Greenland |
| Finland | |
| France . . . . . . . . . | French Guiana, French Polynesia, Guadeloupe La Réunion, Martinique, Mayotte, New Caledonia, St. Pierre and Miquelon, Terres Australes Françaises, Wallis and Futuna |
| Germany (Federal Republic) | |
| Greece | |
| Iceland | |
| Ireland | |
| Israel | |
| Italy | |
| Jordan | |
| Lebanon | |
| Libya | |
| Luxembourg | |
| Malta | |
| naco | |
| Morocco | |
| Netherlands . . . . . . . . | Netherlands Antilles |
| Norway . . . . . . . . . | Spitsbergen |
| Portugal . . . . . . . . | The Azores, Madeira |
| Spain . . . . . . . . . | including the Canary Island |
| Sweden | |
| Switzerland | |
| Tunisia | |
| Turkey | |
| United Kingdom | |
| Vatican | |
| Yugoslavia | |

ANNEX 1 continued

## INTERNATIONAL RADIO AND TELEVISION ORGANIZATION (OIRT)

People's Republic of Bulgaria

Republic of Cuba

Socialist Republic of Czechoslovakia

German Democratic Republic

People's Republic of Hungary

People's Democratic Republic of Korea

People's Republic of Mongolia

People's Republic of Poland

Socialist Republic of Rumania

Socialist Republic of Vietnam

A N N E X 1 continued

ORGANIZACION DE LA TELEVISION IBEROAMERICANA (OTI)

Argentina
Bahamas
Barbados
Bermudas
Bolivia
Brasil
Canada
Colombia
Costa Rica
Chile
Dominicana
Ecuador
El Salvador
Estados Unidos
Guatemala
Guyana
Grenada
Haiti
Honduras
Jamaica
Mexico
Nicaragua
Panama
Paraguay
Peru
Puerto Rico
Surinam
Trinidad Tobago
Uruguay
Venezuela
Virgin Islands

ANNEX 1 continued

## UNION OF NATIONAL RADIO AND TELEVISION ORGANIZATIONS OF AFRICA (URTNA)

Angola
Benin
Cameroun
Cap Vert
Tchad
Comores
Congo
Ethiopie
Ghana
Guinee
Guinee Bissau
Cote d'Ivoire
Kenya
Liberia
Mali
Niger
Nigeria
Senegal
Sierra Leone
Tanzanie
Togo
Haute Volta
Zaire
Zambie
Malawi
Gambie
Botswana

and all countries South the Sahara which are not URTNA members

## 1982 FIFA WORLD CUP

### Technical Annex

The FIFA guarantee to provide all facilities detailed below, pursuant to Article 5 of the EBU/FIFA contract, and noting that representatives of all media (i.e. radio, television and the written press) will be treated equally in respect of those common facilities not specified below.

#### Logistics

1. Official accreditation for all necessary and essential personnel and representatives of EBU, OIRT, OTI, ABU, ASBU and URTNA. These will be additional to the accreditations provided for RTVE staff involved in providing the radio and television coverage of the championships. Each accreditation will give free access for all broadcasting personnel to those areas where they have to carry out their work, e.g. all venues, commentary areas, interview studios, press rooms, camera positions, broadcast centre in Madrid, and Press centres. The accreditations will be available for collection in one of the accreditation centres.

2. The issuing of a request to the officials of all participating teams that TV and radio reporters and film and electronic camera teams be granted access to training grounds and hotels to make unilateral interviews and reports.

3. The issuing of a request to RCOE to provide sufficient accommodation in all the cities where the matches will be played to meet the needs of the world's broadcasters. The majority of this accommodation will be single rooms in top quality hotels, and with regard to availability and price, the broadcaster will be treated on the most favourable terms. This accommodation will, wherever possible, be situated close to the place of the broadcasting personnel's work.

4. With the assistance and agreement of RTVE, office accommodation in the Television and Radio Production Centre in Madrid to meet the needs of the world's broadcasters. Each office will be furnished and equipped, and the nature and terms of supplying this equipment shall be organised by RTVE.

- 2 -

5. A regular transport service in all cities between the Press Centres, stadia, main hotels and where applicable, Broadcast Centres, as well as access to any airline shuttle service that will be organised for the media. Assistance in hiring individual vehicles for use by the broadcaster, as well as drivers if required, together with the necessary parking places and permits for these cars.

6. All assistance to ensure the quick and efficient import and export of all equipment, film and tape material, free of any duty.

7. To ask the RCOE to give all possible help to the broadcaster in cooperation with RTVE in the hiring of local staff such as interpreters, secretaries, drivers and messengers, and to provide such staff with the permits necessary to carry out their duties, with the same access as defined in point 1. above.

8. In cooperation with the relevant Spanish authorities, any entry visa or permit that might be required for all broadcasting personnel to enter into Spain, as well as security arrangements to ensure the personal safety of the personnel.

9. The provision of a complete and rapid information service at the Broadcast Centre, in cooperation with RTVE, at commentary positions on match days, and Press Centres.

10. Medical, banking, postal and catering services in the Broadcast Centre in Madrid in cooperation with RTVE, as well as a catering service at all venues available to all media representatives (not free of charge).

11. Assistance for broadcasters to purchase tickets for all matches, according to known requirements for the first round and estimates for the other matches, which will be communicated to FIFA by 15.2.1982.

12. Provisions of VIP passes for broadcasting organisations, the number to be advised and agreed by the FIFA Organising Committee in due time.

Telecommunications

13. Sufficient national and international video and sound circuits including the circuits to the earth station at Buitrago, for the transmission of all matches, as well as unilaterals from RTVE's production centres and venues, subject to the cooperation of RTVE, which should also be responsible for the coordination

of all audio transmission circuits requested by the world's broadcasters for commentary and coordination purposes.

14. The installation of all telegraphic transmission circuits necessary to meet the broadcasters' needs for telex, teleprinters etc., as well as all telephones in offices and hotels if possible, etc., ordered by the broadcasters. RTVE will be responsible for the coordination of the broadcasters' demands in this respect.

15. Permission to use walkie-talkies, radio telephones and other such equipment using radio frequencies, subject to RTVE obtaining the necessary licenses. RTVE will be responsible for coordinating the broadcasters' demands in this respect.

<u>Technical Facilities</u>

16. The following facilities at each stadium.

a) Television camera positions to be established at all venues in agreement with RTVE and the EBU's representatives acting on behalf of the Consortium. These camera positions will consist of:-

i. main cameras in the central stand or on the terraces situated at the halfway line at the point of intersection between the line to the nearest touchline forming an angle of $40^\circ$ to $45^\circ$ with the horizontal, and that to the centre of the field forming an angle of $17^\circ$ to $20^\circ$ to the horizontal. If it is not possible to install the cameras at this exact position, then they will be placed at the nearest point within the sector formed by these two lines. These cameras must face away from the sun, and the commentators' positions will be situated on the same side of the ground. The overall dimensions of the space allocated for the main cameras should be approximately 3 x 9 metres, with easy access and security rails.

ii. goal cameras, one behind each goal, situated on the longitudinal axis of the pitch, at a height which permits the penalty spot to be seen above the crossbar of the goal. The angle of the line of sight to the horizontal should be between $12^\circ$ and $15^\circ$, and a space of 3 x 3 metres is required for each camera.

iii. atmosphere cameras, of which there would be no more than three, of a portable type allowing movement along the touchlines and in the area behind the goals. The procedure for the use of such cameras at each stadium to be agreed between FIFA and RTVE.

b) Camera positions, for the exclusive use of television organisations, for the installation of film and/or electronic cameras for unilateral coverage related to the matches. For the first round, an additional space of 3 x 9 metres should be provided alongside the main TV camera positions, an additional space of 3 x 4 metres alongside each goal camera, and two positions at ground level adjacent to each goal line. For the second final round, an additional space of 3 x 12 metres should be provided alongside the main TV camera positions and an additional space of 3 x 6 metres alongside each goal camera position, and three positions at ground level adjacent to each goal line. The positions thus provided will have priority, and any facilities that might be provided for others will not interfere with the work of the broadcasters.

c) A minimum lighting level of 1400 lux read on all parts of the pitch, including the corner areas. In addition, the installation of emergency lighting in case of power failures, which will ensure two-thirds of the above-mentioned lighting level on the playing area. It is suggested that reference be made to RTVE's specification on lighting, which has been distributed to those responsible for the stadia which will be used during the World Cup.

d) Commentary positions including three adjoining seats and a desk large enough to accommodate equipment, telephone and working papers. A pencil light should be provided for evening matches. Each position should be separated from other positions by a plastic screen or gangway. The necessary transmission equipment will be under the responsibility of RTVE. The number of positions required by radio and television organisations is:

| | | |
|---|---|---|
| i) | First final round | 100 |
| ii) | Second final round and semi-finals | 125 |
| iii) | Opening match and final | 150 |

After the draw, the Consortium will inform FIFA whether any possible reduction of the above-mentioned figures can be envisaged.

The commentators' area will be situated on the same side as the main cameras in line with the centre of the field, with easy access to the press rooms, radio and TV studios, and separated completely from the rest of the public. The distribution of all tickets for commentators should be undertaken by RTVE on behalf of the world's broadcasters.

e) At each stadium, one television studio and one radio studio for use by the world's broadcasters to make unilateral transmissions before and after the matches.

The television studio shall contain three adjacent rooms:

- engineering control (approx. 30 sq. metres)
- production control (approx. 30 sq. metres)
- interview studio (approx. 50 sq. metres)

The radio studio will contain:

- control and production room (approx. 20 sq. metres)
- interview studio (approx. 20 sq. metres)

Both studios must be situated so that there is easy access to the press rooms, commentary positions and players' dressing rooms.

f) The agreement to place fixed microphones along the touchlines, excluding the trainers' and substitutes' benches, and in the stands to ensure that the atmosphere in the stadium is relayed to the viewing and listening public.

g) Free access to the press rooms at each stadium for radio and television journalists, in which they can receive the latest information of the tournament and prepare their transmissions of matches.

h) All necessary parking spaces at each stadium for radio and television commentators' vehicles, as close to the stadium as possible, and additional to RTVE's technical vehicles. The availability of parking spaces at each stadium will be discussed by RTVE with RCOE and FIFA.

i) A cafeteria/bar with rest area, and the availability of light refreshments in the media area during half time.

17. The necessary space for interview studios, one for television and at least one for radio, at the Madrid Press Centre with related circuits to ensure the transmission of interviews or press conferences to the International Broadcast Centre, by both television and radio organisations.

18. Film processing and editing facilities at the Madrid Broadcasting Centre in cooperation with RTVE.

General

19. Within one month of the draw, details of the proposed colours of the shirts and shorts to be worn by all teams that qualify, together with their reserve strips, so that colour tests can be made by the EBU, who will advise of the acceptability of colours for monochrome and colour television transmissions. In addition, not less than 24 hours before matches, FIFA, in consultation with representatives of RTVE, will direct teams what colours to wear in order to ensure that the needs of television are satisfied.

20. For post match interviews using the studios in the stadia, managers, trainers and members of both teams will be invited to be available to radio and television organisations immediately after the match, according to a procedure to be agreed between FIFA and RTVE.
In order to assist FIFA in this matter, it is proposed that television monitors be installed in the press room and press interview room, so that the written press can watch these interviews.

21. Sufficient time between the kick-off times of matches in order to ensure the satisfactory completion of pre and post-match unilaterals and sufficient time for the switching of circuits. Reference is made to Article 6 of the EBU contract, and in order to make this article more precise, it should be noted that the kick-off time of the first match or matches and the kick-off time of the second match or matches should be separated by at least three and a half hours.

The kick-off times for matches have been established as follows:

(N.B. Local times, GMT + 2)

| | | | |
|---|---|---|---|
| Opening match, final, 3rd/4th place match | | | 2000 |
| first and second rounds | | | |
| 1st match or matches | | 1715 | |
| 2nd match or matches | | 2100 | |
| Semi-finals | Barcelona | 1715 | |
| | Seville | 2100 | |

For EBU: ______________________ Date: 23/5/1981
Mr Jean Autin

______________________ Date: 23/5/1981
Mr Paul Vandenbussche

For FIFA: ______________________ Date: 10/6/1981

COUPE DU MONDE DE FOOTBALL 1982

REUNION DU GROUPE CONSULTATIF DU CONSORTIUM, Madrid - 15/1/1982

| Participants : | ABU | M. Clarence Chang<br>M. L.S. Ng<br>M. Sonny Mennon |
|---|---|---|
| | ASBU | M. Walid Yahya |
| | EBU | M. Richard Bunn<br>Mme Arlette Dumont |
| | OIRT | Mme Balasova<br>M. F. Benkö<br>M. Jenku |
| | OTI | M. Amaury Daumas<br>M. Jose de Almeida Castro |
| | URTNA | M. Abdelkader Marzouki |
| | Groupe opérationnel RTVE | M. Manuel Romero |

Le Groupe consultatif du Consortium s'est réuni le 15 janvier 1982 à Madrid avec le Groupe opérationnel de la RTVE pour étudier les règles de priorité qui devraient être appliquées à chaque Union pour la répartition des facilités associées aux matches du 1er tour de la Coupe du monde.

On a rappelé que ce Groupe consultatif avait été crée pour :

a) assister le Groupe opérationnel de la RTVE avant et pendant la Coupe du monde de football

b) présenter un front uni vis à vis de la FIFA.

Se réferant à l'annexe technique du contrat signé entre les différentes Unions représentées dans le Consortium et la FIFA, la réunion relève que les points 1 et 2 (Accréditations et hébergement) font déjà l'objet d'un différend avec la FIFA.

Le Consortium avait fait savoir à la FIFA que deux catégories d'accréditation étaient suffisantes pour la presse electronique, étant entendu que les équipes films porteraient une identification particulière.

Le Directeur général de la RTVE a écrit dans ce sens a M. Saporta en octobre dernier et l'UER l'a reconfirmé par écrit a M. Courte récemment.

3. Hébergement -

L'offre faite à ce jour aux radiodiffuseurs par Mundiespaña n'est pas du tout satisfaisante. Les conditions offertes, à savoir :

- minimum de 11 jours
- chambre double
- demi-pension

ne sont pas compatibles avec les conditions de travail des journalistes.

L'OTI qui a conclu des contrats individuels, sans l'assistance de Mundiespaña, appuiera toutes les réclamations que le Consortium présentera.

Le Groupe opérationnel de la RTVE a adressé une lettre a M. Benito, Secrétaire général du CROE lui faisant part de son inquiétude. L'UER a également informé M. Courte de l'existence de ce problème.

4. Centre de production de la RTVE -

Ce point ne soulève aucun problème. Les travaux de construction du Centre suivent un cours normal.

5. Transport -

Service d'autobus : à ce jour aucun détail n'a été communiqué à la RTVE

Location de voitures : pas de problèmes encore connus

Parking : aucune information n'a été donnée en ce qui concerne le nombre de places allouées et l'endroit. Il ne faut pas perdre de vue que dans certains lieux, l'emplacement sera très restreint (Madrid).

Service aérien : Il semble à ce jour qu'aucune navette aérienne ne sera organisée entre les villes sièges. Un quota de 50% sur les vols réguliers sera réservé à la presse écrite et à la presse électronique.

L'enquête faite par le Groupe opérationnel de la RTVE auprès de compagnies privées se révèle assez décourageante.

6. Importation et exportation d'équipement -

   Rien à signaler

7. Personnel local -

   A ce jour, très peu de personnel local a été demandé par les Unions.

   Les accréditations qui leur seront délivrées ne donneront accès qu'au Centre de production de la RTVE.

8. Visa -

   Pas encore de problèmes

9. Service d'information -

   Rien a signaler

10. a) Assistance medicale -

    Elle sera fournie par le Groupe opérationnel de la RTVE au Centre de production RTVE.

    Elle sera assurée par le CROE sur les stades.

    b) Banques, etc. -

    Ces services seront fournis au Centre de production de la RTVE.

    Des détails seront communiqués dans le prochain bulletin d'informations que distribuera le Groupe opérationnel de la RTVE.

12. Accréditations VIP -

    La liste de ces accréditations devrait être établie lors de la Réunion des Secrétaires généraux à Tunis en          prochain.
    Il sera demandé à la FIFA de définir les services offerts aux VIP ainsi que la date à laquelle cette liste doit lui être communiquée.

    Télécommunications -

13. Circuits nationaux et internationaux : rien à signaler

14. Circuits télégraphiques : rien à signaler

15. Walkie-talkie : Les organismes qui ont fait une demande ont été avisés directement par le Groupe opérationnel de la RTVE des conditions d'utilisation. De plus amples informations seront données dans le prochaine bulletin du Groupe opérationnel de la RTVE.

16. Moyens techniques -

Après la visite des stades effectuée en juillet dernier, le Consortium est arrivé à un compromis satisfaisant avec la FIFA.

a) positions de caméras :

| | Ier tour | 2eme tour |
|---|---|---|
| à côte positions principales TV | | |
| caméra but | | |
| terrain contigu ligne de but | | |

L'allocation des positions de caméras sera faite par le Consortium, lors de sa prochaine réunion le 22 janvier, selon les mêmes règles de priorité applicables aux positions de commentateurs.

Chaque emplacement de caméra étant traité séparement.

Il a été rappelé que les cameramen des sociétés de films officielles n'auraient pas accès à ces positions.

Chaque Union devra mettre en garde ses équipes film que le moindre incident qui perturberait la transmission multilatérale les excluerait du terrain jusqu'à la fin du Championnat.

d) Positions de commentateur et unilatérales associées

Positions de commentateurs :

Le Consortium a reparti le minimum garanti suivant :

ABU : 3
ASBU : 5
OIRT : 11
URTNA : 3
OTI : 38
EBU : 40 (Espagne compris)

Les règles de priorité ont été définies comme suit :

a) radios et télévisions espagnoles
b) radios et TV du pays participant au match
c) radios et TV du pays du même groupe
d) radios et TV des pays participant au Championnat
e) autres.

Ces règles seront également applicables aux demandes de positions de caméra et aux unilatérales réalisées depuis les studios sur les stades avant et après les matches.

En cas de conflit entre deux demandeurs pour les mêmes tranches horaires d'unilatérales associées au match, le Consortium a décidé que la priorité se jouerait à pile ou face.

Le Groupe Opérationnel de la RTVE se réserve toutefois le droit d'intervenir en cas d'impossibilité technique.

Les unilatérales TV associées au match qui seront demandées après la date-limite seront allouées sur la base de 1er venu 1er servi.

Cette priorité prévaudra également pour les demandes de studios radio.

Une position permanente de commentateur sera attribuée aux organismes qui commanderont une position pour les 3 matches se déroulant dans le même stade.

La répartition des positions de commentateurs sera effectuée par le Consortium lors d'une réunion dont la date reste a décider (Madrid, Tunis, Zurich).

Organismes non membres du Consortium

Les accréditations et les postes de commentateurs qui seront demandées par les organismes non membres du Consortium ne leur seront donnés que lorsque les besoins du Consortium auront été satisfaits.

Billets

Les demandes de billets payants sont à commander après le tirage au sort au Booking du Groupe opérationnel de la RTVE.

Satellite : pour mémoire

Brochure d'information sur les joueurs

Les informations distribuées par les Fédérations ne sont pas toujours d'une grande utilité pour les radiodiffuseurs.

Le Consortium demande donc à chaque Union de bien vouloir obtenir de ses membres des informations détaillées qui puissent être utilisées par les journalistes de la radio et TV.

La mise en forme et l'impression de cette documentation serait réalisée par le Groupe opérationnel de la RTVE. En cas d'impossibilité, il pourrait demander l'assistance du Comité d'organisation.

FÉDÉRATION INTERNATIONALE
DE FOOTBALL ASSOCIATION

**A G R E E M E N T**

**FIFA-OTI**

**(World Cups 1990, 1994, 1998)**

**Between**

**the Fédération Internationale de Football Association, 11 Hitzigweg, P.O. Box 85, CH-8030 Zurich (hereinafter "FIFA"), represented by Dr. J. Havelange, President, and Mr. J.S. Blatter, Secretary General,**

**of the one part,**

**and**

**the Organización de la Televesión Iberomaericana, Varsovia No 44-4to. Piso, México 6 DF (hereinafter "OTI"), represented by Mr. Guillermo Cañedo, President, Mr. Oscar Gutiérrez, President Legal Committee, and Mr. Amaury Daumas, Secretary General,**

**of the other part.**

O T I

- 2 -

WHEREAS

(I) there exists a Consortium (the "Consortium") consisting of, and based on a contract between, the broadcasting unions (the "Unions") ABU, ASBU, EBU, OIRT, OTI and URTNA ;

(II) the Unions in turn consist of several broadcasting organizations (the "Broadcasting Organization[s]");

(III) FIFA is an association with the object to promote the game of association football and is the organizer of an association football worldcup. The next Cups are to take place in the years 1990, 1994 and 1998, with place of venue 1990 in Italy;

(IV) the Unions are desirous to get extensive broadcasting rights for the next 3 Cups even though the places of venue for the 1994 and 1998 Cups have not been decided yet. For that purpose the Unions are desirous to each enter into a contract with FIFA;

(V) FIFA is willing to grant extensive broadcasting rights for the 1990, 1994 and 1998 Cups to the Unions under separate but analogous parallel contracts with each of the Unions, on the understanding that such separate contracts and the functioning of the set of contracts with the Consortium as a whole shall be properly warranted and supported by agreements among the Unions and within each Union with the respective Broadcasting Organizations.

O T I
- 3 -

**NOW IT IS AGREED AND DECLARED AS FOLLOWS BETWEEN FIFA AND OTI:**

1. Main rights of OTI

1. FIFA hereby grants OTI the exclusive, transferable right to transmit the official opening and closing ceremonies and all the matches of the Final Tournament of the FIFA World Cup ("the Cup") of the years 1990 (Italy), 1994 and 1998 (venues still to be allocated) on any type of television system, wholly or in part, an unlimited number of times by any technical means (including transmissions by direct broadcast satellite, by satellite-to-cable, by wire, cable or wireless, on closed circuit, free or encoded, in black and white or in colour, live or by means of any type of recordings made or obtained), for private and public viewing, in or towards all the countries listed in Exhibit 1 hereto (the "OTI-Countries").

OTI shall also have the right to make recordings (including videograms), or cause them to be made, but only for the purposes of the television transmissions referred to above.

2. OTI intends to make use of the rights acquired hereunder to the largest extent possible, including sublicensing of rights, on reasonable conditions, to broadcasting entities in the OTI-Countries which are not Broadcasting Organizations of OTI.

O T I
- 4 -

3. All rights not expressly granted to OTI hereunder remain reserved to FIFA. As a matter of record it is noted, though, that the exclusive videogram production and exploitation rights, with the exception only of the English language rights for the USA and the English and French language rights for Canada, are with regard to the 1994 and 1998 Cup with the Consortium (internally OTI). With regard to the 1990 Cup a separate agreement with OTI has been reached.

4. FIFA guarantees that all contracts with other parties for the reproduction of the Cup or any part of it in a cinematographic film or other visual or audiovisual recording shall not allow that the film or other recording thus made will be released for television transmission as defined above in or towards the countries listed in Exhibit 1 before the expiry of 90 days from the date of the closing ceremony of the Cup. OTI Broadcasting Organizations, however, may be exempted from this restriction by prior written agreement between FIFA's contracting partner, to whom the rights of exploitation of cinematographic films, videograms or newsreels have been granted, and OTI.

5. OTI shall further have the exclusive, transferable right to make sound broadcast transmissions of the Cup in or towards all the OTI-Countries, without any additional payment being claimable by FIFA in this respect.

6. Nothing in this Agreement shall oblige OTI or any television organization benefitting from this Agreement to make use of the rights acquired hereunder, though widest possible coverage of the Cup is intended. However, except as provided for in Article 9.7, non-transmission does not relieve OTI of the obligation to make the payments agreed in accordance with

O T I
- 5 -

this Agreement and particularly its Article 11.

2. Priorities

1. The Unions shall enjoy priority regarding access to and use of all facilities, equipment and services over any entity covering the Cup for the official film or for other purposes. The Unions shall, however, respect the rights of other FIFA partners.

2. FIFA will recommend its member associations to consider favourably granting TV rights in the qualifying matches for the three Cups in question to the Broadcasting Organizations concerned or at least however to grant them a right of first refusal in this regard.

3. Host Broadcasting Organization

1. If the Cup takes place in an OTI-Country, OTI, through the intermediary of the host broadcasting organization or similar entity (the "Host Broadcasting Organization"), shall be entitled and obliged to cover the Cup and shall be solely responsible for its coverage. To ensure optimum use and enjoyment of the rights acquired under this Agreement, the Host Broadcasting Organization shall in particular be entitled to install and operate all facilities and equipment required for comprehensive multilateral radio and television coverage conforming to the latest professional

O T I
- 6 -

---

standards. The Host Broadcasting Organization shall coordinate requests by broadcasting organizations for unilateral coverage.

Problems resulting from the Host Broadcasting Organization's breach of its obligation to cover the Cup shall be solved internally among the Unions. FIFA shall have no direct claim against the Host Broadcasting Organization in this regard, but also no obligations or responsibility, either.

For the purpose of this Agreement the Union to which the Host Broadcasting Organization belongs, is called the "Host Union".

2. Access to the basic feed (international audio and colour video signals) of the entire Cup produced by the Host Broadcasting Organization shall - if the Cup takes place in an OTI-Country - be the responsibility of OTI and shall involve no financial obligation on FIFA's part.

If the Cup takes place in a country not listed in any of the parallel contracts between FIFA and the Unions, OTI's obligations with regard to that particular Cup shall be subject to OTI's free access to the basic feed (international audio and colour video signals) produced by the Host Broadcasting Organization to be made available and delivered to OTI, free of any charge, at the OTI broadcast center in the country where the Cup is played.

3. Should the Cup take place in the United States or Canada the choice of the Host Broadcasting Organization shall be subject to the Consortium's prior timely consent, such consent not to be unreasonably withheld.

O T I
- 7 -

4. The video and sound signal produced by the Host Broadcasting Organization shall be its own exclusive property and, except for the Unions, no use of the signal or of parts thereof by FIFA or by any third party shall be permitted unless prior written consent has been obtained from the Host Broadcasting Organization. With regard to any broadcasting organization which has acquired broadcasting rights directly from FIFA the Host Union shall cause the Host Broadcasting Organization to authorize the use of its signal on reasonable conditions.

4. Free videocassettes

The Host Union undertakes to make available to FIFA free of charge and within 90 days after the close of the Cup a videocassette of each match of the Cup and, by the end of November of the year of the Cup, a 90-minute edited summary in video cassette form of the match recordings. FIFA is entitled to use this material for its internal and non-commercial purposes only.

5. Accreditations

FIFA guarantees that all necessary and essential personnel required by OTI will obtain the necessary accreditations and have access to all appropriate locations related to the Cup, that OTI may set up and operate therein all the necessary technical equipment and that, where applicable, for this purpose temporary import and export licences for all necessary equipment and any requisite temporary work permits

O T I
- 8 -

and entry and exit visas will be issued by the Government of the country designated to organize the Cup.

6. News Access

News access for TV transmissions to OTI-Countries shall be the sole responsibility of OTI together with the Union in whose region the Cup is played and shall be exclusively handled by them. FIFA shall in particular not grant any accreditation for radio or television coverage (including news reporting) with regard to an OTI-Country to any person or organization which is not legitimated by OTI. Similarly, FIFA shall not grant press or other accreditations to applicants who may reasonably be expected by FIFA to use them for the purpose of gathering picture or sound information intended for broadcasting to OTI-Countries.

7. Format and structure of Cup

1. FIFA guarantees that the format and structure of the Cup will remain essentially the same as in 1986 (Mexico), and that no change shall be made without prior consultation with OTI. This means in particular that not more than two matches of the Cup will be played simultaneously, and that, unless agreed otherwise between the parties, an interval of at least three hours and a half will elapse between the kick-off of the first match or matches and the kick-off of the following match or matches on any given day. FIFA guarantees that, cases of force majeur excepted, the scheduled kick-off times will be complied with. The match dates and scheduled kick-off times shall be communicated to OTI not later than 18 months

O T I
- 9 -

before the Cup. Regarding the final schedule of kick-off times, consultations shall be held with OTI. FIFA guarantees that it will make all necessary arrangements for publication, not later than six months before the opening match of the Cup, of a detailed schedule with all information relating to timing and stadia.

2. The essentials regarding technical facilities, equipment and services, and the infrastructure required for professional coverage and transmission of the Cup are laid down in the "Technical Annex" (Exhibit 2) which forms an integral part of this Agreement. In addition, not later than two years before the beginning of each Cup FIFA and the Consortium shall agree on a supplement to the Technical Annex which adapts it to the specific situation in the country where the Cup is played, based on experience gained at the previous Cup and on developments which may have occurred since the last Cup.

In case of any contradiction between the Agreement and the Technical Annex the Agreement shall prevail.

8. Interferences and third party claims

FIFA guarantees that it will make all necessary arrangements to ensure that the transmissions covered by this Agreement shall suffer no interference at the venues where the matches are played from spectators, clubs, stadium owners or participants or in the countries relaying the transmissions from national football associations, clubs, players or officials.

O T I
- 10 -

FIFA will hold OTI and the OTI broadcasting organizations harmless against all claims which may be raised against them by FIFA national associations, clubs, players or officials on the basis of the transmissions provided for and made in accordance with this Agreement, except for claims caused by OTI's own negligence. This shall include any reasonable expenses incurred in the defence against such claims.

FIFA shall have the right to join OTI and the OTI Broadcasting Organizations in the defence of any lawsuit which might be initiated against such party or parties for claims in connection with the transmissions and appear therein at its option by attorneys of its own choosing but at its own expense.

9. Advertising

1. FIFA guarantees that advertising in the stadia shall fully comply with the following principles:

(a) Advertisements must not affect the quality of coverage or interfere with a complete and aesthetically satisfying view of the Cup for the television audience.

(b) Advertisements must not be positioned between the camera and the action. They may only be positioned in a single row and in a continuous line, so as to appear only on one level in the television picture, their height not exceeding 90 cm from ground level.

(c) The colours used for advertising must not adversely affect the television picture, and the use of fluo

O T I
- 11 -

rescent colours is banned. Luminous and rotating advertisements are likewise banned.

(d) Advertising on mobile supports such as banners, pennants, etc. is prohibited.

(e) Players, officials and any personnel authorized to be inside the arena shall not carry visible advertising on their persons or on their equipment or other objects from 15 minutes before kick-off/opening ceremony until 5 minutes after the end of the match/prize-giving ceremony.

(f) No advertising may be made in sound from 15 minutes before kick-off/opening ceremony until 5 minutes after the end of the match/prize-giving ceremony.

(g) Advertising must comply with the laws and rules of the organizing country. It may only consist of a maximum of 3 of the following 4 items:(i) a company name, (ii) a trademark, (iii) a single noun, describing a product or service, (iv) a simple visual image depicting a product or service. Anything else, especially advertising slogans, shall not be permitted.

(h) Advertisements for the same brand may at any match not exceed 20 % of the total advertising space. Advertisements for tobacco products and alcoholic beverages shall, if at all permitted by law, together not exceed 20 % of the total advertising space in any given stadium.

(i) Where the timekeeping firm is identified, such identification may appear only on scoreboards and shall not exceed 30 cm in height or occupy more than one

O T I

- 12 -

tenth of the area of the scoreboard.

2. To check compliance with the above, FIFA shall provide OTI with a draft plan of the layout in each stadium including the placing of advertising, not later than one year before the Cup.

3. FIFA undertakes to provide OTI not later than 30 days before the beginning of the Cup, and separately for each stadium, with a list of all the possible advertisements which could be visible in the normal range of the cameras while the matches are being played.

4. The final list of advertisements for the first phase, including their exact location, size and wording, shall be furnished to OTI not later than 10 days before the beginning of the first phase.

5. For the eighth-finals, quarter-finals, semi-finals and finals, the corresponding final list shall be communicated to OTI as soon as the participating teams are known, but in no case later than 24 hours before the beginning of the matches in question. The number of advertisements which may be exchanged in each stadium shall not exceed 25 % of the total number of advertisements contained in the final list for the first phase (mentioned above in Article 9.4.).

6. FIFA guarantees that the advertising notified in the final lists mentioned above shall undergo no change or addition from any source or of any kind whatsoever during the entire time for which the respective lists apply.

O T I

- 13 -

---

7. In the event of a breach of any of the undertakings or guarantees of this Article 9, FIFA shall immediately and at its own expense restore the stadium to its former state corresponding to the notified list of advertisements, otherwise OTI shall be entitled to forego the broadcast or broadcasts and to reduce payment of the total sum by the amount corresponding to the match or matches in question, or, if it carries out the broadcast or broadcasts, to reduce by way of penalty the payment corresponding to the match or matches in question by one half. For the purposes of this Article, an identical fraction of the total sum referred to under Article 11 below shall be assigned to each individual match of the Cup concerned.

8. Should new advertising methods be developed or should it be possible to expand or intensify present practises, then both FIFA and OTI and the other Unions will be prepared to jointly review existing advertising principles and to share in any positive outcome.

10. Special Provisions concerning 1994 and 1998 Cups

---

1. FIFA grants the Consortium an option for exclusive negotiation during one year (beginning on a date to be decided by FIFA) and, if the negotiations are unsuccessful, the right of first refusal for acquisition of the English and French language TV and radio transmission rights for Canada and the English language rights for the United States for the years 1994 and 1998.

O T I
- 14 -

2. Before allocating the 1994 and 1998 Cups, FIFA shall consult the Consortium sufficiently in advance on the technical infrastructure required for TV and radio coverage of the Cup in the country or countries envisaged.

11. Payments

1. In consideration of the rights transferred and the commitments entered into by FIFA under this Agreement, OTI undertakes to pay to FIFA the total, all-inclusive sums of Swiss Francs:

28,475,000 Swiss francs for the 1990 World Cup,
32,525,000 Swiss francs for the 1994 World Cup,
40,200,000 Swiss francs for the 1998 World Cup.

2. Payments will be made in the following instalments:

1990 Cup

6.75 million Swiss francs not later than 30 April 1988
6.75 million Swiss francs not later than 31 October 1988
6.75 million Swiss francs not later than 30 June 1989
4.05 million Swiss francs not later than 20 January 1990
2.7 million Swiss francs not later than 45 days after the day of the end of the final match of the Cup
1.475 million Swiss francs on 1 April 1991

1994 Cup

8,131,250 Swiss francs not later than 30 April 1992
8,131,250 Swiss francs not later than 31 October 1992
8,131,250 Swiss francs not later than 30 June 1993

O T I
- 15 -

4,878,750 Swiss francs not later than 20 January 1994
3,252,500 Swiss francs not later than 45 days after the day of the end of the final match of the Cup

1998 Cup

10.05 million Swiss francs not later than 30 April 1996
10.05 million Swiss francs not later than 31 October 1996
10.05 million Swiss francs not later than 30 June 1997
6.03 million Swiss francs not later than 20 January 1998
4.02 million Swiss francs not later than 45 days after the day of the end of the final match of the Cup.

3. Considering that payments will be made a long time in advance of the Cups and before OTI enjoys the contractual equivalent of its payments, and especially in view of possible obligations under Articles 9 and 12 of the present Agreement, FIFA undertakes to supply sufficient security in the form of an insurance presented before 15 July 1987 against the risk of reimbursing OTI the first four instalments for the 1990 Cup. The same procedure shall thereafter apply with regard to the 1994 and 1998 Cups (the first three instalments respectively). Such insurances, taken out in favour of OTI, shall also cover any other risk of OTI not receiving the contractual equivalent for its payments, including such eventualities as a possible dissolution of FIFA or any instances of force majeure. Payments by OTI shall be made only upon, and to the extent of, satisfactory fulfilment of this condition.

4. Not later than 1 October 1987 FIFA shall receive from OTI an irrevocable bank guarantee from a bank acceptable to FIFA, or a guarantee deemed equivalent by FIFA, in respect of payment on first demand for the 1990 Cup of the sums for their due dates (Article 11.2. above). The same procedure

O T I
- 16 -

shall thereafter apply with regard to the 1994 and 1998 Cup.

5. **FIFA declares that upon payment of the total amount due for a particular Cup, all its contractual claims vis-à-vis OTI will have been satisfied with regard to that Cup. FIFA declares further that except where expressly stipulated otherwise in this Agreement no other party is entitled to claim from OTI any additional payment for the rights transferred and the facilities, equipment and services granted under this Agreement, and FIFA holds OTI fully harmless against any such claims. Remain expressly reserved potential claims for damages.**

6. It is expressly understood that OTI shall in no way guarantee payments by other broadcasting unions due under parallel agreements with FIFA.

12. Refund

1. In the event that for any reason whatsoever including force majeure, a Cup is cancelled, postponed or transferred to a country other than that initially and officially designated by FIFA, or in the event of any substantial alteration of the character, structure or organization of the Cup as compared with the character, structure and organization of the 1986 Cup in Mexico, including in particular a reduction in the number of matches, or in the event of any alteration whatsoever in the dates and timing, stadia and schedule of the matches without OTI's consent, or in the event of a boycott of the Cup by at least one national team which has previously won the Cup, or in the event OTI fails to obtain

O T I
- 17 -

those broadcasting and transmission facilities and services for which, according to the Technical Annex (including the relevant supplement, if any), FIFA or the Local Organizing Committee are responsible, or in the event that a substantial clause of this Agreement is infringed by FIFA and not remedied without undue delay after the corresponding written notice from OTI, OTI shall be entitled to make an appropriate and mutually agreed reduction (up to 100%) in the amounts specified in Article 11 above, taking into account all the relevant facts and circumstances.

In the event of an infringement of a substantial clause of this Agreement by FIFA, the foregoing shall be without prejudice to OTI's claims for damages suffered during the time the infringing act or omission lasts.

2. Refunds to OTI shall be made within eight weeks after the amount of the refund has been definitively determined and shall be effected in Swiss francs, together with interest at the bank rate usual in Switzerland from the date of the event giving rise to the claim for refund.

3. Further, if the Cup has been transferred to a country other than that initially and officially designated by FIFA, FIFA undertakes to refund to OTI, to the extent that sufficient supporting documents are presented to it, the amounts, determined by mutual consent between the parties to this Agreement, which OTI has spent in preparing transmissions from the country initially and officially designated to organize the particular Cup.

O T I
- 18 -

13. Modifications

1. If any one or more of the provisions of this Agreement is contrary to, prohibited by or deemed invalid under applicable law or regulation, such provision shall be inapplicable and deemed omitted to the extent so contrary prohibited or invalid, but the remainder hereof shall not be invalidated thereby and shall be given full force and effect so far as possible. Where appropriate, the agreed remuneration shall be adjusted.

2. FIFA and OTI realize that over the period covered by this Agreement there may be various developments related to football, television, economic affairs etc. which are unforeseeable and which, had they been known at the date hereof, might have resulted in the one or the other party hereto either not signing this Agreement at all or not signing it on the same terms and conditions. Both parties recognize that such risks are inherent in a long-term agreement of the present type and that either party might be affected thereby. FIFA and OTI accept this as an intended constituent element hereof, and both parties hereby waive in advance any legal remedy which may entitle them to contest the (continuing) validity of all or part hereof, to claim that the basis of this Agreement has lapsed, or to invalidate this Agreement wholly or in part in view of any such presently unforeseeable developments.

3. Any changes or additions to this Agreement shall not be valid unless made in writing and signed by the parties.

O T I
- 19 -

## 14. Other contracts with Unions

OTI is aware of and expressly acknowledges the parallel and analogous contracts that FIFA has reached with the other Unions. The coordination and communication within the Consortium necessary for the proper fulfillment of the obligations of the Unions under these contracts is the full and sole responsibility of the Unions. FIFA shall not be held responsible by OTI if another Union is for any reason not fulfilling its obligations to FIFA.

## 15. Assignment

This Agreement may not be assigned to a third party by one of the parties without prior written consent of the other party hereto.

## 16. Applicable law and arbitration

1. This Agreement is governed by Swiss law.

2. Any disputes arising therefrom (including disputes on matters of refunds, if any), if not resolved amicably, are to be submitted to a tribunal of five arbitrators of the Zurich Chamber of Commerce with seat in Zurich, two arbitrators

O T I
- 20 -

to be appointed by each of the parties, for final decision pursuant to the provisions of its Conciliation and Arbitration Rules.

17. Notifications

Any notifications under this Agreement shall be given in writing or by telex or by cable followed by a confirmation in writing to the headquarters of FIFA or of OTI, as the case may be.

18. Miscellaneous

1. This Agreement is drawn up in English and French. In case of any discrepancy between these two texts the English text prevails.

2. Each party shall sign two copies of each of the English and French texts of the Agreement.

O T I
- 21 -

---

Done at Zurich on March 9, 1987.

FIFA: __________________________________
J. Havelange, President

__________________________________
J.S. Blatter, Secretary General

OTI: __________________________________
Guillermo Cañedo, President

__________________________________
Oscar Gutiérrez, President Legal Committee

__________________________________
Amaury Daumas, Secretary General

Exhibits: (1) List of OTI-Countries
(2) Technical Annex

Exhibit 1

OTI - countries

| | | |
|---|---|---|
| Argentina | Dominicana | México |
| Bahamas | Ecuador | Nicaragua |
| Barbados | El Salvador | Panama |
| Bermudas | United States* | Paraguay |
| Bolivia | Guatemala | Perú |
| Brasil | Guayana | Puerto Rico |
| Canada** | Granada | Surinam |
| Colombia | Haiti | Trinidad Tobago |
| Costa Rica | Honduras | Uruguay |
| Chile | Jamaica | Venezuela |
| | | Virgin Islands |

* United States: only for broadcasts in languages other than English

** Canada: only for broadcasts in languages other than English and French

OTI ORGANIZACION DE LA TELEVISION IBEROAMERICANA

---

**WORLD FOOTBALL CUP - SPAIN 1982**

**CONTRACT OTI-FIFA**

---

VARSOVIA 44-4º PISO - MEXICO 6, D. F. TELEFONOS 533-1286 528-6469 TELEX 1771140 CABLE: OTIMEX

# AGREEMENT

made this 1st day of July 1980 in Zürich between the International Federation of Association Football (hereinafter called "FIFA" represented by Dr. J. Havelange, President, and Dr. H. Kaser, Secretary General.

of the one part,

and
Organización de la Televisión Iberoamericana, (hereinafter called "OTI", Varsovia No. 44 - 4° Piso, México 6, D. F., México, represented by Guillermo Cañedo y Dr. Pedro Gutiérrez

of the other part,

Considering the Consortium contract signed at Brussels on June 30th, 1979, between the ABU, ASBU, EBU, OIRT, OTI, AND URTNA for the negotiations and purchase of television rights for the 1982 and 1986 FIFA World Cups.

Considering that the above-mentioned regional broadcasting unions intend to do all in their power to coordinate their efforts with a view to facilitating exploitation of the rights acquired from FIFA.

Considering that the above-mentioned six regional unions have simultaneously signed like contracts with FIFA for purchase of the transmission rights for the 1982 and 1986 FIFA World Cups,

FIFA and OTI have agreed as follows:

Article 1

Under the terms of this Agreement, OTI shall have the exclusive right to transmit on television and radio the matches of the Final Tournament of the FIFA World Cup (hereinafter called "The Cup", to be held in Spain from 13th June to 11th July 1982, or cause them to be so transmitted. These transmissions can be made by any technical means (including transmissions by direct broadcast satellite, transmission by wire, cable or wireless, or closed circuit or paytelevision, in black and white or in colour, live or by means of any type of recordings made or obtained), for private and public viewing, in North, Central and South America, as further specified in Annex 1. However, with regard to the United States and Canada, OTI's rights shall be restricted to transmissions in languages other than English or French. OTI shall also have the right to make recordings (including videograms), or cause them to be made, for the purposes of the television transmissions referred to above.

FIFA guarantees that all contracts for the cinematographic production and exploitation of the event or any part thereof shall contain a written stipulation that the films and newsreels thus made shall not be released to television stations or networks before the expiry of 90 clear days from the date of the closing ceremony of the Cup. However, OTI member television stations and networks may be granted an exception to the above provisions by prior written agreement between FIFA's contracting partner, to whom the rights of exploitation of cinema films and newsreels have been transferred, and OTI.

However, OTI does not guarantee that the transmission will actually take place in any of the countries listed in Annex 1.

Article 2

The total amount stated in Article 10th, includes the exclusive right to make sound broadcast transmissions of the Cup, or cause them to be made, in all the countries referred to in 1 above and listed in Annex 1.

Article 3

OTI is hereby granted the world rights of production and exploitation, by any present of future process, for videograms (video-cassettes, videodiscs, etc.) except the exploitation of videograms in the English and French languages in the United States of America and Canada. The rights granted to OTI likewise do not include the television and radio rights for the countries listed in Annex 1 to the consortium contract, the territories for which ABU, ASBU, EBU, OIRT and URTNA have been granted exclusive television rights for all technical processes and all forms of recording.

Article 4

Television coverage of the Cup shall be carried out by the Spanish host broadcasting organization (RTVE). This agreement shall be subject to OTI's access to the basic feed (video and international sound) produced by RTVE, to be made available at the international broadcasting centre.

Article 5

FIFA guarantees that not more than two matches of the Cup will be played simultaneously, and that an interval of two hours and a half will elapse between the kick-off of the first match or matches and the kick-off of the following match or matches. FIFA guarantees that, cases of force majeure excepted, the scheduled kick-off times will be complied with.

The dates of the matches and the exact kick-off times shall be communicated to OTI not later than July 1st. 1980. The kick-off times will be discussed with OTI-RTVE and other representatives of the Consortium before any decision by FIFA.

Article 6

FIFA guarantees that it will make all necessary arrangements for publications not later than January 31, 1982 of a detailed schedule of the Cup with an indication of the Stadia concerned; that all the requisite number of essential personnel proposed by OTI, will obtain the necessary accreditations and will have free access to these stadia, and OTI may with the agreement of RTVE set up and operate therein all the necessary technical equipment and that for this purpose duty free temporary import licences for all necessary equipment and any requisite work permits and entry and exit visas will be issued by the Government of Spain; that the requisite number of commentary positions for television and sound broadcasting will be available in each stadium and that all stadia will be linked to an international broadcasting centre by all the connected circuits necessary for the transmissions covered by this Agreement. However, RTVE's absolute priority in the coverage of the Cup shall at all times be respected, and any interference with it shall be strictly avoided.

FIFA guarantees that all the accreditations for television and radio organizations of the OTI's area, referred to in Art. 1 above and listed in Annex 1, except the english and french broadcasters in United States of America and Canada, shall be allocated, exclusively and without any payment, to OTI.

Article 7

FIFA guarantees that it will make all necessary arrangements so that the transmissions covered by this Agreement shall suffer no interference either at the venues where the matches are played (from spectator, clubs, stadium owners, participants, etc.) or in the countries relaying the transmission (e.g. from a national football association member of, or in relationship with, FIFA). FIFA will hold OTI harmless against all claims which may be lodged by third parties on the basis of the transmissions provided for in this Agreement, either against OTI as such, or against any radio/television organization to which the transmission rights have been transferred in accordance with Article 1 above.

Article 8

FIFA guarantees that advertising in the stadia shall fully comply with the following principles:

a) Advertisements must not affect the quality of coverage or interfere with a complete and aesthetically satisfying view of the Cup for the television audience;

b) Advertisements must not be positioned between the camera and the action. They may only be positioned in a single row and in a continuous line so as to appear on only one level in the television picture, their height not exceeding 90 cm. from ground level and their distance from the touch line not being less that 8 metres, and from the goal line not less than 12 metres, except where the configuration of the playing area and its surroundings do not permit.

c) The colours used for advertising must not adversely affect the television picture, and the use of fluorescent colours is banned. Luminous and rotating advertisements are likewise banned.

d) Advertising on mobile support such as banners, pennants, etc. is prohibited.

6.

e) Players, officials and any personnel authorized to be inside the arena shall not carry visible advertising on their persons or on their equipment or other objects.

f) No advertising may be made in sound from 15 minutes before kick-off/opening ceremony until 5 minutes after the end of the match/prize-giving ceremony.

g) Advertising must comply with Spanish laws and rules. It may only consist of a company name or trademark, or both. A company name or a trademark may also be accompanied by a single noun specifying a product or service. Anything else, especially advertising slogans, shall not be permitted.

h) Advertisements for the same brand may not exceed 20% of the total advertising space.

i) Where the timekeeping firm is identified, such identification may appear only on scoreboards and shall not exceed 10 centimetres in height or occupy more than one tenth of the area of the scoreboard.

Article 9

To check compliance with Article 8 above, FIFA shall provide OTI with a draft plan of the advertising arrangements in each stadium not later than 1.7.

FIFA undertakes to provide OTI not later than 30 days before the beginning of the Cup, and separately for each stadium, with a list of all the advertisements which could be visible in the normal range of the cameras while the matches are being played, with their exact placing and size. FIFA guarantees that the advertising thus notified shall undergo no change or addition from any source or of any kind whatsoever by the time the Cup begins and will also not be changed until the end of the Cup.

For the case where, exceptionally, the delay of 30 days cannot be maintained for certain matches of the 2nd round, the semi-finals and finals, FIFA will inform OTI of this fact as soon as the names of the teams engaged in these matches are known.

In the event of a breach of this undertaking or of any other provision of Article 8 above, FIFA shall immediately and at its own expense restore the stadium to its former state corresponding to the notified list of advertisements otherwise OTI shall be entitled to forgo the broadcast or broadcasts, or if it carries out the broadcast or broadcasts, to reduce by way of penalty the payment corresponding to the match or matches in question by one-half. For the purposes of this Article, one-fiftysecond of the total sum referred to under Article 10 below shall correspond to each individual match.

Article 10

In Consideration of the commitments entered into by FIFA under this Agreement, OTI undertakes to pay to FIFA the total, all-inclusive sum of 15.600.000 Swiss francs (fifteen million six hundred thousand Swiss francs). This sum shall be paid in the following installments:

| | | | |
|---|---|---|---|
| not later than 30.09.80 31.1.81 | 30 % | S.F. | 4.680.000 |
| not later than 31.12.80 31.3.81 | 30 % | S.F. | 4.680.000 |
| not later than 01.07.81 31.8.81 | 30 % | S.F. | 4.680.000 |
| not later than 01.08.82 31.7.82 | 10 % | S.F. | 1.560.000 |
| | 100 % | S.F. | 15.600.000 |

In the event of failure to comply with the above dates of payment, FIFA shall be entitled to claim from OTI payment of the interest corresponding to the length of time the payment is overdue and calculated according to Swiss banking practice.

FIFA declares that upon payment of this total amount, all its claims vis-a-vis OTI will have been satisfied. FIFA declares further that no other party is entitled to claim any additional payment with regard to the rights transferred and the services stipulated by FIFA under this Agreement, and FIFA hold OTI fully harmless against any such claims.

8.

It is expressly understood that OTI shall in no way guarantee payments by other broadcasting unions due under parallel agreements with FIFA.

Article 11

In the event that, for any reason whatsoever, the Cup is cancelled, postponed or transferred to another country, or in the event of any substantial alteration to the structure of the Cup as known at the time of signing this Agreement or in the event of any alteration whatsoever in the dates and timing, stadia and schedule of the matches without OTI's agreement, or in the event that OTI can not obtain the requisite number of accreditations and commentary positions, or in the event that colour television signals, international sound and commentaries of all matches are not made available at the international broadcasting Centre, OTI shall be entitled to notify FIFA of withdrawal from this Agreement or to make an appropriate and mutually agreed reduction in the amounts specified in Article 10 above, provided that OTI has not infringed any provision of this Agreement with the effect that equity would prevent it from making such a reduction.

In the event that other clauses of this Agreement are infringed by FIFA, only a mutually agreed reduction may be claimed by OTI.

In any of these eventualities FIFA shall refund, in Swiss francs, all the amounts it has received under this Agreement, together with the interest at the bank rate usual in Switzerland, either in full in the case of withdrawal, or in part in the case of a reduction such that the payments already made exceed the reduced amount.

Article 12

Further, if the Cup has been transferred to a country other than Spain, FIFA undertakes to refund to OTI, to the extent that supporting documents are presented to it, the amounts, determine by mutual consent between the parties to this Agreement, which OTI has spent in preparing transmissions from Spain.

Article 13

FIFA and the broadcasting unions ABU, ASBU, EBU, OIRT, OTI and URTNA have reached an understanding that FIFA will grant these Broadcasting Unions the exclusive television (and radio) rights as described in Articles 1 and 2 above, and OTI also the videogram rights as described in Article 3 above, also for the 1986 FIFA World Cup, against considerations of 49.000.000 Swiss francs. OTI's share in this total amount shall be 40%, i.e. 19.600.000 Swiss francs.

Article 14

Any changes or additions to this Agreement shall not be valid unless made in writing and signed by the parties.

Article 15

This Agreement may not be assigned in whole to a third party by one of the parties without prior consent of the other party.

Article 16

This Agreement is governed by Swiss law.

Any dispute arising therefrom, if not resolved amicably, shall be referred to an arbitration board to which each party to this Agreement shall appoint two members and of which the chairman shall be appointed by unanimous decision of the four arbitrators. Failing such decision, the chairman of the

10.

arbitration board shall be appointed by the President of the Cantonal Court of Zurich. The decision of the arbitrators is final.

Article 17

Any notifications under this Agreement shall be given in writing, by telex or by cable to the headquarters of FIFA or of OTI, as the case may be.

Article 18

This Agreement is drawn up in English and Spanish, all versions equally authentic. In case of discrepancy between these texts the English text prevails.

Each party to this Agreement shall sign two copies of each of these two texts.

Fédération Internationale
de Football Association
Case postale 136
8030 Zürich

ANNEX 1

## ORGANIZACION DE LA TELEVISION IBEROAMERICANA (OTI)

Argentina
Bahamas
Barbados
Bermudas
Bolivia
Brasil
Canada
Colombia
Costa Rica
Chile
Dominicana
Ecuador
El Salvador
Estados Unidos
Guatemala
Guayana
Grenada
Haiti
Honduras
Jamaica
México
Nicaragua
Panamá
Paraguay
Perú
Puerto Rico
Surinam
Trinidad Tobago
Uruguay
Venezuela
Virgin Islands

DOCUMENTO III

# FESTIVAL OTI DA CANÇÃO IBERO-AMERICANA

## EMPRESAS ORGANIZADORAS

## PAÍSES/CIDADES SEDES – VENCEDORES –

O Regulamento do I FESTIVAL OTI DA CANÇÃO, celebrado em Madri, no dia 25 de novembro de 1972, dizia: "Sob os auspícios da Organização da Televisão Ibero-americana e com a finalidade de realizar um programa de televisão que, anualmente, permita integrar-se em cadeia de transmissão a todos os canais de televisão associados à OTI, se cria o Festival OTI da Canção, que, igualmente, terá por objetivo estimular a criação de canções de qualidade dentro do âmbito ibero-americano".

Foram os seguintes os países realizadores e as músicas vencedoras dos festivais, [83] desde a sua primeira apresentação:

1972 – Organizador – TELEVISION ESPAÑOLA – ESPANHA – Cidade – MADRI –
Vencedor – BRASIL – "Dialogo", de Paulo Cesar Pinheiro e Baden Powell – Interpretes Cantores: Cláudia Regina e Tobias.
2º. lugar – Panamá – "Ho, Señor", de B.Fergus, Pablo Herrera e Armenteros – Interprete: Básilio.
3º. lugar – Espanha – "Niña", de Manuel Alejandro – Interprete: Marisol.

1973 – Organizador – TV ITACOLOMI/REDE TUPI – BRASIL – Cidade: BELO HORIZONTE –
Vencedor – MÉXICO – "Que alegre va Maria", de Célia Bonfil – Interprete: Imelda Miller.

[83] Cuidadoso trabalho de Dario de la Peña, diretor de programas da OTI, registra 24 festivais, 509 canções, as cidades que sediaram mais de um festival e os canais de televisão responsáveis por sua realização.

2º. lugar – Perú – “El Mundo gira por tu Amor”, de Mario Cavagnaro e Jaime Delgado – Interprete: Gabriela
3º. lugar – Republica Dominicana – “El Juicio Final”, de Rafael Solano – Interprete: Nini Cafaro

1974 – Organizador – TELESISTEMA MEXICANO – MÉXICO – Cidade – ACAPULCO –
Vencedor – PORTO RICO – “Hoy canto por cantar”, de Nydia Caro e Ricardo Ceratto. Interprete: Nydia Caro
2º. lugar – Guatemala – “Ÿo Soy”, de Tanya Zea – Interprete: Tanya Zea
3º. lugar – Venezuela – “Vuelve”, de Pablo Schneider – Interprete: José Luís Rodriguez

1975 – Organizador – CORDERO ENTERPRISES/TELEMUNDO – PORTO RICO – Cidade: SAN JUAN –
Vencedor – MÉXICO – Canção “A Felicidade”, de Felipe Gil. Interprete: Gualberto Castro
2º. lugar – Espanha – “Amor a media noche”, de Juan Carlos Calderon – Interprete: Cecilia
3º. lugar – (Empatados) – Colombia – “Campesino de la Ciudad”, de Eduardo Cabas e Alfonso Espriella.
Interprete: Leonor Gonzalez Mina – Venezuela – “Soy como el viento, soy como el mar”, de Luis Rey –Interprete: Mirla Castellanos

1976 – Organizador – TELEVISA – MÉXICO – Cidade – ACAPULCO –
Vencedor – ESPANHA – Canção: “Canta Cigarra, de Maria Ostiz. Intérprete: Maria Ostiz
2º. lugar – Venezuela – “Soy”, de Marlene O’Brien – Intérprete: “Cuatro Monedas”
3º. lugar – Chile – “Era solo un chiquillo”, de José Alfredo Fuentes – Intérprete: José Alfredo Fuentes

1977 – Organizador – TELEVISION ESPAÑOLA – ESPANHA – Cidade – MADRI –
Vencedor – NICARÁGUA – “Quincho Barrilete”, de Carlos Mejia Godoy. Interprete: Eduardo Gonzalez.
2º. lugar – (Empatados) – República Dominicana – “Al nacer cada Enero”, de Cheo Zorilla. Intérprete: Fernando Casado e Estados Unidos – “si hay amor...volverá”, de Lissette Alvarez – Interprete Lissette
3º. lugar – Espanha – “Rompeme,matame”, de Juan Carlos Calderon. Intérprete: Trigo Limpo

1978 – Organizador – TELEVISION NACIONAL – CHILE – Cidade – SANTIAGO –
Vencedor – BRASIL – ”O amor, coisa tão rara”, de Denise de Kalaffe. Interprete: Denise de Kalaffe.
2º. lugar – Estados Unidos – “Ha vuelto ya”, de Ernesto Alejandro – Intérprete: Susy Leman
3º. lugar – México – “Como tu” – de Lolita de la Colina – Intérprete: Lupita dÁlessio.

1979 – Organizador – VENEZOLANA DE TV, VENEVISION, RADIO CARACAS – VENEZUELA – Cidade – CARACAS –
Vencedor – ARGENTINA – "Cruenta conmigo", de Chinco Novarro e Raul Parentella. Interprete Daniel Riolobos.
2º. lugar – Venezuela – "Cuando era niño", de José Sifontes. Interprete: Délia
3º. lugar – Portugal – "Na cabana junto à praia"- de José Cid – Interprete: José Cid

1980 – Organizador – "POOL" DE CANAIS 7, 9, 11 E 13 – ARGENTINA – Cidade – BUENOS AIRES
Vencedor – PORTO RICO – "Contigo mujer", de Ednita Nazario e Laureano Brizuela. Interprete: Rafael José
2º. lugar – Espanha – "Querer y perder", de Ray Girardo. Intérprete: Dyango
3º. lugar – Argentina – "Dime Adios", de Mario Clavel "Poupee" – Intérprete: Luis Ordonez

1981 – Organizador – TELEVISA – MÉXICO – Cidade – MÉXICO –
Vencedor – ESPANHA – "Latino", de Pablo Herrera e José Luís Armenteros. Intérprete: Francisco.
2º. lugar – Argentina – "Subete a mi nube", de Chinco Navarro. Intérprete: Marianella
3º. lugar – (Empatados) – México – "Lo que paso, paso", de Felipe Gil. Intérprete: Yoshio – e – Estados Unidos – "Cuando fuiste mujer", de Hector L. Garrido – Intérprete: Aldo Mata.

1982 – Organizador – PANAMERICANA DE TV – PERÚ – Cidade: LIMA –
Vencedor – VENEZUELA – "Puedes contar conmigo", de Luís G. Tovar e Carlos Morean. Intérprete: Grupo Unicórnio.
2º. lugar – Espanha – "Ay, ay Amor", de Júlio Seijas – Interprete: La Pequeña Compañia
3º. lugar – Estados Unidos – "Que equivocado", de Laura Hevia. Intérprete: Laura Hevia

1983 – Organizador – UNIVISION – ESTADOS UNIDOS – Cidade – WASHINGTON, D.C.
Vencedor – BRASIL – "Estrela de Papel", de Jesse F.Santos e Elifas V. Andreato. Intérprete: Jessé
2º. lugar – República Dominicana – "Olvidar, Olvidar" – de Cheo Zorilla. Intérprete: Tati Salas
3º. lugar – Colômbia – "Tu pueblo, mi pueblo", de Santander Diaz H. Intérprete: Jaime Mora

1984 – Organizador – TELEVISA – MÉXICO – Cidade: MÉXICO –
Vencedor – CHILE – "Agualuna", de Fernando Ubriego. Intérprete: Fernando Ubriego
2º. lugar – Portugal – "Vem no meu sonho", de Adelaide Ferreira – Intérpretes: Adelaide Ferreira e Luís Fernando
3º. lugar – México – "Tiempos Mejores", de Sergio Andrade. Interprete: Yuri

1985 – Organizador – TELEVISION ESPAÑOLA – ESPANHA – Cidade: SEVILHA –
Vencedor – MÉXICO – "Fandango Aqui", de Marcial Alejandro. Intérprete: Eugenia Leon.

2º. lugar – Equador – "La Pinta, La Niña y La Santa Maria", de Jesus Fichamba. Intérprete: Luis Padilla
3º. lugar – Chile – "Para poder vivir", de Hernan Duque. Intérprete: Juan Carlos Duque

1986 – Organizador – UNIVERSIDAD CATÓLICA – CANAL 13 -CHILE – Cidade – SANTIAGO – Vencedor – ESTADOS UNIDOS – "Todos", de Vilma M. Planas. Intérpretes: Damascus Carabaugh, Miguel A. Guerra e Eduardo J. Cajade.
2º. lugar – México – "De color de rosa", de Prisma – Intérprete: Prisma
3º. lugar – Argentina – Ä ti...no te ha dicho", de Pedro Favini. Intérprete: Hugo Marcel

1987 – Organizador – RADIOTELEVISAO PORTUGUESA – PORTUGAL – Cidade – Lisboa – Vencedor – VENEZUELA – "La felicidad esta en un rincon de tu corazon", de Luís Alberto Tovar. Intérprete: Alfredo Alejandro.
2º. lugar – Equador – "Mi amigo el condor", de Romeo Calcedo. Intérprete: Gustavo Velasquez.
3º. lugar – (Empatados)Espanha- "Bravo Samurai", de Vicky Larraz e Esteban Sastre. Intérprete Vicky Larraz – e – México – "Ay amor", de Ana Gabriel. Intérprete: Ana Gabriel

1988 – Organizador – ASOC. SÓCIOS DE LA OTI – ARGENTINA – Cidade – BUENOS AIRES – Vencedor – ARGENTINA –"Todavia eres mi mujer", de Carlos A.Catellon. Intérprete: Guillermo Guido.
2º. lugar – Paraguai – Un mundo diferente", de Antonio Medina Boselli. Intérprete: Marco Antonio de Brix.
3º. lugar –(Empatados) – Perú – "Partire...buscare", de Jorge Manuel Tafur. Interprete: Rocky Belmonte e- República Dominicana – "De tu boca", de Juan Luís Guerra. Intérprete: Tati Salas

1989 – Organizador –UNIVISION – ESTADOS UNIDOS – Cidade – MIAMI –Fl. – Vencedor – MÉXICO – "Una cancion no es suficiente", de Jesus Monarrez. Intérprete: Anali.
2º. lugar – Espanha – "Como una luz", de José Manuel Soto. Interprete: Juan Manuel Soto
3º. lugar – República Dominicana – "Te ofrezco", de Juan Luis Guerra. Interprete: Maridalia Hernandez

1990 – Organizador – UNIVISION – ESTADOS UNIDOS – Cidade – LAS VEGAS – Vencedor – MÉXICO – "Un bolero", de Francisco Curiel e Pedro A. Cardenas. Intérprete: Carlos Cuevas
2º. lugar – Nicaragua – "Dame tu corazon", de Salvador Cardenal. Intérprete: Katia Cardenal.
3º. lugar – Espanha – "Duermete mi amor", de Paco Ortega e Santiago Gomez. Interpretes: Paco Ortega e Isabel Montero

1991 – Organizador – TELEVISA – MÉXICO – Cidade – ACAPULCO –

Vencedor – ARGENTINA – "Adonde estas ahora", de Claudia Brant e Sebastian Schon. Interprete: Claudia Brant.

2º. lugar – Colômbia – "Consejos cancion a mi hijo", de Conrrado Marrugo Velez. Interprete: Juan Carlos Coronel.

3º. lugar – México – "Barrioviejo", de Sergio Esquivel. Intérprete: Rodolfo Muniz

1992 – Organizador – TELEVISION ESPAÑOLA – ESPANHA – Cidade – VALENCIA –

Vencedor – ESPANHA – "Adonde voy sin ti", de Jose Maria Puron. Intérprete: Francisco

2º. lugar – Estados Unidos – "No te mueras America"- de Carlos de Cima. Intérprete: Carlos de Cima.

3º. lugar – Chile – "Te prometo", de Pablo Herrera. Intérprete: Pablo Herrera.

1993 – Organizador – TELEVISION ESPAÑOLA – ESPANHA – Cidade – VALENCIA –

Vencedor – ESPANHA – "Enamorarse", de Alejandro Abad e Joseph Llobell. Intérprete: Ana Reverte

2º. lugar –(Empatados) – Brasil –"Essa fase do amor", de Altair Veloso e Samuel Santana. Interprete: Emilio Santiago – e – México – "Siempre a medias"- de José Manuel Fernandez Espinosa. Intérprete: Magdalena Zarate

3º. lugar – Portugal – "Onde estás ?", de João Dige e Marco Quelhas. Intérprete: Anabela.

1994 – Organizador – TELEVISION ESPAÑOLA – ESPANHA – Cidade – VALENCIA –

Vencedor – ARGENTINA – "Cancion Despareja", de Maria Elisa Albert. Intérprete: Claudia Carenzio.

2º. lugar – Espanha – "Cuestion de suerte", de José Maria Puron Picatoste. Intérprete: Ana Maria Gonzalez

3º. lugar – Venezuela – "Enfurecida", de Joel Leonardo. Intérprete: Luis Silva.

1995 – Organizador – TELEDIFUSORA PARAGUAYA – PARAGUAI – Cidade – ASSUNÇÃO –

Vencedor – ESPANHA – Canção: "Eres mi debilidad", de Alejandro Abad. Intérprete: Marcos Llunas.

2º. lugar – Chile – "Cancion contra la tristeza", de Carlos Plaza. Interprete: Alberto Plaza

3º. lugar – Cuba – "Hoy no Estas", de Carlos Miguel Ojeda. Intérprete: Cristina Rebull.